Predigten
Kirche, Gemeinde, Gottesdienst

Wolfgang Nein

Predigten

Kirche, Gemeinde
Gottesdienst

www.dasja.de
Herstellung und Verlag:
BoD – Books on Demand, Norderstedt
ISBN 978-3-7543-0915-5

Inhaltsverzeichnis

Vorwort

Der Sinn und die Existenzberechtigung von Kirche, Gemeinde und Gottesdienst werden zunehmend hinterfragt. Die in diesem Buch abgedruckten Predigten bekräftigen dagegen die Bedeutung von Kirche, Gemeinde und Gottesdienst. Diese Bekräftigung hat ihren Grund in der Bedeutung der christlichen Botschaft, die sich mit Blick auf die existentielle Situation des Menschen für mein Verständnis am besten zusammenfassen lässt mit dem Titel der Predigtreihe „Das Ja zum Leben und zum Menschen".

Es gibt keine gesellschaftliche Institution, die sich in ganzheitlicher Weise des Menschen in seiner existentiellen Situation annimmt – außer der Kirche. Jedem Menschen auf diesem Erdball ist seine Existenz mit all den schönen und schweren und in vielfacher Hinsicht unverfügbaren Seiten ungefragt aufgetragen worden – mit der Herausforderung, die Jahrzehnte seines im Grunde unbegreiflichen Daseins bewusst zu gestalten.

Bei der Suche nach einem tragfähigen Lebenskonzept und mit dem Angebot einer Hilfestellung in dem Auf und Ab des Lebens steht die Kirche dem Menschen zur Seite. Sie greift mit ihrem Angebot insbesondere zurück auf die Überlieferungen der jüdisch-christlichen Tradition. Sie bietet ihr Angebot dar in Gestalt einer heute weltweiten Institution mit besonderen Gebäuden, in denen sich Menschen zur Besinnung und seelischen Erbauung und zur Feier versammeln können und mit Einrichtungen der praktischen Hilfe für die vielfältigen materiellen und seelischen Probleme des Menschen.

Es erscheint wie ein Wunder, dass sich aus den kleinen Anfängen vor 2000 Jahren mit einer äußerlich so machtlos erscheinenden Gestalt und den so einfachen Anhängern eine kraftvolle weltumspannende Bewegung hat entwickeln können. Die Predigten bringen immer wieder zum Ausdruck, dass es sich bei der inneren Kraft dieser Bewegung um die letztlich unbegreifliche und unzerstörbare Liebe zum problembeladenen Menschen und zum ganzen problembeladenen Dasein handelt.

Diese Liebe haben manche Menschen der Zeitenwende als geradezu übermenschlich und erlösend empfunden und haben sie verkörpert erlebt in dem einen bestimmten Menschen, Jesus von Nazareth, den sie uns als Sohn Gottes überliefert haben.

Diejenigen, die das Besondere in jenem Jesus von Nazareth wahrgenommen und ernstgenommen haben, versuchten, seine göttliche Ausstrahlung, seine Worte und Taten zu interpretieren und in eigene Worte zu fassen. Sie trafen sich, sie erzählten ihre Erfahrungen und Gedanken weiter und schrieben sie auf. Sie taten sich zusammen, bildeten Gemeinden und gaben sich für ihre Treffen und ihr Miteinander eine Struktur. Durch die wachsende Zahl Interessierter entstanden immer neue Gemeinden, zunächst unter Juden, dann auch unter Nichtjuden.

Die Anhänger jenes Jesus von Nazareth wurden bald als eigenständige religiöse Gruppierung wahrgenommen und als solche nicht nur wohlwollend betrachtet. Sie wurden bedroht, einige erlitten den Märtyrertod. Dennoch wuchs ihre gesellschaftliche Bedeutung. Im 4. Jahrhundert erhob Kaiser Konstantin die neue – christliche – Bewegung zur Staatsreligion. Es bildete sich die Institution Kirche mit organisatorischen Strukturen, mit immer komplexeren Festlegungen der inhaltlichen Grundlage und gottesdienstlicher Feiern. Dieser Vorgang besteht in einer ständigen Bewegung, die bis heute andauert.

Auch nach 2000 Jahren müssen wir das, was mit den Worten und Taten und der göttlichen Ausstrahlung jenes Jesus von Nazareth begann, für uns heute auslegen. Wir stehen somit zum einen immer wieder wie am Anfang, können zum anderen aber – im Gegensatz zu den ersten Anhängern – in unsere Überlegungen das einbeziehen, was sich in den zurückliegenden 2000 Jahren entwickelt hat. Wir müssen nicht bei Null anfangen.

Gegenwärtig können immer mehr Menschen immer weniger mit Kirche, Gemeinden und Gottesdiensten anfangen. Die Kirche als Institution steht derzeit zum einen wegen der Fälle von Kindesmissbrauch sehr in der Kritik. Schon lange ist die Kirchensteuer ein Grund dafür, dass sich Menschen von der Kirchen abwenden. Darüber hinaus scheint das Empfinden für die transzendente Seite dessen, was Kirche zu vermitteln hat, abzunehmen. Die Wissenschaften und technischen Entwicklungen haben zu der weit verbreiteten Auffassung geführt, dass grundsätzlich alles erklärbar und machbar sei. Historische Positionen aus dem Bereich der Kirche zu wissenschaftlichen Themen werden immer wieder herangezogen, um zu zeigen, dass Kirche aus Sicht der Wissenschaften und des modernen Denkens nicht ernst zu nehmen ist. Und dass Kirche z. B. in kritischen Momenten auf die Frage nach dem „Warum?" keine Antwort zu geben weiß bzw. die aus dem kirchlichen Bereich gegebenen Antworten nicht als nachvollziehbar empfunden werden, wird als Schwäche der Kirche ausgelegt. Hinzu kommt der Eindruck, dass das, was Kirche zu den Dingen des Lebens und zu gesellschaftlichen Problemen und Entwicklungen zu sagen hat, von anderen außerhalb von Kirche kompetenter vermittelt wird.

Die hier abgedruckten Predigten wie die ganze Predigtsammlung verweisen immer wieder auf die Grenzen alles Menschlichen, auf das unauflösbare Geheimnis des Seins, auf die Übergröße des Unverfügbaren im Vergleich zum Verfügbaren, auf die unauflösbaren Ambivalenzen des Seins, auf den zunehmenden Entscheidungsdruck infolge des fehlenden Instinktes und der Entwicklung des menschlichen Bewusstseins. Sie verweisen auf die ins Unermessliche wachsende Verantwortung in der Folge der sich immer umfänglicher entwickelnden technischen Möglichkeiten. Die Predigten verweisen zudem immer wieder auf das Gemenge von geradezu unglaublichen Schönheiten und Großartigkeiten dieses Daseins zum einen und unfassbar Schrecklichem zum anderen. Und sie verweisen immer wieder auf die Art des Menschen, der zum einen Großartiges zu leisten vermag und gut und liebevoll, zum anderen aber unfassbar böse sein kann.

Die Predigten gehen davon aus, dass der Mensch mit diesem ihm ungefragt aufgetragenen Dasein letztlich in grundsätzlicher und vielfacher Hinsicht überfordert ist. Sie gehen davon aus, dass der Mensch insofern einen erheblichen Bedarf an Zuspruch, an Vergewisserung, an Orientierung, an Lebenshilfe hat. Kirche hält in dieser Hinsicht ein überaus wertvolles Angebot bereit. Sie kann mit ihrer Botschaft und ihren konkreten Ausprägungen helfen, das Leben in einem konstruktiven und menschlichen Sinne anzunehmen und zu gestalten.

Da die Bedeutung des kirchlichen Angebots von vielen nicht mehr wahrgenommen und wertgeschätzt wird, wenden sich viele Menschen von der Kirche ab. Sie treten aus der Kirche aus, nehmen immer weniger an Gottesdiensten teil und äußern sich über Kirche zunehmend geringschätzig. In der Folge verringern sich die finanziellen Ressourcen von Kirche. Dies wiederum führt zur Notwendigkeit von Sparmaßnahmen und dem Versuch, Einnahmen auf neuen Wegen zu erzielen. Neben dieser materiellen Folge verstärkt sich auch kirchenintern eine Unsicherheit bezüglich der inhaltlichen Grundlage der Kirche und deren Gestaltung in organisatorischen Strukturen, in Traditionen und Gottesdiensten.

Die Predigten dieser Predigtsammlung unterstreichen die Bedeutung von Kirche für den einzelnen Menschen, für die Gesellschaft und für das weltweite Miteinander. Sie unterstreichen die Bedeutung von Gemeinden als den Lebenszellen der Kirche und von Kirchen als besonderen Gebäuden. Sie unterstreichen die Bedeutung des Gottesdienstes als gemeinschaftlicher Feier des Lebens, als Hilfe zur Orientierung in den Fragen des Daseins und zur Stärkung einer lebensbejahenden und menschfreundlichen, liebevollen Einstellung.

Wolfgang Nein, Juni 2021

Kirche

Geist und Materie

9. Juni 2003
Pfingstmontag
Apostelgeschichte 2,1-13

Pfingsten, das Fest des Heiligen Geistes. Was hat es mit dem Geist auf sich?

Geist und Materie, das Geistige und das Materielle – das sind zwei ganz verschiedene Welten und doch gehören sie zusammen wie die zwei Seiten einer Medaille oder besser gesagt: wie die Idee und ihre Ausführung oder – wie die Philosophen sagen – wie Essens und Existenz. Unser ganzes Dasein könnten wir verstehen als die materielle Gestalt des Geistes Gottes. Die Kirche könnten wir verstehen als die materielle Gestalt des Geistes Jesu.

Manche sagen: „Ich glaube nur, was ich sehe", und bringen damit zum Ausdruck, dass sie mit dem Unsichtbaren, dem Geistigen, nicht recht was anzufangen wissen, dass sie dem Geistigen nicht recht was zutrauen, es im Grunde für ihr Leben für bedeutungslos halten.

Stellen wir uns aber einmal zum Beispiel vor, wir wollten als Gemeinde etwas ganz Praktisches, ganz Handfestes tun, ein Haus bauen zum Beispiel. Ein Haus ist etwas ganz Anschauliches. Das kann man sehen, das kann man anfassen, das kann man betreten, das kann man gebrauchen. Dennoch, was das Verhältnis von Geistigem und Materiellem anbetrifft, ist das fertige Haus nur wie die Spitze des Eisbergs. Denn das meiste am Haus ist das Unsichtbare, das Geistige.

Es gibt das Haus nur, weil jemand die Idee gehabt hat, das Haus zu bauen. Es muss jemand den Wunsch, die Lust, den Mut, das Interesse gehabt haben, das Haus zu bauen. Jemand muss sich Argumente zurechtgelegt haben, dass es besser ist, das Haus zu bauen, als es nicht zu bauen. Und es muss sich jemand – vielleicht mit anderen zusammen – überlegt haben, wie das Haus gebaut werden sollte, wie viele Stockwerke, ob mit oder ohne Keller, mit wie vielen Zimmern, die Raumaufteilung, die Materialien, den Stil des Hauses, ob es zeitgemäß oder der Zeit voraus, ob es einfach nur praktisch und wirtschaftlich oder ob es auch schön sein sollte und welche Zwecke es eigentlich erfüllen sollte.

Was ich sagen möchte, ist dies: Was am Ende als anschaubares Gebäude dasteht, hat seine Vorgeschichte in geistiger Arbeit. Das Haus ist letztlich nur das in Materie gefasste Konzept des Geistes, in Form gegossener Geist. Es ist lediglich das materielle Endprodukt eines ziemlich langwierigen, vielleicht jahrelangen, komplizierten, vielfältigen geistigen Prozesses. Das meiste am Haus, eben diese geistige Seite, ist – wie beim Eisberg – unsichtbar.

Um das Unsichtbare im Nachhinein zu erforschen, könnten wir im Archiv nachschauen, was da in den Unterlagen von den Vorüberlegungen aufgeschrieben und aufgezeichnet ist.

Wir könnten auch versuchen, vom fertigen Haus Rückschlüsse zu ziehen darauf, wes Geistes Kind die Planer des Hauses wohl gewesen sind. Von der ganzen Schöpfung könnten wir Rückschlüsse auf den Geist des Schöpfers zu ziehen versuchen. Von der konkreten Gestalt der Kirche könnten wir Rückschlüsse zu ziehen versuchen auf den Geist Jesu.

Materie ist also nicht nur Materie. Sie ist zu Feststoff gewordener Geist.

Was haben diese Überlegungen nun mit Pfingsten zu tun, Pfingsten, dem Fest der Ausgießung des Heiligen Geistes in die Herzen der Jünger Jesu – vor 2000 Jahren in Jerusalem?

Das, was wir heute als Kirche kennen und erleben, hat dereinst seinen Anfang genommen in dem, was damals zunächst nur Geist war, Erinnerung an die gemeinsamen Jahre mit Jesus und sein Auftrag, das gemeinsam Erfahrene weiterzugeben. Aus jenen Anfängen ist Kirche geworden, und zwar Kirche als die große, schließlich weltweite Gemeinschaft von Menschen, Kirche als die schließlich weltweite Organisation und Kirche als die Vielfalt von Kirchengebäuden in aller Welt – das hat alles seinen Anfang genommen in den Köpfen und in den Herzen einiger Menschen damals. Wie daraus dann langsam Konkretes geworden ist, können wir in der Apostelgeschichte und in den neutestamentlichen Briefen recht gut nachvollziehen. Ein theologisches und kirchliches Konzept hat sich entwickelt und hat sich über die Jahrhunderte immer wieder gewandelt, durch die Jahrtausende hindurch und von Ort zu Ort, von Land zu Land, von Gemeinde zu Gemeinde, von Mensch zu Mensch. Wenn wir heute ein konkretes Kirchengebäude betrachten, unsere Kirche St. Markus zum Beispiel, dann werden wir hierin noch die geistigen Spuren der allerersten Zeit entdecken und zugleich die geistigen Veränderungen über die Jahrtausende und die geistigen Besonderheiten unseres Kulturkreises und der Gemeindeverantwortlichen vor 100 und vor 50 Jahren und den Geist der Architekten jener Zeiten.

Wenn wir uns jetzt zum Beispiel entschlössen, eine neue Kirche zu bauen, dann müssten wir zunächst erhebliche geistige Vorüberlegungen anstellen und geistige Forschungsarbeit leisten. Wir müssten zum Beispiel überlegen, was eigentlich das Uranliegen von Kirche ist und wie Kirche als Kirchengebäude heute eine zeitgemäße und zugleich zukunftsweisende Gestalt haben könnte. Das Ansinnen eines Kirchenneubaus hat es in unserer Gemeinde übrigens vor gar nicht so langer Zeit, 1961 nämlich, gegeben. Im Gemeindehaus können Sie gern die damaligen Grundrissentwürfe für eine neue Kirche einsehen. Damals meinte man, unsere Kirche sei zu klein und würde die wachsende Zahl der sonntäglichen Gottesdienstbesucher gar nicht mehr fassen. Aber keine Angst, wir haben jetzt nicht vor, eine neue Kirche zu bauen.

Die geistige Arbeit ist die Voraussetzung für alles Weitere. Das Gebäude selbst wäre am Ende nur die Ausführung, die Materialisierung des geistigen Konzeptes.

Natürlich hat das Materielle dann auch eine eigenständige Wirkung. Ob das Gebäude am Ende wirklich das geistige Konzept widerspiegelt, ist dann die Frage. Vielleicht sagt das fertige Ergebnis etwas Anderes aus, als gemeint war, und wirkt dann auf den Geist der betrachtenden Menschen anders als eigentlich beabsichtigt. Insofern ist da keine einfache, gradlinige, einseitige Beziehung zwischen dem Geistigen und dem Materiellen. Manche sagen zum Beispiel, Jesus hat den Heiligen Geist in die Welt gegeben und wir haben die Kirche daraus gemacht. Damit wollen sie kritisch feststellen: „Die Kirche in ihrer konkreten Gestalt ist nicht die Ausprägung des Geistes Jesu. Die Kirche im Konkreten sagt etwas Anderes aus, als Jesus eigentlich gemeint hat. Die Kirche widerspricht in manchem sogar dem Geist Jesu." Das ist eine harte Kritik.

In aller Bescheidenheit müssen wir eingestehen, dass wir uns – wie die Jünger damals auch, nur nach bestem Wissen und Gewissen – in treuem Glauben – darum bemühen können zu verstehen, was Jesus in seinem Innersten bewegt und angetrieben hat, was seine Vorstellungen von unserem Dasein und unserem menschlichen Miteinander gewesen waren. Wir brauchen – wie die Jünger damals – zum Verstehen und Nachvollziehen und zum Anwenden auf die heutige Zeit nicht nur die Texte sondern auch die Unterstützung des Geistes, damit der Wille Jesu durch uns auch heute seinen ursprünglichen Zweck erfüllen kann: dass nämlich dem Menschen geholfen werde in seinen vielfältigen existentiellen Fragen und Problemen.

Wenn wir uns fragen: „Was hat uns Pfingsten heute zu sagen?", dann können wir vielleicht antworten: Pfingsten weist uns immer wieder auf die geistige Seite unseres Daseins hin und mahnt uns, diese ernst zu nehmen. Und Pfingsten erinnert uns daran, dass es nicht irgendein Geist ist, der damals auf die Jünger gekommen und durch die Jünger in unsere Welt hineingekommen ist, dass es vielmehr der Geist Gottes, der Geist Jesu, der Heilige Geist ist. Und dass wir, wenn wir Pfingsten ernst nehmen, uns eben diesem Geist öffnen sollen und uns durch ihn in unserem ganzen Leben leiten lassen und mit ihm unser Leben gestalten sollen.

Wenn wir uns also zum Beispiel daranmachen, etwas zu bauen, sei es ein konkretes Gebäude, ein Haus, eine Kirche, oder wenn wir uns daranmachen, Gemeinde zu bauen, Kirche zu bauen, eine Gemeinschaftsordnung zu bauen, eine Weltordnung, eine Weltwirtschaftsordnung zu bauen, dann ist es wichtig, die geistige Vorarbeit zu leisten, indem wir uns vom Pfingstgeist leiten lassen, und nicht nur von den offenen oder verdeckten geistigen Strömungen unserer Zeit, die sich keineswegs immer mit dem Geist Jesu vereinbaren lassen.

Wir stehen insofern auch vor der Aufgabe, die Geister zu unterscheiden. Durch welche geistigen Konzepte lassen wir uns beeinflussen? Wes Geistes Kinder sind wir? Wes Geistes Kinder sind wir, wenn wir es zum Beispiel hinnehmen, dass Milliarden von Menschen in Hunger und Elend leben oder wir uns daran zu gewöhnen beginnen, dass das Recht des Stärkeren wieder salonfähig wird oder wir uns damit abfinden, dass wir trotz aller technischen Hilfsmittel immer weniger Zeit zu haben meinen? Wir haben reichlich Grund, um den Geist Gottes zu bitten.

Dass Jesus damals aufgetreten war und nach seinem Heimgang seinen Geist hinterlassen hat, das hatte seine Gründe in einem Bedarf an Veränderung in der damaligen Gesellschaft und in den Herzen der Menschen. Er wollte – und was er wollte, das verstand er als seinen göttlichen Auftrag – er wollte mehr Liebe in diese Welt hineinbringen, auch Liebe dem feindselig Gesonnenen gegenüber. Er wollte die Barmherzigkeit mit dem Schwachen, dem Hilfsbedürftigen stärken. Er wollte zur Vergebung ermutigen. Er wollte die Kraft der Hoffnung und den Glauben an das Gute im Menschen stärken. Er warb für Mitmenschlichkeit und wandte sich gegen den Egoismus. All das, wofür er warb, das lebte er selbst, ja, für das, was ihm wichtig war, gab er sein Leben hin.

Gott machte der Menschheit das Geschenk, dass er diesen Jesus von Nazareth nicht zunichte machen ließ durch die Unverständigen und Böswilligen, dass er ihn vielmehr wieder auferstehen ließ und seinem Anliegen in den Herzen der Menschen Unsterblichkeit gab.

Der Geist Gottes, der in Jesus Christus Mensch geworden

war, ist auf die Anhänger Jesu übergegangen und hat durch sie und durch immer neue Menschen durch die Jahrtausende hindurch weitergewirkt bis auf den heutigen Tag.

Möge der Geist Jesu auch uns leiten und uns helfen, das Leben auf diesem Erdball im Sinne der Liebe Gottes zu allen Menschen zu gestalten.

Hier geht es um Grundfragen des Lebens
7. April 1991
Quasimodogeniti / 1. Sonntag nach Ostern
Konfirmation
Psalm 139,14

Liebe Konfirmandinnen, liebe Konfirmanden!

Manche Menschen spüren beim Anblick geöffneter Kirchentüren eine Schwellenangst in sich. Sie mögen nicht in die Kirche eintreten aus Scheu vor dem, was da drinnen wohl sein mag, und aus Unsicherheit darüber, wie es ihnen da drinnen wohl ergehen mag. Euch ist dieser Kirchraum nicht mehr fremd. Ihr habt in den letzten knapp zwei Jahren die Schwelle dieser Kirche des Öfteren überschritten, einige häufiger als andere. Ihr dürft diese Kirche mit allen Räumlichkeiten und den Menschen, die dazugehören, gerne wie ein zweites Zuhause in Anspruch nehmen. Einige von euch haben in den kirchlichen Räumen bereits genächtigt und gefeiert. So soll und kann und darf es sein, und so wird es hoffentlich auch noch lange bleiben.

Ich möchte auch Sie alle ermuntern und ermutigen: Treten Sie in Kirchen ein. Es sind Räume für Menschen, Räume zum Wohle des Menschen. Nehmen Sie an Gottesdiensten teil. Da geht es um uns im besten denkbaren Sinne.

Wenn wir eine Kirche betreten, werden wir allerdings, auch wenn wir keine Schwellenangst haben, dennoch empfinden, dass dies kein x-beliebiger Raum ist, dass hier noch etwas anderes Großes, Geheimnisvolles dran ist, was uns in der Regel dazu bewegt, in Kirchen nur verhalten zu sprechen und uns maßvoll zu bewegen. Die Kirche ist eben auch und insbesondere ein Raum Gottes, ein Raum also, in dem wir etwas von dem spüren, was über uns hinausgeht, was über unser Wissen und Können hinausgeht, was mehr und größer ist als wir und was wir letztlich nur durch unsere Fragen erreichen können.

Vielleicht sind euch in einer stillen Stunde schon mal Gedanken durch den Kopf gegangen, die man nicht gerade jeden

Tag hat, Gedanken ganz grundsätzlicher Art – dass ihr euch zum Beispiel mal gesagt habt: „Eigentlich hat mich damals keiner gefragt, ob ich geboren werden wollte, ob ich gerade in Deutschland, in dieser Gegend, in dieser Zeit, von diesen Eltern, in dieser Umgebung als Junge oder Mädchen zur Welt kommen wollte." Das hat uns alle keiner gefragt. Man hat uns einfach in diese Welt gesetzt – in diese Welt. Wir konnten nicht mitreden, uns nichts aussuchen, auch nicht unsere Begabungen, unser Aussehen, was uns doch eigentlich alles so wichtig ist.

Wenn wir allein dieses bedenken: dass wir existieren ohne unser Zutun, und dass wir in eine Existenz hineingestellt sind, die wir uns nicht ausgesucht haben, dann geht, glaube ich, wohl jedem auf, dass unser Dasein von einem großen Geheimnis umgeben ist. Über so etwas denken wir nicht tagtäglich nach, aber in manchen Augenblicken überkommen uns solche Fragen, die wir nicht beantworten können.

Die Kirche ist der Raum, von dem wir spüren: Hier geht es um das Geheimnis des Lebens, um die Rätsel unseres Daseins. Und hier geht es um die Frage, wie wir es denn nun halten wollen mit dieser Existenz, in die wir so ungefragt hineingeraten sind.

Ja, wie stellen wir uns zu unserem Dasein? In der Kirche können wir hören, was andere auf diese Frage geantwortet haben. Die Bibel ist eine Schatzkiste voller Antworten auf solche grundsätzlichen Fragen. Sie ist voller Antworten vieler Menschen aus vielen Jahrhunderten. Dies ist nicht irgendein Buch. Hierin geht es um die Grundfragen unseres Lebens. In diesem Buch klagte zum Beispiel einer: „Ach, hättest du doch den Leib meiner Mutter verschlossen und mich gar nicht erst zur Welt kommen lassen, dann wäre mir viel Elend erspart geblieben!" Und ein anderer preist Gott mit überschwänglichen Worten für das Geschenk des Lebens.

Der geheimnisvolle Urgrund unseres Lebens wird in diesem Buch ganz persönlich beschrieben: Nicht durch ein unergründliches, anonymes Schicksal existieren wir, sondern Gott hat uns in seiner Liebe erschaffen, ein Schöpfer mit den persönlichen Zügen eines liebenden Vaters oder einer liebenden Mutter. So muss man das Leben nicht verstehen. So kann man es aber verstehen: als ein wunderbares, kostbares Geschenk, das es wert ist, dass man jeden Tag „Danke" sagt: „Danke, dass ich leben darf!"

Es gibt hier noch mehr Antworten in diesem Buch auf die Frage: „Wie stelle ich mich zur Tatsache, dass ich existiere?" Einer sagt: „Ich verstehe mein Leben als eine Aufgabe, als eine Aufgabe, zur Ehre des Schöpfers dem Leben zu dienen, nicht nur meinem Leben, auch dem Leben meiner Mitmenschen, auch dem Leben meiner Feinde und dem Leben der ganzen Schöpfung.

Wer sein Dasein so versteht, der wird dann wissen, wozu er seine Begabungen bekommen hat. Der wird wissen, wozu er seinen Verstand bekommen hat: nämlich zum Beispiel zu überlegen, wie er einen Kranken gesundmachen kann. Der weiß, wozu er seine Hände bekommen hat: nämlich einem, der hingefallen ist, wieder aufzuhelfen. Und er weiß, wozu er einen Mund bekommen hat: dem anderen etwas Nettes zu sagen, damit sein Kummer davonfliegt.

Also langer Rede kurzer Sinn: Der Kirchenraum ist der Ort, an dem grundsätzliche Fragen unseres Lebens zur Sprache kommen. Wo ist das sonst möglich?! Und hier sind wir mit unseren Fragen nicht allein; hier sind noch andere da. Und hier habe ich die Fragen und Antworten der Menschen vieler Generationen, in diesem ganz besonderen Buch, aus dem im Gottesdienst gelesen und das hier erklärt wird.

Und noch eines ist wichtig: In der Kirche, im Gottesdienst, werden diese grundsätzlichen Lebensfragen nicht nur theoretisch und abstrakt angegangen. Hier wird zugleich gefeiert. Hier wird das Leben gefeiert. Das Leben mit all seinen Rätseln, seinen Ungereimtheiten, seinen Widersprüchlichkeiten, seinen Belastungen wird hier gefeiert als dieses wunderbare Geschenk Gottes, das es zu bewahren und zu preisen gilt und das unseres Dankes und unserer ganzen Hingabe wert ist.

Und der Mensch wird hier gefeiert – der Mensch, das heißt wir alle und alle anderen mit uns, der Mensch, dieses sonderbare Geschöpf, das zu so großen Leistungen fähig ist und das auch so unglaubliche Untaten vollbringen kann. Der Mensch in seinen Größen und Niedrigkeiten, mit seinen Stärken und seinen Schwächen, der wird im Gottesdienst gefeiert als ein Geschöpf Gottes, das sich der Liebe seines Schöpfers trotz allem gewiss sein darf.

Überhaupt ist es vielleicht das Erstaunlichste und Großartigste, was hier in der Kirche zum Tragen kommt: dass all das, was uns am Leben und am Menschen, auch an uns selbst, zu schaffen macht, hier eine positive Wandlung erfährt. Aller Kritik, allen Zweifeln, allen Vorbehalten dem Leben und den Menschen und uns selbst gegenüber wird hier das große Dennoch ausgesprochen: Dennoch ist das Leben etwas ganz Wunderbares, dennoch ist der Mensch ein großartiges Geschöpf, dennoch sind auch wir, jeder einzelne von uns, liebenswerte Wesen.

Dieses Ja zum Leben, das Ja zum Menschen, das Ja zur ganzen Schöpfung ist das Schöne an der Kirche, das Schöne an der Bibel, an unserem christlichen Glauben. Deshalb beglückwünsche ich euch, dass ihr mit eurer heutigen Konfirmation eure Verbundenheit mit der Kirche und dem christlichen Glauben zum Ausdruck bringt. Und deshalb möchte ich Ihnen allen Mut machen: Nehmen Sie das wunderbare Angebot unserer Kirche und unseres Glaubens reichlich in Anspruch. Wir haben Grund zum Feiern, Grund, unseren Schöpfer zu preisen und ihm zu danken für das Leben und alle guten Gaben.

Einladung, das Leben zu bedenken und zu feiern

13. Juni 1999
2. Sonntag nach Trinitatis
Partnerschaft Uyole – St. Markus
Matthäus 22,1-14

Der für den heutigen Sonntag regulär vorgesehene Predigttext aus dem Matthäusevangelium, Kapitel 22, ist die Parallel-
stelle zur Evangelienlesung von der Einladung zum großen
Abendmahl in Lukas 14. Sie wissen vielleicht, dass Matthäus
und Lukas oft den gleichen Text anbieten, weil sie von gemeinsamen Vorlagen abgeschrieben haben. Genau abgeschrieben
haben sie nicht immer. Sie haben ihre Vorlagen oftmals nach
eigenen Ideen ein wenig verändert. Sich solche Bearbeitungen
genauer anzusehen, ist ganz interessant. Wenn Sie an so etwas
Interesse haben, sollten Sie bei einem entsprechenden Text einfach mal an einem Predigtvorgespräch teilnehmen.

Den Lukastext haben wir als Evangelienlesung gehört. Ich
verlese jetzt den Predigttext aus Matthäus, dann kann ich im
weiteren Verlauf auf beide Versionen – auf die von Matthäus
und die von Lukas Bezug nehmen. Ich möchte mich schon jetzt
fast dafür entschuldigen, dass die Version bei Matthäus einige
ziemlich brutale Aspekte hat.

Wir haben im Vorbereitungskreis überlegt, wie wir diesen
Predigttext mit dem besonderen Anlass des heutigen Gottesdienstes verbinden können, mit dem Anlass, dass wir heute unsere Partnerschaft mit der Gemeinde Uyole in Tansania feiern.

Da fällt mir als erstes auf, wenn ich jetzt so in den Kirchraum
blicke, dass unserer Einladung zu diesem Gottesdienst relativ
wenige gefolgt sind. – Schön, dass Sie gekommen sind! Viele
sind aber nicht gekommen. Insofern befinden wir uns als Einladende in einer ähnlichen Situation wie derjenige, der bei Lukas zum großen Abendmahl einlädt, und wie der König im Matthäusevangelium, der eine Hochzeit ausrichtet.

In Uyole in Tansania sieht das ganz anders aus als in St.
Markus. Da wird die Kirche heute morgen wieder voll sein,

übervoll vielleicht. Wenn mein Kollege dort, der Pastor David Ngogo – einige werden sich noch an ihn erinnern –, wenn Pastor Ngogo heute morgen seine Predigt so ähnlich anfängt wie ich jetzt, dann wird er vielleicht sagen: Die in unserer Partnergemeinde St. Markus, die haben genau das Problem, das der Predigttext schildert: Die laden zum Gottesdienst ein, und es kommen nur wenige.

Vielleicht setzt er seine Predigt dann fort mit Spekulationen darüber, warum so viele nicht kommen, welche Gründe sie vorbringen würden, wenn man sie fragte. Diese Frage hatten wir ja letztes Jahr hin und her bewegt, als wir ihn mit drei anderen aus Uyole bei uns zu Besuch hatten. Ich möchte diese Frage im Augenblick zurückstellen, die Frage, warum der eine und der andere nicht zur Kirche kommt.

Ich möchte zunächst einmal auf die Lösung schauen. Wie verhalten sich die beiden Gastgeber unserer Bibeltexte angesichts der mäßigen Reaktion auf die Einladung? In beiden Texten ist es so, dass die Einladung dann einfach ausgeweitet wird auf andere Personenkreise – auf die irgendwo da draußen. Bei Matthäus heißt es: „Geht hinaus auf die Straße und ladet zur Hochzeit ein, wen ihr trefft. Und die Knechte gingen auf die Straße hinaus und holten zusammen, wen sie trafen, Böse und Gute; und die Tische wurden alle voll." So erzählt es Matthäus. Und Lukas zitiert die Anweisung des Einladenden an seinen Knecht mit den Worten: „Geh schnell hinaus auf die Straßen und Gassen der Stadt und führe Arme, Behinderte, Blinde und Lahme herein." Als dann immer noch Platz war, sagte der Gastgeber: „Geh hinaus auf die Landstraßen und an die Zäune und nötige sie hereinzukommen, damit mein Haus voll werde."

Gerade diese letzte Anweisung hat nun wieder einen besonderen Bezug zu unserem Uyole-Thema. „Geht an die Zäune" – da steckt nämlich der Missionsauftrag drin. Geht über die Grenzen hinaus, auch über die Landesgrenzen hinaus – da sind doch auch noch Menschen, vielleicht freuen die sich über die Einladung.

Hinter dieser Einladung – wie überhaupt hinter diesem ganzen Thema – steckt die Erfahrung der ersten Christen, dass damals in Israel viele Menschen von dem neuen Glauben an Jesus Christus nichts wissen wollten, und dass sich dann in der Tat mancher auf den Weg über die Grenzen Israels hinausbegeben und für den Glauben an Christus missioniert hat, geworben hat, wie wir heute sagen würden, vor allem Paulus – in Griechenland, in der heutigen Türkei, in Italien und anderswo. Diese Einladung, den Glauben an Jesus Christus anzunehmen und sich seinen Anhängern anzuschließen, diese Einladung hat sich dann ausgebreitet über den ganzen Erdball und fortgesetzt durch alle Jahrhunderte hindurch bis auf den heutigen Tag. Sie ist mal mehr angenommen worden, mal weniger.

Wir können jetzt noch einmal auf die Frage zurückkommen, was Menschen dazu bewegen könnte, sich der Kirche zuzuwenden – in Uyole einerseits, in St. Markus andererseits. Die Motive werden zum Teil vielleicht ähnlich, zum Teil sicherlich auch verschieden sein.

In Uyole – und das gilt für ganz Tansania – sind die Lebensverhältnisse überaus ärmlich. Es fehlt an allem, an medizinischer Versorgung, an Schulen, an Kindergärten, an Arbeitsmöglichkeiten. Auch die Ernährungssituation ist sehr bescheiden. Vielleicht fühlen sich Menschen dort besonders angesprochen von der Hinwendung der Kirche zu den Armen: „Geh hinaus auf die Straßen der Stadt und führe die Armen herein", heißt es bei Lukas. Dieses Herz für die Armen ist seinem ganzen Evangelium abzuspüren.

Arme gibt's auch unter uns, vielleicht mehr, als wir denken. Es gibt viel verdeckte Armut, aber wir haben den Sozialstaat. Wenn sich der auch im Umbau befindet, so ist es bei uns doch so, dass sich der Arme zunächst an den Staat wendet und dort um Unterstützung bittet, auf die er ja sogar in vielfacher Weise einen Rechtsanspruch hat. Das war bei uns im letzten Jahrhundert noch ganz anders, vor 150 Jahren z. B., als die Marthastiftung gegründet wurde, die heute Träger des Altenheims St. Markus ist. Mitte des vorigen Jahrhundert sah sich die Kirche in der Pflicht, ähnlich vielleicht wie heute in Tansania, sich intensiv den sozialen Problemen der Menschen zuzuwenden. Damals wurde die Einrichtung gegründet, die wir heute Diakonisches Werk nennen. Die Kirche ist auch bei uns heute noch sehr mit allen möglichen sozialen Problemen befasst. Viele Menschen sehen darin immer noch die bedeutsamste Aufgabe der Kirche in unserer Gesellschaft. Das sehe ich allerdings angesichts unseres Sozialstaates nicht ganz so.

Ich sehe die Bedeutung der Kirche mehr an einer anderen Stelle, die nicht nur die Armen betrifft, sondern jeden Menschen, ganz unabhängig von seinem Kontostand und seiner sozialen Stellung. Ich sehe die Bedeutung der Kirche mehr im Hinblick auf die existentiellen Probleme des Menschen, d. h. „Probleme" sollte ich gar nicht sagen. Besser wäre einfach zu sagen: Die „existentielle Situation" des Menschen. Was meine ich damit?

Ich meine z. B. den schlichten Tatbestand, dass wir geboren werden und irgendwann wieder sterben werden. Das ist ein Grundtatbestand unseres Daseins. Und dieser Grundtatbestand ist schon eine ziemlich sonderbare Angelegenheit. Wir werden aus fast nichts geboren, wissen nicht warum, sind auch nicht gefragt worden, wir wissen nicht, woher wir kommen und wohin wir gehen, haben uns auch nicht die Rahmenbedingung unseres Daseins aussuchen können und müssen dann irgendwie damit klarkommen.

Allein dieser Grundtatbestand unseres Daseins wirft so viele Fragen auf und ist mit so vielen Problemen verbunden und ist eine solche Herausforderung an uns, dass allein schon von daher Kirche immer eine große Bedeutung haben wird. Denn die Kirche ist die Einrichtung in unserer Gesellschaft, die sich mit den Grundfragen des Lebens beschäftigt, und zwar in einem ganzheitlichen Sinne. In der Kirche geht es nicht darum, die Grundlagen unseres Daseins zu erforschen, im wissenschaftlichen Sinne etwa, sondern darum, das Leben zum Thema des Nachdenkens zu erheben, wie ich das jetzt mache. Es geht auch darum, das Leben zu feiern und dafür zu danken, wie wir das z.

B. nachher noch machen werden im Taufgottesdienst. Es geht auch darum, Mut zu machen, die Probleme des Lebens anzugehen, die Schwierigkeiten konstruktiv zu überwinden, und überhaupt „Ja" zu sagen zum Leben. Es geht auch darum, das Staunen zu fördern darüber, dass es dieses ganze Dasein überhaupt gibt und dass es so voller schier unglaublicher Wunder ist.

Aber dann auch dieses andere Thema – das sind wir selbst: der Mensch, dieses ganz besondere und auch etwas sonderbare Wesen mit all seinen schönen und schrecklichen Seiten; der Mensch: das Genie, der Fast-alles-Könner, aber doch so verletzlich und in vielem so hilflos, der große Konstrukteur, aber auch der Zerstörer. Da ließe sich so viel sagen – und da muss auch viel gesagt werden – über den Menschen und zum Menschen. Da hat die Kirche eine ewige Aufgabe.

Wir dürfen das in aller Unbescheidenheit sagen: Die Kirche ist die große gesellschaftliche Einrichtung, die sich mit den Grundfragen des Lebens befasst. Nennen Sie mir eine andere Einrichtung, die das in dieser Ganzheitlichkeit tut! Es gibt keine andere Einrichtung.

Es ist keineswegs so, dass die Kirche etwa auf alles eine Antwort hätte. Aber sie hat die Fragen und die Themen und die Zuständigkeit und die Tradition und die Rituale, um sich dieses Themas annehmen zu können. Und sie bietet eine Grundposition an, nach der Menschen immer sehnsüchtig verlangen werden: eine positive, bejahende Grundposition dem Leben und dem Menschen gegenüber. Die Kirche bewahrt und gestaltet und stärkt das Ja zum Leben und das Ja zum Menschen.

Da können wir doch alle nur froh und dankbar sein, dass es die Kirche gibt, egal, ob wir arm oder reich sind, ob wir in Deutschland leben oder irgendwo in Afrika. In dieser Hinsicht sind wir uns in Uyole und in St. Markus wohl gleich – hinsichtlich dieser Grundfragen unseres Daseins.

Was unsere beiden Gemeinden anbetrifft, St. Markus und Uyole, da gibt es Gemeinsames, und da gibt es Unterschiede. Ob mein Kollege heute auch noch etwas über die Kleiderordnung sagt, weiß ich nicht. Matthäus hat ja diese ziemlich brutale

Szene, wo einer, der zur Hochzeit erschienenen Gäste nicht ordentlich gekleidet ist und deswegen hinausgeworfen wird. Ich nehme mal an, dass man sich in Uyole wirklich festlich kleidet, wenn man zur Kirche geht, soweit das eben der Geldbeutel erlaubt. Ob man da auch so streng vorgeht wie bei Matthäus, weiß ich nicht. Bei uns ist das ja nicht mehr so – zum Glück. Aus dem Gottesdienst hinauswerfen werden wir niemanden wegen unangemessener Kleidung. Das ist sicherlich ein aufregendes Gesprächsthema; das will ich hier aber nicht vertiefen.

Wichtiger scheint mir, dass die Einladung von damals, von vor zweitausend Jahren, weitergetragen worden ist und dass sie von Ihnen heute morgen angenommen worden ist. Wir werden die Einladung immer weitergeben. Das ist wichtig und hilfreich und gut – für uns in St. Markus, für die Menschen in Uyole und für alle Menschen.

Kirche – ein Haus für das Mehr an Leben

6. April 1986
Quasimodogeniti / 1. Sonntag nach Ostern
Konfirmation
1. Petrus 2,5

Liebe Konfirmanden! Ich möchte euch jetzt einmal ganz persönlich ansprechen; denn dies ist euer Tag. Ihr gebt heute dem christlichen Glauben euer Ja-Wort. Das kling nach Eheschließung und kirchlicher Trauung. Verheiratet werden sollt ihr mit der Kirche nicht gerade. Aber ihr bekennt euch heute doch zu einer Beziehung, die – so hoffe ich wenigstens – alle Merkmale trägt, die auch eine gute Ehe ausmachen. Ich hoffe und wünsche für euch, dass ihr euren Partner – ich sage einmal kurz „die Kirche" und meine damit den christlichen Glauben, die Bibel und die Tradition mit allem, was dazugehört – dass ihr diesen Partner, die Kirche, wirklich gern habt und dass da eine lebenslange Beziehung draus wird, die gleichermaßen in guten wie in schweren Tagen hält, und dass es eine Beziehung des gegenseitigen Gebens und Nehmens wird, in der einer das Wohl des anderen mit großer Einsatzbereitschaft und auch mit Geduld und mit Nachsicht und gegenseitigem Verzeihen fördert.

Wenn wir uns umschauen und nachsehen, welche Beziehung denn zwischen Christen und ihrer Kirche tatsächlich besteht, wird man wohl zu dem Schluss kommen müssen: Vom Abbild einer guten Ehe kann da oft kaum die Rede sein. Aber wie es in einer Beziehung aussieht, das hängt von beiden Seiten ab. Ein gutes Miteinander setzt voraus, dass jeder sein Teil beiträgt. Das gilt eben auch für die Beziehung zwischen Christen und ihrer Kirche.

Ich möchte bei dem Stichwort „Kirche" noch ein wenig bleiben und meine Gedanken anschließen an einen Satz, der auch in unserem Vorstellungsgottesdienst eine Rolle gespielt hatte, ein Satz aus dem 1. Petrusbrief, Kapitel 2, Vers 5: „Ihr als lebendige Steine erbaut euch zum geistlichen Haus."

Hier geht es um euch und um die Kirche als geistliches Haus. Es fällt der Begriff „Steine", den wir im Vorstellungsgottesdienst so sehr hin und her bewegt hatten. Zwei Bilder haben wir hier vor uns, zum einen die Kirche als ein Gebäude wie dieses, in dem wir uns befinden, aus harten Steinen gebaut. Zum anderen die Kirche aus lebendigen Steinen gebaut. Damit sind die einzelnen Christen gemeint, die gemeinschaftlich auch das bilden, was wir Kirche nennen. Beide Bilder stehen in enger Beziehung zueinander und beide haben mit euch zu tun. Das möchte ich nun ausführen.

Zunächst die Kirche als Gebäude. Was stellt sie dar, was bedeutet sie? Was kann sie für euch bedeuten? Ich möchte nur wenige Aspekte herausgreifen.

Vom Äußeren her betrachtet fällt an einer Kirche in der Regel der Kirchturm auf. Der Kirchturm, da lassen sich einige Gedanken dran anknüpfen. In der Regel ragt der Kirchturm aus der Menge der umliegenden Gebäude heraus. Das gilt für die Innenstadt von Hamburg fast nur für die Hauptkirchen. Unsere Kirche St. Markus hat ihre hohe Spitze im Krieg verloren. Will die Kirche einfach nur größer sein als andere? Ich meine, hohe Kirchtürme haben einen tieferen guten Sinn. Sie ragen aus dem Trubel unseres geschäftigen Alltagstreibens heraus. Sie weisen hinaus über das, was das Einerlei und Vielerlei unseres tagtäglichen Lebens ausmacht.

Da muss doch noch mehr am Leben dran sein als das, was sich in den Wohnhäusern und Geschäftshäusern und Betrieben abspielt, wo sich alles um uns selbst dreht, wo sich alles nach den von uns selbst festgelegten Spielregeln schließlich mit einer gewissen Zwangsläufigkeit und Zwanghaftigkeit bewegt! Da sehnen wir uns manchmal geradezu nach dem ganz anderen, nach einer weiteren Lebensperspektive, einem weiteren Horizont, einer größeren Freiheit, einer anderen Welt.

Da erfüllt der Kirchturm seine Funktion. Er weist aus unserer Lebensumgebung heraus in eine andere Welt, natürlich symbolisch. Wenn wir uns fragen: „Was ist es denn konkret, wonach wir uns sehnen, wenn wir uns sehnen?" Das kann sich nun jeder selbst fragen. Wenn ich eure Lebenssituation als Konfirmanden bedenke, vermute ich, dass da die Sehnsucht nach einer Freiheit ist, nach Entfaltung eurer Wünsche nach euren eigenen Vorstellungen.

Bisher war es noch so – und das wird sicher auch noch eine Zeit lang so bleiben –, dass sich euer Leben in den von Elternhaus und Schule festgelegten Grenzen abgespielt hat. Wer von euch ist da nicht schon manchmal von dem tiefen Wunsch beseelt gewesen, alles selbst einmal ganz anders machen zu können?! Dieser Drang nach Freiheit, nach Entfaltung eigener Ideen, nach dem Überschreiten vorgegebener Grenzen ist etwas Wunderbares. Denn das wäre ja trostlos, und zutiefst langweilig, wenn wir nur in dem verharren wollten, was wir gerade sind und haben.

Allerdings ist dieser Drang nach Freiheit auch mit Schmerzen verbunden. Ich meine nicht nur, dass beispielsweise die Eltern oder Lehrer schlicht nicht erlauben, was man selbst so gern tun würde und sich dann ggf. heftige Konflikte einstellen. Ich meine ein Problem viel grundsätzlicherer Art.

Früher oder später werden wir nämlich alle einsehen müssen, dass uns gewisse unüberwindliche Grenzen gezogen sind. Das kann eine sehr schmerzhafte Einsicht sein: die Einsicht zum Beispiel, dass uns von Natur aus manche Fähigkeiten gar nicht mitgegeben worden sind, sodass manche Wünsche für uns für immer unerfüllt bleiben werden. Wer gern Pilot werden möchte, aber von vornherein schlechte Augen hat, der wird sich nach einem anderen Beruf umsehen müssen. Oder wer gerne ein toller Basketballspieler wäre, von Natur aus aber etwas klein geraten ist, der muss es dann eben schlucken, dass ihm andere durch ihre Größe ständig überlegen sind.

Von diesen unabänderlichen Grenzen gibt es eine ganze Menge. Das ist vielleicht manchem von euch schon schmerzlich bewusst geworden. Vielleicht hat sich der eine oder andere schon mal gewünscht: „Wenn ich doch nur etwas anders sein könnte, als ich es bin!" Aber vieles an dem, wie wir nun einmal sind, können wir nicht ändern. Manche werden über diese bittere Einsicht schließlich mutlos und gleichgültig und verlieren jeglichen Elan und trauen sich und anderen schließlich weniger zu als eigentlich gerechtfertigt.

Und da möchte ich noch einmal auf unseren Kirchturm und auf die Kirchtürme schlechthin verweisen. Sie weisen über die Grenzen unserer kleinen Welt, die wir uns selbst zurechtgebaut haben aus unseren vielen Lebenseinsichten hinaus. Sie weisen uns über diese unsere Grenzen hinaus als ein Zeichen der Hoffnung und Ermutigung.

Das Leben ist nicht nur das, was sich für uns zwischen den Grenzen von Geburt und Tod in unseren täglichen Lebenserfahrungen mit uns selbst und anderen abspielt. Das Leben ist mehr; es ist voller unbegreiflicher Wunder, voller Dinge, die unser Verstehen überschreiten. Und vor allem: Wir als Menschen sind mehr, als wir selbst von uns denken. Wir sind nicht nur dieses Mangelwesen, dem so viele Dinge nicht möglich sind. Wir sind ganz wunderbare Geschöpfe, jeder in seiner Art, mit den vielen Begabungen und Begrenzungen.

Unsere Fähigkeiten und fehlenden Fähigkeiten spielen zwar eine nicht unwesentliche Rolle in unserem Leben. Aber das eigentlich Wichtige in unserem Leben ist schließlich doch etwas anderes, nämlich dies: dass uns einer gern hat und wir jemanden gern haben können. Daran hängt schließlich alles.

Das ist die allumfassende Botschaft der Kirche: dass wir alle, jeder Einzelne von uns, liebenswerte und geliebte Geschöpfe sind. Wenn wir meinen – aufgrund enttäuschender Erfahrungen –, ganz und gar ungeliebt zu sein, dann sollen wir wissen: Die Liebe Gottes, unseres Schöpfers, wie sie sich in Jesus Christus offenbart hat, ist uns ganz sicher. Ihr können wir uns ganz und jederzeit anvertrauen. Insofern weist uns der Kirchturm über unseren Kleinmut und Kleinglauben, über unsere Verzagtheit und Mutlosigkeit hinaus und will uns erheben, dass wir aufschauen, über uns selbst hinausschauen zu einem, von dem wir Kraft und Mut und Hoffnung empfangen.

Wenn wir dann in den Raum der Kirche eintreten, werden

wir da die Ruhe finden, ein wenig von uns selbst und den uns umkreisenden und vielleicht zermürbenden Gedanken abzulassen. Dazu lädt uns der Raum der Kirche ein, dass wir zur Ruhe kommen und spüren: Hier sind wir mehr, als wir draußen von uns dachten. Wir haben ein Zuhause, das größer ist als unsere kleine Wohnung. Wir sind aufgehoben in einem großen Ganzen.

Und wenn wir dann nach vorn schauen und das Kreuz betrachten und die Fenster der Kirche, dann spüren wir auch, dass vieles geschehen ist um unseretwillen, uns zugute, dass einer uns für wert befunden hatte, für uns zu leiden und zu sterben und dass über viele Generationen hinweg dieser Geist der hingebungsvollen Liebe bis auf uns gekommen ist, sodass wir hier nun miteinander in eben diesem Geist versammelt sind.

Und nun heißt es: „Ihr, als die lebendigen Steine, erbaut euch zum geistlichen Hause." Das, was ich über das Kirchengebäude gesagt habe, das kann und soll auch an Menschen sichtbar werden. Wo Menschen im Geiste Jesu Christi versammelt sind, da werden die Lebenserfahrungen der Begrenzungen und Enttäuschungen nicht die Oberhand gewinnen. Da wird immer Hoffnung sein, die Zuversicht, dass Größeres und Schöneres sich ereignen kann, als was unser Verstand zu denken vermag. Da wird Mut sein und die Freiheit, auch ungewohnte Wege zu gehen und auf Ziele hinzuarbeiten, die nach dem sog. gesunden Menschenverstand unerreichbar erscheinen. Da wird Geborgenheit sein, in der jeder zur Ruhe kommen kann und wo zu spüren ist: Hier bin ich angenommen, wie ich bin.

Ein solches geistliches Haus aus Menschen, ein aus bewussten Christen gebautes geistliches Haus mag zu schön sein, um wahr sein zu können. Aber dazu sind wir berufen – und in diese Berufung seid ihr als Konfirmanden nun einbezogen: dass wir als lebendigen Steine, als Verkörperung der Liebe Gottes miteinander ein geistliches Haus bilden – uns zum Wohle, anderen Menschen und unserer ganzen Schöpfung zum Wohle und Gott zur Ehre.

Christ sein – mit Herz und Händen
10. Mai 1992
Jubilate / 3. Sonntag nach Ostern
Konfirmation
Johannes 1,14a

Knapp zwei Jahre sind wir nun im Konfirmandenunterricht zusammen gewesen. Etwa sechzig Stunden haben wir auf den Stühlen im Clubraum im Gemeindehaus verbracht. Das sind nur etwa zwei Schulwochen Unterricht. Was kann man in zwei Schulwochen lernen über den christlichen Glauben, über die Kirche, über die Bibel, über christliches Leben und christliche Verantwortung in der Welt?

Wir haben aber nicht nur auf den Stühlen im Gemeindehaus gesessen. Wir haben einige kirchliche Einrichtungen in unserer Stadt besucht. Wir waren in der Stiftung Alsterdorf, wo behinderte Menschen leben in guter menschlicher und fachlicher Betreuung. Wir waren im Rauhen Haus, das von Johann Hinrich Wichern gegründet wurde, um armen Kindern aus zerrütteten Familien ein neues Zuhause zu geben. Und wir waren im Nordelbischen Missionszentrum in Othmarschen. Da haben wir etwas erfahren von den weltweiten Verbindungen unserer Kirche, von den Partnerkirchen Nordelbiens in Indien und Papua Neuguinea zum Beispiel, und insbesondere in Tansania, wo ja auch wir als St. Markus eine Partnergemeinde haben.

Zweimal waren wir für ein ganzes Wochenende unterwegs. Einmal waren wir mit etlichen anderen Konfirmandinnen und Konfirmanden unserer Gemeinde, auch einigen Ehemaligen, in Salem in Schleswig-Holstein. Der Sonntag war der Michaelistag gewesen. Darum war damals der Erzengel Michael, der das Böse besiegte, unser Thema.

Das andere gemeinsame Wochenende haben wir in unserer Partnergemeinde in Stralsund in der ehemaligen DDR verbracht. Die Begegnung mit der dortigen Konfirmandengruppe war sehr erfreulich. Einige von euch stehen mit Einzelnen dort noch in Verbindung. Wir haben es alle bedauert, dass ein Gegenbesuch der Gruppe bei uns trotz unserer Einladung bisher nicht möglich war.

Den Gottesdienst in Stralsund habt ihr wesentlich mitgestaltet. Ihr habt dort das Gleichnis vom Verlorenen Sohn aufgeführt, mit dem ihr schon hier zuvor in St. Markus einen Gottesdienst bereichert hattet. Das war nicht das erste Mal gewesen, dass ihr im Gottesdienst mitgewirkt habt. An Heiligabend habt ihr, wie es schon Tradition ist, zur Freunde vor allem der kleineren Kinder das Krippenspiel aufgeführt. Und nicht zu vergessen: Ihr habt auch den Vorstellungsgottesdienst zusammen mit der anderen Gruppe im Wesentlichen selbst gestaltet – zum Thema Gerechtigkeit. Ihr habt also nicht nur auf den Stühlen gesessen. Ihr habt euch auch bewegt. Ihr habt nicht nur etwas genommen, ihr habt auch etliches gegeben und wart zu den Proben für die Gottesdienste auch zu zahlreichen Extraterminen in der Kirche.

Daneben – auch das möchte ich erwähnen – sind einige von Euch quasi Stammgäste in unserer Gemeinde. Jugendchor, Theatergruppe, weitere Wochenendfreizeiten und manches mehr. Vielleicht wird Martin Möller dazu nachher noch etwas sagen. Also, für einige von euch waren die zurückliegenden Jahre mit Kirche gut gefüllt.

Nun haben einige von euch im Rückblick gesagt: „Wir hätten gern noch mehr vom christlichen Glauben erfahren." Das werde ich mir für die nachfolgenden Gruppen merken. Allerdings: Christlicher Glaube ist ein lebenslanges Thema. Das ist nicht in sechzig Stunden abzuhandeln. Das Gefühl, noch nicht genug zu wissen, wird einen wohl nie verlassen. Und das Gefühl, im Glauben noch nicht gefestigt zu sein, wird wohl für die meisten – nicht nur von euch – ein Lebensbegleiter bleiben. Wenn ihr nachher auf die Frage antwortet, ob ihr in diesem Glauben bleiben und wachsen wollt, dann verstehe ich euer Ja nicht in dem Sinne, dass ihr nun voll und ganz wüsstet, worum es eigentlich geht im christlichen Glauben. Das Ja kann eigentlich nur bedeuten: „Ja, wir wollen dabeibleiben. Wir empfinden

Kirche und Glauben als etwas Gutes und Sinnvolles und Wichtiges und wollen weiter damit leben, es weiter damit versuchen, wollen weiter ausprobieren." Wenn ich noch einmal kurz zusammengefasst sagen soll, was mir am christlichen Glauben wichtig ist, dann möchte ich sagen: Mir ist zum einen das christliche Menschenbild wichtig. Das „Ja zum Menschen" gefällt mir. Aus christlicher Sicht sind wir zwar zum einen Sünder, d. h. fehlerhafte, schwache und schuldhafte Wesen, aber zum anderen eben dennoch geliebte Wesen. Diese Sicht des Menschen lag ja auch dem Beichtgottesdienst zugrunde, den wir gestern Abend hier auf euren Wunsch miteinander gefeiert haben. Mir gefällt dieses Menschenbild sehr. Denn es hat etwas sehr Ehrliches an sich. Wir brauchen uns nichts vorzumachen über uns selbst. Wir dürfen uns sehen wie wir sind – mit all dem, was anderen und uns selbst an uns nicht gefällt. Wir dürfen uns zu unseren Schwächen und Fehlern bekennen und dabei wissen: Wir werden deswegen nicht gering geachtet, wir brauchen uns deswegen nicht minderwertig zu fühlen. Wir haben und behalten unsere Würde. Natürlich besteht immer die Gefahr, dass andere unsere Schwächen ausnutzen, sich ihr Selbstbewusstsein an unseren Fehlern stärken und sich lustig machen über unser Unwissen, unser Scheitern, unsere Misserfolge. Aber vor Gott bleiben wir geachtet und geliebt. Und unsere Aufgabe als mündige Christen ist es, in seinem Sinne Menschen mit Respekt und Nachsicht, mit Geduld und in Hilfsbereitschaft zu begegnen. Gerade auf die Schwachen hat Jesus Christus geachtet. Das ist ein Trost für uns, wenn wir selbst einmal schwach sind. Und das ist eine Aufgabe für uns, wenn wir stark sind, eine Aufgabe, für andere da zu sein.

Und damit deute ich schon einen anderen Aspekt an, der mir am christlichen Glauben sehr wichtig ist – der aktive Teil des Glaubens. Christlicher Glaube ist nicht nur eine Sache des Herzens, sondern auch eine Sache der Tat, eine Sache der Hände, des persönlichen Einsatzes, des aktiven Engagements.

Wir haben uns im Konfirmandenunterricht zum Beispiel

einmal mit einem Umweltproblem befasst, dem Lärm und speziell dem Verkehrslärm. Damals hatten wir zwei Studentinnen zu Gast. Und ihr habt dann für unsere Gemeinde an einer Aktion auf der Hoheluftchaussee mitgewirkt, einer Aktion, die auf die Verkehrsprobleme aufmerksam machen sollte. Das war das Thema Umwelt oder Schöpfung, wie wir in der Kirche sagen. Aber dann haben wir auch die Probleme in den armen Ländern dieser Welt angesprochen. Wir haben uns mit dem Problem des Welthandels befasst; natürlich konnten wir das nicht sehr vertiefen. Was mir aber wichtig war zu zeigen, ist dies: dass wir uns in der weltweiten menschlichen Gemeinschaft nicht gegenseitig gleichgültig sein können. Wir tragen eine Verantwortung füreinander – und die können wir nicht allein im Kopf wahrnehmen, sondern da müssen wir auch Hand anlegen. Darum haben einige von euch Waren von der GEPA, der Gesellschaft für partnerschaftliche Zusammenarbeit, verkauft, als Versuch, zeichenhaft zu mehr Gerechtigkeit im Welthandel beizutragen.

Christlicher Glaube ist nicht nur Theorie, sondern auch und vor allem Praxis. „Das Wort ward Fleisch", heißt es im Johannesevangelium. Gott gab uns nicht nur das Wort von der Liebe, sondern er gab uns einen Menschen, Jesus Christus, der diese Liebe zum Menschen praktizierte, der sie verwirklichte vor allem an denen, die sie ganz besonders brauchten, aber im Grunde uns allen zugute.

Ich komme jetzt ins Predigen, das will ich ja gar nicht. Ich wollte nur ein wenig auf die gemeinsamen zwei Jahre zurückblicken und ein paar Dinge sagen, die mir wichtig erscheinen, vor allem, dass ihr von den zwei Jahren nicht erwartet, dass sie euch in Sachen Glauben alles hätten bringen sollen. Sie können nur ein Anfang sein. Und trotzdem werden andere jetzt auch an euch ablesen, was Kirche ist und was christlicher Glaube heute bedeutet, so unfertig ihr auch noch sein mögt. Ihr seid nun mündige Christen. Das soll euch nicht belasten. Aber es ist auch eine Aufgabe und Verantwortung.

Ich wünsche euch und uns allen als Gemeinde, dass es nach

der Konfirmation gut weitergeht, dass ihr im Glauben wachst, dass ihr aus dem Glauben Kraft und Freude schöpft, Sinn und Orientierung, und dass ihr St. Markus und der Kirche überhaupt verbunden bleibt, aktiv verbunden bleibt als Nehmende und Gebende.

Kirchentür zwischen vita und scriptura

31. Oktober 2003

Reformationstag

Epheser 5,1

Begrüßung: Am 31. Oktober 1517 schlug Martin Luther 95 Thesen an die Tür der Schlosskirche in Wittenberg. Er nutzte die Kirchentür als einen Ort der Kommunikation. Er wollte etwas mitteilen und zur Diskussion anregen. Das Thema, um das es ihm ging, hatte etwas mit dem zu tun, was sich an Weltlichem vor der Kirchentür abgespielt hatte, und was an Theologischem hinter der Kirchentür von der Kanzel nach Auffassung Luthers zu verkündigen war. Die Kirchentür als Ort der Grenze, einer durchlässigen Grenze zwischen Himmlischem und Weltlichem.

Was sich damals draußen vor der Tür abgespielt und das Missfallen Luthers erregt hatte, war ziemlich weltlicher Natur, wenn es auch im Gewande des Kirchlichen und Göttlichen daherkam. Es war der Ablass. Wer gesündigt hatte, konnte sich von der Sündenstrafe freikaufen. Das Geld sollte dem Bau des Petersdoms in Rom zugutekommen.

Was von drinnen her, aus der Tiefe der biblischen Botschaft zu sagen war, das hat Luther mit den Worten des Apostels Paulus auf den Punkt gebracht, indem er betonte: Die Vergebung Gottes kann nicht erkauft werden. Die Gnade Gottes ist ein Geschenk.

Die Kirchentür also der Ort der Kommunikation zwischen innen und außen. Luther nagelte dort seine Gedanken an, in 95 Thesen entfaltet, in lateinischer Sprache, um mit den Gelehrten und den Kirchenoberen in einen Disput einzutreten.

Und an dieser Stelle nun die Frage: Neue Kirchentür – neue Thesen? Fragezeichen. Kann unsere gestern eingeweihte neue Kirchentür für uns am heutigen Reformationstag vielleicht ein Anlass sein zu fragen, was denn heute an dieser Schnittstelle zwischen Kirche und Welt, zwischen Himmlischem und Weltlichem zu sagen wäre – in einigen Thesen zusammengefasst?

Predigt: Neue Tür – neue Thesen? Fragezeichen. Was haben wir heute – thesenartig – an der Schnittstelle zwischen innen und außen, an der Schnittstelle zwischen Kirche und Welt zu sagen?

Wenn ein fragender, suchender Mensch auf unsere Kirchentür zutreten und dort einen thesenartigen Aushang sehen würde, was würde er dort zu lesen hoffen? Und umgekehrt: Welche Sätze sollten wir einem interessierten Betrachter an der Kirchentür zu lesen geben, wir als diejenigen, die zur Wahrung und Auslegung und Weitergabe der biblischen Botschaft beauftragt sind? Ich versuche jetzt einmal, ein paar Gedanken aus dieser zweiten Perspektive zu formulieren, wie es meinem Beruf und meiner jetzigen Aufgabe entspricht.

1. Die Sätze, das sage ich als Erstes, müssten in deutscher Sprache abgefasst sein, und zwar so, dass sie verstanden werden können. Was heute kirchlich zu sagen ist, darf sich nicht nur an die gelehrte Öffentlichkeit richten. Jeder muss angesprochen werden und in das Gespräch einbezogen werden. Wir sind im Gegensatz zu damals heute alle mündige Christen.

Dafür hatte Luther selbst gesorgt – mit seiner Bibelübersetzung, mit seiner Organisierung des Bildungswesens, mit seinem Katechismus, damit jeder in die Lage versetzt würde, den biblischen Text selbst zu lesen und sich anhand dessen eigene Gedanken zu machen, statt auf die Auslegungen der Geistlichkeit, der höheren Geistlichkeit und der höchsten Geistlichkeit angewiesen zu sein. Die damals beginnende Buchdruckerkunst hatte das Ihre dazu beigetragen, dass immer mehr Menschen wirklich Zugang zum biblischen Text bekamen und auch die Gedanken verschiedener Ausleger lesen konnten.

Heute sind die Bildungs- und Informationsmöglichkeiten durch damals überhaupt nicht vorstellbare Medien geradezu fast grenzenlos. Sie haben den Einzelnen in einen selbstständigen mündigen Menschen verwandelt, der dadurch nun auch als voll verantwortliches Wesen anzusprechen ist.

Hinzu kommt die seitdem veränderte politische Struktur: Auch von Staats wegen – durch die demokratische Verfassung

– ist der Mensch zur Verantwortung für sich selbst und für die Gesellschaft berufen.

Und darum ist dies an erster Stelle zu sagen: Was wir aus dem Kircheninneren heraus, aus der biblischen Botschaft heraus, weiterzugeben haben, das haben wir nicht einem kleinen Zirkel von Gebildeten, von Wohlhabenden und von Mächtigen zu sagen, sondern jedermann. „Liebe Christinnen und Christen!", so könnte heute die Anrede lauten.

Als mündiger Christ müsste sich heute jedermann ansprechen lassen. Wir könnten es heute nicht gelten lassen, dass einer auf „die da oben" verweist, wenn er sich beklagen möchte. Jeder müsste sich heute zunächst einmal selbst prüfen, ob er seine Informationsmöglichkeiten genutzt hat, ob er seine politischen und gesellschaftlichen Mitwirkungs- und Gestaltungsmöglichkeiten ausgeschöpft hat, ob er die vielleicht erforderliche Zivilcourage aufgebracht hat und ob er seine eigenen materiellen Möglichkeiten eingesetzt hat, um die Mängel zu beheben, die er beklagt.

Die Kirche, das sind wir alle. Das gibt uns eine große Würde. Das bedeutet aber auch eine große Mitverantwortung für jeden von uns.

Das wäre also das Erste, was zu sagen wäre: Wir sind mündige Christen.

2. Zum Zweiten bleibt dennoch die Aufgabe der Kirche, das, was sie zu sagen hat, so verständlich zu sagen, wie es irgend geht, und in bestmöglicher Weise die Hilfestellungen zum Verständnis zu geben, die ihr zur Verfügung stehen.

Was die Kirche zu sagen hat, was sie zu verkündigen hat, muss nicht nur in deutscher Sprache, sondern auch in verständlicher deutscher Sprache abgefasst sein.

Die Ausdrucksweise der Theologen und Kirchenvertreter ist über Jahrhunderte hinweg eine so schwierige, umständliche Sprache gewesen – und ist es teilweise noch, dass die Aussagen auch für den gutwilligen Zuhörer und Leser letztlich doch immer wieder unverständlich geblieben sind. Das lag und liegt nicht nur an den manchmal nicht einfachen theologischen Inhalten. Manche Predigt war so abgefasst, dass sie letztlich doch nur von einem Fachpublikum, von ausgebildeten Theologen verstanden werden konnte. Die umständliche theologische Ausdrucksweise wird etwas ironisch als „Sprache Kanaans" bezeichnet. Das ist inzwischen viel besser geworden. Aber da ist noch Handlungsbedarf.

3. Dieses Kommunikationsproblem – das sage ich als Drittes – hat nicht zuletzt auch mit Luthers wohlgemeinter und in der damaligen Situation sinnvollen Formel zu tun: „Sola scriptura", allein die Schrift, allein die biblische Schrift. Mit dieser Formel wollte er klarmachen, dass die Worte des Papstes nicht das Wort Gottes sind, dass nicht seine Worte die höchste Autorität haben, sondern allein der Bibeltext.

Durch diese Formel „sola scriptura, allein die Schrift" haben sich Theologen, haben sich Prediger vielfach dazu verleiten lassen, sich in ihrer Auslegung so sehr in den Bibeltext zu vertiefen, dass sie sich darin gelegentlich auch verlaufen haben und der Zuhörer ihnen nicht mehr folgen konnte.

Darum ist als Drittes die Formel Luthers zu ergänzen, und das entspräche wohl auch dem Anliegen Luthers: Statt „sola scriptura" – „Allein die Schrift", sollte es heißen „vita et scriptura" – „Das Leben und die Schrift". Denn jede biblische Auslegung sollte vom Leben des Menschen herkommen und sollte Antworten anbieten auf die Fragen und Probleme des Menschen.

Die Bibelauslegung in der Predigt darf kein Selbstzweck sein und darf nicht zu einer literaturwissenschaftlichen Abhandlung werden. Der Mensch, der erwartungsvoll vor die Kirchentür tritt und sich überlegt, ob er vielleicht eintreten sollte, kommt mit den Fragen seines Alltags, mit dem, was sein Herz bewegt, mit dem, was er in der Zeitung gelesen, in den Nachrichten gehört und im Fernsehen gesehen hat und was er gerade in seiner Familie erlebt hat, in der Schule und am Arbeitsplatz, im Geschäft und auf der Straße. Er kommt auch mit dem, was er vielleicht gerade mit sich selbst durchmacht, mit seinen eigenen Gefühlen, seinen Glücksgefühlen und Depressionen, seinen Fragen und Zweifeln, seinen Schwächen, seinen Fehlern – er tritt mit seinem ganzen Leben vor die Kirchentür – und dann vielleicht durch die Kirchentür hinein ins Innere. Und da möchte er etwas hören, was seinem Leben dient. Da haben wir anzusetzen, bei seiner vita, seinem Leben. Und dann können wir ihm etwas geben aus der „scriptura", aus der Heiligen Schrift, denn darin sind Worte für das Leben enthalten, Worte des Lebens, eines Lebens, wie es vom Schöpfer zu unserem Wohl gemeint ist. Also „vita et scriptura" – „Das Leben und die Schrift".

4. Unser Leben – das wäre als Viertes zu unterstreichen – ist voller unabweisbarer existentieller Fragen und Probleme. Diese sind ein bleibender Grund für die Notwendigkeit von Kirche.

Unsere existentielle Situation besteht darin, dass wir ungefragt in diese Welt hineingesetzt worden sind, dass wir über die Grenzen von Geburt und Tod nicht hinauszuschauen vermögen, dass das Leben ein unergründliches Geheimnis ist und bleibt, dass es voller manchmal schwer erträglicher Ungereimtheiten ist und mit Beschwernissen und Leid verbunden ist, dass es im Leben aber ebenso unendlich viele unerklärliche Schönheiten und Großartigkeiten gibt. Zur existentiellen Situation unseres Daseins gehört, dass das Leben für uns – bei allem eigenen Tun – letztlich unverfügbar bleibt und dass wir auch uns selbst als Menschen mit unseren Wesensarten, unseren Wünschen und Bedürfnissen nicht in den Griff bekommen, dass der Mensch also nicht Gott selbst ist, sondern Geschöpf ist mit unüberschreitbaren Begrenzungen und wir von daher Grund zur Bescheidenheit und Demut haben. Wir müssen eingestehen, dass wir nicht alles können und vermögen. Das ist aber zugleich Grund zum Vertrauen und zur Hoffnung. Denn wir dürfen bekennen, dass nicht alles von uns selbst abhängt.

Das also war das Vierte: Unsere existentielle Angewiesenheit. Sie treibt uns – früher oder später – geradezu auf die Kirchentür zu.

5. Und wenn der fragende und suchende Mensch da hindurchschreitet, dann – und das wäre als Fünftes deutlich zu machen, dann kann er fündig werden. Er kann fündig werden in den biblischen Texten. Denn die biblischen Texte enthalten einen Schatz. Sie enthalten Worte des Lebens, Worte, die wertvoller sind als Gold und Silber, Worte, die gut sind für den Leib und die Seele, die Kraft geben, die uns sinnvolle Aufgaben geben und uns lohnende Ziele vor Augen stellen und uns einen guten Weg weisen.

6. Als Sechstes könnten wir an der Kirchentür einige dieser wunderbaren Worte aushängen. Es könnten grundlegende Aussagen über das Gottes- und Menschenbild sein, über Aufgaben und Ziele und Wege, wie sie dem Wort und Willen Gottes entsprechen. Sätze wie: „Gott ist die Liebe." Oder: „Gott schuf den Menschen zu seinem Bilde." Oder hinsichtlich der Friedensproblematik Sätze wie diesen: „Vergeltet das Böse nicht mit Bösem, sondern mit Gutem!" Oder hinsichtlich des zwischenmenschlichen Umgangs allgemein: „Behandle den anderen so, wie du selbst behandelt werden möchtest!" Oder hinsichtlich von Not und Elend bei uns und in weiten Teilen der Welt das Wort Jesu: „Was ihr einem von diesen meinen geringsten Brüdern und Schwestern getan habt, das habt ihr mir getan."

Also, wir hätten schon Bedeutsames und Hilfreiches und Heilsames an die Tür zu hängen, was in der heutigen Zeit unter uns allen zu diskutieren und im Zusammenhang mit der biblischen Botschaft zu bedenken wäre.

Unsere neue Kirchentür verbindet in ihrer Gestalt das Heutige mit einer Wertschätzung des Überkommenen. Sie hat damit etwas Zukunftsweisendes.

Wir könnten neue Thesen an die Kirchentür hängen. Noch besser wird es aber wohl sein, wenn wir die Kirchentür weit öffnen und einladen einzutreten, damit Kirche und Welt sich begegnen und wir als Menschen unter dem Wort Gottes zusammenkommen. Das wird uns allen guttun und Gott die Ehre geben.

Glaube, Hoffnung, Liebe

31. Oktober 2005

Reformationstag

1. Korinther 13,13

Begrüßung: Wir blicken heute zurück auf das Jahr 1517. Am damaligen 31. Oktober hat Martin Luther 95 Thesen an die Tür der Schlosskirche zu Wittenberg geschlagen – in lateinischer Sprache. Thema der Thesen war der Ablass. Wer denkt, dass der Ablass nur ein Thema von gestern sei, ein Thema längst vergangener Jahrhunderte, der irrt. Für den diesjährigen Weltjugendtag in Köln hatte Papst Benedikt XVI. einen Ablass verkündet. Den Teilnehmern des Weltjugendtags wurden durch diesen Ablass die Sünden vergeben und der Weg durchs Fegefeuer erlassen.

Der Ablass ist eines der theologischen Themen, in denen die evangelische und die katholische Kirche auch heute noch weit auseinanderliegen. Andere Themen sind z. B. der Pflichtzölibat in der katholischen Kirche und der Tatbestand, dass in der katholischen Kirche Frauen nicht zum Priesteramt zugelassen sind. Unterschiede gibt es auch im Verständnis des Priesteramts überhaupt. Als evangelischer Pastor bin ich nach katholischem Verständnis – wegen fehlender apostolischer Sukzession – gar kein vollwertiger Geistlicher, meine Kollegin sowieso nicht. Es gibt Unterschiede im Abendmahlsverständnis: Katholischen Christen ist es untersagt, an einem evangelischen Abendmahl teilzunehmen und evangelische Christen sollen nach dem Willen der katholischen Kirche nicht an der katholischen Abendmahlsfeier teilnehmen. Es gibt erhebliche Unterschiede in der Frage von „Rein und Unrein" und in der Bewertung der Sexualität und im Umgang mit ihr. Fremd ist für uns als Evangelische z. B. auch die Reliquienverehrung in der katholischen Kirche. Es ließen sich weitere Unterschiede anführen.

Wir könnten den Reformationstag dazu nutzen, diese Unterschiede näher auszuführen und zu beklagen und den aus unserer Sicht vorhandenen Reformbedarf darzulegen. Das haben wir uns für diese Andacht aber nicht vorgenommen. Das wäre auch mehr Sache der katholischen Kirche selbst – wobei die Unterschiede manchmal allerdings auch für uns Evangelische schmerzlich sein können.

Wir wollen heute vielmehr den Blick auf uns und unsere Kirche und unsere Gesellschaft und die Weltgemeinschaft insgesamt richten und uns fragen: „Wo sehen wir in unserer Gesellschaft, in unserer Kirche und bei uns selbst Reformbedarf?" Wir werden unsere Gedanken in drei Teilen darlegen und diese mit einem Wort des Apostels Paulus überschreiben, der in seinem 1. Brief an die Korinther im 13. Kapitel sagte: „Nun aber bleiben Glaube, Hoffnung, Liebe, diese drei." Das also werden unsere drei Abschnitte sein: Glaube, Hoffnung, Liebe.

Im Anschluss an diese Andacht werden wir ab 20 Uhr den Lutherfilm „Der gehorsame Rebell" hier in der Kirche sehen. Da werden wir dann umfangreiche Informationen über Luther, sein Leben und Wirken bekommen.

Ansprache: Nun also ein kritischer Blick auf uns selbst, auf unsere Kirche, auf unsere Gesellschaft – im Dreierschritt: Glaube, Hoffnung, Liebe.

Der Glaube. Glauben wir wirklich noch an die Kraft der christlichen Botschaft? Glauben wir noch daran, dass sie gebraucht wird und dass die Menschen sie wollen?

Wir sehen die Kirchenaustritte. Wir sehen den Einbruch der Kirchensteuer. Wir sehen den Zulauf zu anderen Religionen, zum Buddhismus zum Beispiel und zu diversen Selbsterlösungsversuchen. Sind wir durch die Anderen, die sich anderswohin orientieren, verunsichert? Oder befinden wir uns vielleicht sogar aus uns selbst heraus in einer theologischen Orientierungskrise, in einer Glaubenskrise?

Ist es nicht schon ein Alarmzeichen, wenn auf die Frage nach der Existenzberechtigung von Kirche meist zunächst und vor allem auf die Diakonie verwiesen wird? Das soziale Engagement von Kirche ist ohne Zweifel wichtig. Und die Kirche wäre nicht Kirche, wenn sie die Nächstenliebe nicht praktizieren würde. Aber wo bleibt der Hinweis auf die theologischen

Inhalte, auf das, was in den Gottesdiensten inhaltlich vermittelt wird und was in den Gottesdiensten geschieht? Der Hinweis auf den Gottesdienst als Mitte der Gemeinde und des christlichen Lebens wird in der Regel nur Insidern gegeben, aber selten Außenstehenden.

Haben wir vielleicht das Gefühl, dass Außenstehende eh nicht verstehen, was im Gottesdienst gesagt und zelebriert wird? Und dass Außenstehende am ehesten etwas mit dem sozialen Engagement der Kirche anfangen können?! Hat unser Gefühl nicht vielleicht sogar Recht?! Sind die von uns vermittelten Inhalte und ist die Art der Vermittlung im Gottesdienst nicht wirklich für Außenstehende oftmals schwer nachvollziehbar?

Hat nicht Luther vielleicht sogar ein klein wenig mit Schuld daran? Verzeihen Sie diese provokante Frage.

Hat nicht Luther mit seiner Formel „sola scriptura" den nachfolgenden Generationen bis auf den heutigen Tag eine schwere Last auferlegt, die abzuwerfen wir uns gerade in der lutherischen Kirche besonders schwer tun. „Sola scriptura!", „Allein die Heilige Schrift!" war ein Kampfruf Luthers gegen die Lehren des Papstes, die mit den biblischen Grundsätzen nach Luthers Verständnis oftmals nicht zu vereinbaren waren. Luther wollte, dass die Menschen mehr auf die Aussagen der Bibel und weniger auf die Worte des Papstes hörten.

Die nachfolgenden Generationen haben sich dann wirklich sehr intensiv mit dem Bibeltext auseinandergesetzt, nachdem dieser ins Deutsche übersetzt war. Später haben sich Theologen und Prediger dann sogar noch intensiver mit dem Bibeltext befasst, als die historisch-kritische Forschung dazu animierte, den Bibeltext in alle Richtungen auf seine Entstehungsgeschichte und literarische Entwicklung hin zu untersuchen und zu überprüfen. Das hatte und hat alles seine Richtigkeit. Nur ist der Bibeltext kein Selbstzweck und eine Predigt keine literarkritische Lehrveranstaltung. Eine Predigt soll dem Glauben dienen, dem Glauben als einer Hilfe zum Leben.

Ist das nicht auch der eigentliche Sinn der Bibel? Sie soll

Hilfe zum Leben geben. Hinter dem Bibeltext steht die existentielle Situation des Menschen. Es geht um das Leben des Menschen in dieser Welt, um die menschliche Existenz in diesem geheimnisvollen, schönen und zugleich oftmals schrecklichen Dasein. Es geht um die grundlegenden Fragen und Probleme des Menschen. Wo kommen wir her, wo gehen wir hin? Was soll das Ganze? Welchen Sinn hat alles? Wie können wir hier zurechtkommen? Woran können wir uns halten? Gibt es Orientierungen, Verbindliches? Wie sollen wir uns den Großartigkeiten und den Schrecklichkeiten gegenüber verhalten, den Schönheiten und Freuden auf der einen Seite und der Not, dem Leid, der Schuld, der Ungerechtigkeit auf der anderen Seite?

Sind es nicht diese existentiellen Dinge, die an die erste Stelle gehören – auch und gerade im Gottesdienst, weil sie jeden Menschen betreffen und bewegen?! Ist das Angebot der biblischen Aussagen dann nicht das Zweite, und zwar wirklich im Sinne eines Angebots, das im Herzen zu bewegen sich allerdings wirklich lohnt?!

Ist nicht dies die erste Aufgabe von Kirche – im Sinne einer Lebenshilfe –, dass sie in ihren Gottesdiensten die existentiellen Fragen des Menschen aufwirft und dann in einem zweiten Schritt dazu einlädt, sich auf Antworten der Bibel einzulassen und diese zu bedenken und dann ggf. für das eigene Leben nutzbar zu machen?!

Im Kern geht es in der Bibel um das Staunen über das Wunder der Schöpfung, es geht um die dankbare Annahme des Lebens, um die Bereitschaft, sich zur Mitverantwortung für diese Schöpfung berufen zu lassen. Es geht um die Annahme dieses Daseins als eine Herausforderung, sich mutig, vertrauensvoll und liebevoll mit den Problemen dieses Daseins auseinanderzusetzen und dem Menschen zu helfen, dieses Dasein zu bestehen und damit in allem dem Schöpfer die Ehre zu geben.

Nicht „Sola scriptura!" – „Allein die Schrift!", sondern „Vita et scriptura!" – „Das Leben und die Schrift", das macht unseren Glauben aus. Dieser Glaube wird gebraucht, und diesen Glauben zu vermitteln, dafür wird Kirche immer vonnöten sein.

Die Hoffnung. Wie schauen wir in die Zukunft – als Einzelne, als Kirche, als Gesellschaft? Sehen wir schwarz, allzu schwarz?, wie manche meinen. Oder sehen wir einen „Silberstreif am Horizont"?, wie der Volksmund sagt. Wie gehen wir auf die Zukunft zu? Ängstlich, deprimiert, mutlos, hoffnungslos?, wie viele beklagen. Oder haben wir Lust auf die Zukunft, schauen wir freudig voraus, zuversichtlich, unerschrocken, unternehmungslustig, abenteuerlustig, einsatzbereit? Von welchen Zukunftsvorstellungen lassen wir uns leiten? Lassen wir uns vom „worst case" leiten? Gehen wir in unseren Planungen immer vom schlimmst-möglichen Fall aus? Oder sind wir bereit, auch mit positiven Überraschungen zu rechnen? Sind wir bereit, dem Glück eine Chance zu geben? Sind wir bereit, uns von einer Vision leiten zu lassen? Spielt für uns vielleicht doch noch die Verheißung des Reiches Gottes eine Rolle – für unser konkretes, persönliches, kirchliches, gesellschaftliches Leben?

In Deutschland läuft es seit einigen Jahren wirtschaftlich nicht mehr so gut, wie wir es aus früheren Jahren gewohnt waren. Das drückt auf die Stimmung. Die Kirche ist in den Abwärtstrend hineingerissen, nicht zuletzt durch die Bindung des Kirchensteuersystems an die staatliche Steuerentwicklung.

Wie wird es weitergehen? Die Zukunft kennt niemand, trotzdem müssen Maßnahmen ergriffen werden – auf der Basis von Prognosen.

Ist es sinnvoll und hilfreich, sich vom „worst case", also vom denkbar schlechtesten Fall, leiten zu lassen? Wer in seinen Planungen vom denkbar schlechtesten Fall ausgeht, läuft Gefahr, mit übervorsichtigen Maßnahmen die negative Entwicklung selbst herbeizuführen, die sonst vielleicht gar nicht eingetreten wäre. Schaffen wir uns unsere Probleme zu einem großen Teil also nicht vielleicht selbst durch ein Übermaß an Schwarzmalerei, durch ein Übermaß an Misstrauen, durch einen Mangel an Gottvertrauen, durch einen Mangel an Hoffnung?

Wer in seiner Prognose z. B. davon ausgeht, dass in einer Gemeinde auch in den kommenden Jahren die Zahl der Gemeindeglieder unaufhaltsam weiter sinken wird und deswegen schon heute die eine Pfarrstelle oder andere Personalstelle streicht, der wird durch seine übervorsichtige Maßnahme vielleicht selbst gerade dafür sorgen, dass die Gemeindegliederzahl tatsächlich sinkt, weil die eigentlich interessierten Menschen sich dann wegen mangelnder persönlicher Betreuung von der Gemeinde abwenden.

Ist die Streichung von Personalstellen und ist die Schließung von Kirchen ein Anzeichen für einen Mangel an Hoffnung? Wenn wir wieder von etwas mehr Hoffnung erfüllt werden, werden wir dann vielleicht andere Maßnahmen ergreifen, die eher geeignet sind, die Dinge zum Besseren zu verändern?

Wir leben von der Hoffnung. Das Leben erstirbt, wenn wir vor allem schwarzsehen. Wer sich vor allem von Bedenken leiten lässt und Bedenken streut, der erstickt das Leben. Das Leben erstirbt, wenn wir z. B. vor allem daran denken, dass wir eines Tages sterben müssen. Das Leben kommt gar nicht erst zustande und Kinder werden gar nicht erst geboren, wenn wir uns vor allem davon leiten lassen, dass das Leben mit unendlich vielen Gefährdungen und Problemen verbunden ist. Und Beziehungen kommen gar nicht erst zustande, wenn wir vor allem daran denken, dass eine Beziehung auch wieder in die Brüche gehen kann. Und die Liebe hat keine Chance, wenn wir vor allem bedenken, dass die Liebe mit Leiden verbunden ist.

Hoffnung schafft und entfaltet und erhält Leben. Schützen und bewahren und kultivieren wir also jedes kleinste Pflänzchen der Hoffnung. Lassen wir uns zur Hoffnung ermutigen – und machen wir Mut zur Hoffnung!

Die Liebe. Vom Menschen geht viel Gutes aus, aber vom Menschen geht auch viel Böses aus. Ist der Mensch gut? Ist der Mensch böse? Ist der Mensch beides zugleich? Oder ist *in* dem Menschen Gutes, ist *in* dem Menschen Böses? Ist *in* dem Menschen beides zugleich?

Die biblischen Texte sagen uns: Der Mensch ist ein Geschöpf Gottes: „Gott schuf den Menschen – und siehe, es war sehr gut."

Wenn Mann und Frau einem Kind das Leben geschenkt haben, werden sie auch sagen: „Oh, wie schön!" Und wenn das Kind dann etwas anstellt, was nicht gut ist, dann werden sie nicht sagen: „Unser Kind ist böse." Sie werden vielmehr versuchen, das Kind von dem zu befreien, was es dazu verleitet hat, zu sagen oder zu tun, was nicht gut war.

Wenn wir uns doch jedermann gegenüber so verhalten würden wie gute Eltern ihrem Kind gegenüber! Und wenn doch auch in der weltweiten Politik Menschen so behandelt würden: als geliebte Geschöpfe Gottes, die im Ansatz gut sind, auch wenn sie Böses gesagt und getan haben!

Das Böse kann und darf nicht dadurch bekämpft werden, dass der Mensch, von dem Böses ausgeht, vernichtet wird. Eine Strategie der Terrorismusbekämpfung z. B., die darin besteht, dass Terroristen umgebracht werden, gibt dem Bösen immer neue Nahrung. „Überwindet das Böse mit Gutem", ist die entscheidende biblische Handlungsempfehlung.

Das Neue Testament berichtet davon, wie Jesus böse Geister austreibt. Er befreit Menschen von den Dämonen, die in ihnen stecken. So sollte es sein: Den Menschen befreien von den Kräften des Bösen und ihm helfen, die guten Kräfte in ihm zu entfalten. Das sollte das Ziel sein – auch z. B. im Kampf gegen den Terrorismus.

Die Liebe sieht das Gute im Menschen und strebt danach, den Menschen zum Guten zu befreien. Das hilft uns ganz persönlich, das dient unserem zwischenmenschlichen Miteinander, und das ist der Weg des Friedens für unsere ganze Weltgemeinschaft.

Angebot, das Gute zu entdecken

20. Juni 1993
2. Sonntag nach Trinitatis
Matthäus 22,1-14

Bei dem Predigttext für den heutigen Sonntag aus dem Matthäusevangelium, Kapitel 14, handelt sich um eine Variante zu dem Text der Lesung aus dem Lukasevangelium. Aus dem Predigttext greife ich zunächst die folgenden zwei Sätze heraus: „Geht hinaus auf die Straßen und ladet zur Hochzeit ein, wen ihr trefft. Und die Knechte gingen auf die Straßen hinaus und holten zusammen, wen sie trafen, Böse und Gute; und die Tische wurden alle voll." Wir haben gestern in unserer Kirche eine Hochzeit gehabt. Es waren viele Menschen da. Aber das Paar hatte die Gäste ganz gewiss nicht von der Straße weg eingeladen. Das Paar hatte offensichtlich nicht das Problem gehabt, das der König unseres Predigtabschnittes zu lösen hatte: dass seine Einladung zur Hochzeit seines Sohnes von den Geladenen abgeschlagen wurde. „Stell dir vor, es ist Hochzeit, und keiner geht hin!"

Das war das Problem, und so ähnlich war und ist es das Problem der Kirche: „Stell dir vor, es ist Gottesdienst, und keiner geht hin!"

Vor diesem Problem stand die Kirche in ihren Anfängen, vor diesem Problem steht die Kirche in Tansania, die Kirche in Stralsund und die Kirche in Hamburg. Es ist das missionarische Problem – oder sagen wir es lieber positiv: Es geht um die missionarische Aufgabe der Kirche. Da ist die Einladung Gottes an die Menschen: „Kommt her zu mir, die ihr mühselig und beladen seid, ich will euch erquicken."

Wie kann es dazu kommen, dass diese Einladung gehört und angenommen und sie den Geladenen zum Segen wird?

Eine Hochzeit ist etwas Schönes. Die Einladung zur Hochzeit ist auch etwas Schönes. Sie ist gut gemeint. Sie ist eine Ehre, eine Anerkennung, sie will dem Geladenen eine Freude bereiten. Sie ist eine Einladung zum Teilen der Freude. Wir sehen aus unserem Text, dass nicht jeder die Einladung angenommen hat, aus welchen Gründen auch immer.

Was gut ist und gut gemeint ist, muss nicht immer auf wohlwollende Annahme stoßen. Soll darum der Geladene zu seinem Glück gezwungen werden? Das darf nicht sein. Die frohe Botschaft würde sich in ihr Gegenteil verkehren. Die Kirchengeschichte hat dafür finstere Beispiele geliefert: Taufe oder Tod! Die Kolonialgeschichte liefert reichlich Beispiele dafür, wie die Errungenschaften europäischer Zivilisation zwangsverordnet wurden. Und zum „Glück" einer klassenlosen Gesellschaft sollten auch diejenigen gezwungen werden, die sich diesem „Glück" gern entzogen hätten. Ein zunächst gut gemeintes Angebot wird aber den Charakter des Guten einbüßen, wenn es den Angebotscharakter verliert.

Es ist zugegebenermaßen bitter, wenn man sich sicher ist, etwas Gutes anbieten zu können, und keiner will es haben. Aber da darf man nicht die Nerven verlieren. Da ist Geduld angesagt und Phantasie. Das gilt ganz besonders hinsichtlich der frohen Botschaft, hinsichtlich des Evangeliums, hinsichtlich des Angebots also, das wir als Kirche zu machen haben.

Unsere Situation ist vergleichbar dem, worum es gestern und vorgestern in einem Seminar hier an St. Markus ging. Da waren drei junge Damen aus Bad Godesberg gekommen von einer Beratungsstelle. Sie hatten Vertreter von privaten Gruppen eingeladen, die Projekte in Ländern der Dritten Welt unterstützen. Für solche Projekte stellt das Bundesministerium für wirtschaftliche Zusammenarbeit Fördermittel bereit; man muss das Geld nur beantragen. Aber alljährlich werden diese Gelder in Millionenhöhe nicht abgerufen. Etwas überspitzt formuliert: Da steht Geld für einen guten Zweck zur Verfügung, und keiner will es haben. Darum gibt es also eine Beratungsstelle, deren einziger Zweck es ist, auf das Gute, das da angeboten wird, aufmerksam zu machen und zu beraten, wie es erlangt und nutzbar gemacht werden kann.

Solche ungenutzten Geldquellen gibt es übrigens noch mehrere, auch im kirchlichen Bereich. Noch einmal anders gesagt: Da liegt irgendwo ein Schatz im Acker. Die drei jungen Damen kamen, um zu helfen, den Schatz zu finden, ihn auszugraben und ihn für die eigenen Zwecke nutzbar zu machen. In einer vergleichbaren Situation befinden wir uns als Kirche. Wir haben einen Schatz. Er liegt für viele nicht offen zutage, viele wissen nicht einmal, dass es ihn überhaupt gibt. Sie wissen zwar, dass es Kirche gibt. Aber dass sich darin auch etwas Gutes verbirgt, ist vielen nicht klar.

Wir müssen uns der Mühe der Beratung unterziehen, also einladen und geduldig und phantasievoll und liebevoll auf unseren Schatz aufmerksam machen, auf die frohe Botschaft, das Evangelium: auf die Menschenfreundlichkeit Gottes, die Barmherzigkeit, die Versöhnung, den Frieden, die Vergebung, die Freiheit, den Trost, den Beistand, die Liebe, die Schönheit des Lebens.

Die missionarische Situation stellt sich überall ein wenig anders dar. Unserem Predigttext können wir noch entnehmen, dass das Angebot der frohen Botschaft mit Lebensgefahr verbunden war. Die Boten des Königs, die ausgesandt waren, zur Hochzeit einzuladen, wurden zum Teil misshandelt und getötet.

Auch heute noch ist in manchen Ländern das Bekenntnis zum christlichen Glauben lebensgefährlich. Amnesty International z. B. bittet gerade in diesen Monaten um Hilfe für solche Menschen, die um ihres christlichen Glaubens willen im Gefängnis sitzen. Und in der ehemaligen DDR – Sie aus Stralsund wissen das am besten – konnten einem immerhin erhebliche persönliche Nachteile entstehen, wenn man sich zum Glauben an Christus bekannte und dafür womöglich noch werbend eintrat.

Solche Benachteiligungen staatlicherseits sind heute bei Ihnen in Stralsund beispielsweise sicherlich nicht mehr das Problem, sondern eher die Frage: Wie können wir überhaupt Menschen für die Kirche, für den christlichen Glauben interessieren? Wie können wir den Austritten begegnen? Wie können wir zur Taufe und zu Wiedereintritten motivieren? In Tansania wächst die Kirche. Wie kann es sein, dass dort Menschen so bereitwillig das Angebot ergreifen? Dazu kann ich keine Analyse abliefern. Ich kann nur noch einmal sagen: Das Gute ist da. Es gilt, die eigenen Augen zu öffnen und anderen zu helfen, das Gute wahrzunehmen.

Mancher, wie gesagt, weiß gar nicht, dass sich in den Mauern der Kirche, in den Räumen der Gemeindehäuser, zwischen den Buchdeckeln der Bibel ein Schatz verbirgt. Da haben wir schlichtweg Informationen zu geben. Andere ahnen das Gute wohl, aber sie haben Schwellenängste, sie trauen sich nicht auf den Acker, wo sie den Schatz vermuten, sie mögen nicht in eine Kirche eintreten oder in ein Gemeindehaus und haben eine Scheu vor dem Menschen im Talar. Da müssen wir uns öffnen, einladend werben, auf andere zugehen, Ängste nehmen.

Andere haben Vorbehalte, Vorurteile, Aversionen – begründet in üblen Erfahrungen. So wie auf dem ökumenischen Bücherstand am Isemarkt einmal erlebt, wo neben den Büchern auch eine kleine Dose mit Bonbons stand und ein Vater mit seinem Sohn vorbeikam und der Sohn gerade in die Dose greifen wollte, und der Vater ihn wegriss mit den Worten: „Von denen nimmst du mir keine!" Da helfen keine Rechtfertigungen. Da gilt es zu zeigen, dass die negativen Erfahrungen mit Kirche nicht die einzigen sind, die man machen kann, dass Kirche eben auch und vor allem etwas Gutes und Schönes, etwas Hilfreiches und Nützliches ist.

Die Knechte des Königs gingen schließlich hinaus auf die Straßen und holten zusammen, wen sie trafen, die Bösen und die Guten, und die Tische wurden alle voll.

Die Geschichte, die uns der Evangelist erzählt, ist ein Gleichnis. Dies muss übersetzt werden. Der König ist Gott, der heiratende Sohn ist Jesus Christus, die Geladenen sind die jüdische Bevölkerung. Die Ablehnung der Einladung ist das Desinteresse der jüdischen Bevölkerung an einer Begegnung mit Jesus Christus, und dass die Knechte des Königs umgebracht werden, weist darauf hin, dass auch die ersten Christen für ihren

Glauben das Martyrium erleiden mussten.

Der Gang auf die Straße, dass nun also jedermann eingeladen wurde, will sagen: Gott lädt alle Menschen zur Begegnung mit Jesus Christus ein, die Juden und die Nichtjuden. Die sogenannte Heidenmission ist hier angedeutet. Die Einladung ergeht an die Bösen und die Guten, an diejenigen, die sich an das jüdische Gesetz gebunden wissen und es befolgen, und an diejenigen, die es nicht kennen und nicht halten.

Die Einladung Gottes ist grenzüberschreitend, sie gilt aller Welt – im räumlichen Sinne, den Menschen aus Ost und West, aus Nord und Süd, sie gilt allen Menschen aber auch in jedem anderen Sinne – ohne jeden Qualitätsunterschied, den Guten und den Bösen. Gut und böse im Sinne einer Wesensbeschreibung sind wir alle. Niemand ist von der Einladung Gottes ausgeschlossen. Damit soll das Böse in seiner Verwerflichkeit nicht heruntergespielt werden. Sondern in dem Menschen, der das Böse tut, steckt auch Gutes, und dies zur Geltung bringen zu können, soll jeder Mensch eine Chance haben. In diesem Sinne ist auch jeder Mensch ein Acker, in dem ein Schatz verborgen liegt, den es zu suchen und auszugraben und nutzbar zu machen gilt.

Das eben ist die Absicht Gottes. Er hat uns aufgesucht. Er gibt uns die Ehre. Er lädt uns ein in die Begegnung mit Jesus Christus, damit wir uns befreien und heilen lassen.

Diese Einladung weiterzugeben – dazu sind wir als Kirche beauftragt. Mögen wir eine wirklich einladende Kirche sein!

Lassen wir uns selbst auf das Gute in uns ansprechen! Öffnen wir uns, dass sich entfalten kann, was in uns an Gutem angelegt ist! Und werden wir zu solchen, die in anderen nach dem verborgenen Schatz suchen, ihn zu heben und nutzbar zu machen helfen – zum Wohle aller und zur Ehre dessen, der uns erschaffen hat.

Kirche im Sozialismus
17. Juni 1984
Trinitatis
Matthäus 28,19-20

Begrüßung: Der heutige Sonntag Trinitatis ist zugleich der 17. Juni, ein staatlicher Gedenktag, der uns an den 17. Juni 1953 erinnert. Damals rebellierten Menschen in Ost-Berlin und in der DDR gegen die Erhöhung ihrer Arbeitsnormen. Sie brachten damit zugleich ihre Unzufriedenheit mit dem System drüben und ihren Wunsch nach Freiheit und Wiedervereinigung zum Ausdruck. Der Aufstand wurde von der sowjetischen Besatzungsmacht gewaltsam beendet; es gab Tote und Verletzte. Wir werden in diesem Gottesdienst nicht näher auf diese Ereignisse eingehen. Aber wir wollen den 17. Juni doch zum Anlass nehmen, unsere Verbundenheit mit den Menschen drüben zum Ausdruck zu bringen. Wir tun dies, indem wir insbesondere die Lage der Christen und der Kirche in der DDR bedenken.

Predigt: Der 17. Juni soll für uns nicht mehr als ein Anlass sein, unsere Verbundenheit mit den Menschen jenseits dieser schrecklichen Grenze einmal in einem Gottesdienst zum Ausdruck zu bringen. Jeder wird so seine eigenen Gedanken haben, wenn er an drüben denkt. Manch einer von uns hat dort Verwandte leben oder Bekannte, Menschen vielleicht, die er im Rahmen unserer gemeindlichen Partnerschaftsverbindung kennengelernt hat. Wir haben unsere diakonische Hilfe vor Augen, das Paketeschicken zu Weihnachten, überhaupt die umfangreiche materielle Hilfe, die die westlichen Landeskirchen den Schwesterkirchen in der DDR zukommen lassen. Und dann denken wir auch an die vielen Benachteiligungen, die die Menschen drüben auf sich nehmen müssen und die kürzlich viele zur Ausreise bewogen haben. Christen haben es da noch besonders schwer, wie wir eben auch in den Texten gehört haben.

Ich möchte jetzt die Gelegenheit nutzen, einmal etwas

Heilgeistkirche, Stralsund, Frühjahr 1990, Partnerkirche von St. Markus,
Hamburg-Hoheluft

grundsätzlicher nach der Rolle der Christen, der Kirche in der
DDR zu fragen. So können wir doch auch unsere Verbundenheit mit den Christen drüben zum Ausdruck bringen, dass

wir versuchen, ihre besondere Situation zu verstehen oder doch wenigstens Fragen zu stellen, die Frage nämlich: „Wie ist Christsein in der DDR überhaupt möglich, in einem sozialistischen Staat, der das langsame Absterben der Religion behauptet und diesem Prozess administrativ ein wenig nachhilft?

Wenn wir uns einen Augenblick selbst Gedanken machen über die Rolle der Christen, der Kirche in der DDR, dann fallen uns vielleicht zwei gegensätzliche Verhaltensmöglichkeiten ein: die Verweigerung gegenüber dem Staat und dem ganzen System zum einen und die Anpassung zum anderen.

Die Verweigerung ist die Haltung, die die Landeskirchen drüben gleich nach Entstehung der DDR durchweg praktiziert haben und die auch von den westlichen Kirchen unterstützt worden ist. Man hatte ja noch die Hoffnung auf eine baldige Wiedervereinigung. Und so richtete man sich aufs „Überwintern" ein, aufs Durchhalten, bis wieder ein Zustand eintreten würde, wo man wieder an Gewohntes würde anknüpfen können.

Diese Veränderung zum Gewohnten ist nicht eingetreten. Die DDR hat sich gehalten. Es verwundert deshalb nicht, dass Christen drüben bald darüber nachzudenken anfingen, wie sie sich in dieser ganz neuartigen Situation so verhalten könnten, dass sie damit ihrem christlichen Auftrag gerecht würden.

Ich weiß nicht, wieweit bei solchen Überlegungen auf biblische Vorbilder zurückgegriffen wurde. Mir jedenfalls sind einige Situationen des Volkes Israel eingefallen, die zum Vergleich herangezogen werden könnten. Ich denke an den Aufenthalt des Volkes Israel in Ägypten und an das Exil der Juden in Babylon. Zwar mussten die Israeliten da nicht in atheistischer Umgebung leben. Aber sie lebten da doch immerhin in einer in Bezug auf ihre religiösen Vorstellungen fremde bis feindselige Umgebung.

Wir können bei den Israeliten zweierlei feststellen: dass sie zum einen auf die Bewahrung ihrer religiösen Art bedacht waren, zum anderen in sogar hohen Positionen in dem Staat mitarbeiteten, dessen Staatsreligion eine ganz andere war. Ich denke an Josef, der am Hof des Pharaos tätig war und an Nehemia, der am babylonischen Königshof ein hohes Amt innehatte. Ich möchte diese Beispiele nicht vertiefen, sondern durch diesen kleinen Ausflug in das Alte Testament nur auf eine grundsätzliche Fragestellung aufmerksam machen, mit der sich die Christen in der DDR auch beschäftigen mussten. Die Frage für sie war, ob sie als Christen in dem atheistischen Staat mitarbeiten könnten oder sogar sollten oder ob sie sich so weit wie möglich zurückhalten und auf ihren privaten Bereich zurückziehen sollten.

Vor etwa fünfzehn Jahren hat diese Frage in der DDR eine Antwort gefunden, die unter den verschiedenen Landeskirchen inzwischen auch generell akzeptiert ist. Sie lässt sich mit dem Schlagwort „Kirche im Sozialismus" zusammenfassen. Kirche nicht gegen, auch nicht neben, sondern im Sozialismus. Damit ist eine konstruktive und kritische Mitarbeit der Kirche im sozialistischen Staat gemeint, ein Mittelweg heraus aus der lähmenden Alternative zwischen prinzipieller Antistellung und unkritischem Sich-vereinnahmen-lassen. Gemeint ist nicht eine pauschale Mitarbeit an jedweden staatlichen Zielen, sondern eine konkret unterscheidende Mitarbeit.

Die Kirchen haben sich ihre eigenen Aufgaben in der DDR gesucht, solche, die ihr besonderes Engagement nötig hatten. Sie setzen sich für mehr Offenheit in den gesellschaftlichen Auseinandersetzungen, für umfassendere, differenziertere und sachgemäße Information ein. Sie nehmen sich der Fragen der sinnvollen Freizeitgestaltung, der Konsumprobleme und solcher Fragenkomplexe wie Frieden und Gerechtigkeit, Dritte Welt, Umweltschutz, Kernenergie und schließlich auch der Begegnungsmöglichkeiten für Menschen zwischen Ost und West an.

Hinter der Bereitschaft zur Mitarbeit im sozialistischen Staat steht die Überzeugung, dass es sich mit dem Christsein nicht verträgt, die Gemeinschaft mit Kommunisten und Halbkommunisten, mit Ängstlichen und Gleichgültigen abzubrechen, dass es vielmehr Aufgabe des Christen ist, die Gemeinschaft mit dem Andersdenkenden, Andersseienden, Andersglaubenden zu suchen.

Wir haben nicht ohne Absicht als Evangelienlesung den Missionsauftrag ausgewählt, den Jesus seinen Jüngern gab: „Geht hin in alle Welt!" In a l l e Welt. Der damalige Ost-Berliner Bischof Albrecht Schönherr hat gesagt: „Für Gott ist auch ein Staat, der sich ausdrücklich zum Marxismus-Leninismus bekennt, kein weißer Fleck auf der Landkarte seiner Erde." An anderer Stelle wurde gesagt: „Aufgabe der Kirche ist es, das Lebensangebot Gottes allen Menschen weiterzugeben. Die Kirche kann darum nicht gegen die anderen und ohne die anderen leben, freilich auch nicht wie die anderen."

Eine kritisch unterscheidende Mitarbeit im sozialistischen Staat – das ist die Haltung, zu der sich die Kirchen drüben vor etwa fünfzehn Jahren entschlossen hatten. In gewisser Weise haben sie sich damit in die Situation drüben gefügt, aber wohl nicht im Sinne einer Anpassung. Sie haben einmal ihren Auftrag in drei Punkten so formuliert: 1. Umkehr zu Gott, 2. Hinwendung zum Nächsten und 3. Verzicht auf Privilegien.

Umkehr zu Gott als dem alleinigen Herrn, der auch über den staatlichen und gesellschaftlichen Bindungen steht, Hinwendung zum Nächsten, so wie Dietrich Bonhoeffer die Aufgabe der Kirche beschrieben hat als „Kirche für andere".

Verzicht auf Privilegien: Im sozialistischen Staat hat die Kirche keine Privilegien. Diesen Tatbestand hat die Kirche drüben als Chance ergriffen, dass sie sich wieder leichter dahin stellen kann, wo sie hingehört: zu den Ohnmächtigen. Die Kirchen in der DDR können nicht herrschen und nicht mitherrschen, wie dies andernorts noch der Fall ist. Die von ihnen angenommene und bejahte Aufgabe ist der Dienst.

Ich finde es bemerkenswert, dass die Kirchen in der DDR ihre Existenz dort bewusst als Aufgabe ergriffen haben, Kirche im Sozialismus zu sein – oder auf den Einzelnen bezogen: Christsein im Sozialismus zu praktizieren. Mir leuchtet ein, dass man nicht warten kann, bis Kommunisten den Raum der Kirche betreten, um sich dort von der Kanzel das Wort Gottes verkünden zu lassen. Wenn in der DDR die christliche Botschaft gemäß dem Auftrag Jesus Christi ausgerichtet werden soll, dann ist es wohl nötig, dass sich die Kirche in den Staat hineinbegibt und durch den einzelnen Christen, durch sein Verhalten, sein Reden und Handeln glaubwürdiges Zeugnis von der Kraft der christlichen Botschaft ablegt.

Christsein in der DDR scheint darum mit zwei Schwierigkeiten belastet; zum einen mit den zahlreichen Benachteiligungen, die ein Christ, je aktiver er ist, umso mehr auf sich nehmen muss. Zum anderen mit der Bedeutung, der sein persönliches Verhalten als Zeugnis des Glaubens zukommt.

Vielleicht haben Sie in ihren konkreten Begegnungen mit Christen drüben Erfahrungen gemacht, die sich nicht decken mit dem, was wir nun über die Kirche im Sozialismus gehört haben. Und vielleicht ist dieses Konzept derzeit noch mehr Ziel als Wirklichkeit. Aber es ist eine Haltung, die Respekt und Unterstützung verdient, und die durch unbedachte Äußerungen zu behindern wir uns wohl hüten sollten.

Wir haben nun ein wenig die Situation der Christen und der Kirche drüben bedacht. Wir werden wohl noch lange voneinander getrennt bleiben, was unser staatliches Leben angeht. Als Kirche bleibt damit für uns um so mehr die Aufgabe, das Verbindende unter uns zu bezeugen und lebendig zu erhalten.

Als Christen lassen wir uns von dem Geist Gottes leiten, der alle Grenzen überschreitet, auch die Grenzen der Schuld, und der Hass und Vergeltung beendet und zusammenfügt, was zerbrochen ist.

Neue Sicht – Freude, Skepsis, Ablehnung
17. September 1989
17. Sonntag nach Trinitatis
Partnergemeinde Heilgeist, Stralsund
Johannes 9,35-41

Begrüßung: Liebe Gemeinde von St. Jakobi und Heilgeist! Ich möchte seitens unserer Gemeinde St. Markus auch von dieser Stelle aus Ihnen sehr herzlich für die freundliche Aufnahme unseres Chores danken. Es ist etwas ganz Wunderbares zu erleben, wie sich hier menschliche Begegnungen zwischen unseren beiden Gemeinden vollziehen. Mit unserer Partnerschaft geben wir einem wahrhaft christlichen Anliegen Ausdruck: nämlich Grenzen zu überwinden und Gemeinschaft zu schaffen. Die Gemeinschaft, die Jesus Christus uns allen im Abendmahl gestiftet hat, auch in unserem täglichen Leben zu realisieren, ist unsere gemeinsame Aufgabe.

Worum geht es hier? Es geht um den Glauben an Jesus Christus. Wir erleben, wie einer zum Glauben kommt und wie andere den Glauben an Christus von sich weisen. Es geht dabei nicht nur um ein Problem von damals, sondern um ein Problem von heute. Denn wir erleben an uns selbst und in unserem persönlichen Umkreis, wie die einen offenbar einen leichten Zugang zum christlichen Glauben finden, andere dagegen ihre schier unüberwindlichen Schwierigkeiten haben. Warum das so ist, werden wir jetzt nicht ergründen können. Aber wir können anlässlich unseres Textes einige Überlegungen zu diesem Problem anstellen.

Hintergrund unseres Predigtabschnittes ist eine Heilungsgeschichte. Jesus hat einen Blindgeborenen geheilt. Eine solche Wundertat konnte nach damaligem Verständnis nur ein gottbegabter Mensch vollbringen. „Dieser Mensch ist von Gott", bekennt darum der Geheilte von dem, der ihm die Sehkraft geschenkt hat. Dieses Bekenntnis empfinden die Pharisäer dagegen als Gotteslästerung. Sie können und wollen in Jesus keine göttliche Gestalt sehen. Sie schließen darum den Geheilten aus ihrer religiösen Gemeinschaft aus.

Der eine kommt zum Glauben, die anderen weisen das Ansinnen des Glaubens energisch zurück. Polemisch werden hier die Pharisäer als diejenigen bezeichnet, die sich letztlich als blind erweisen. Ich möchte mich der Polemik des Johannes nicht anschließen. Denn mit dem Glauben an Jesus Christus ist es nun einmal nicht so einfach. Das merken wir an uns selbst und an den Menschen um uns herum, hüben ebenso wie drüben. Wer seine Schwierigkeiten mit dem christlichen Glauben hat aus welchen Gründen auch immer, dem würden wir mit polemischen, abfälligen, ironischen oder gar zynischen Bemerkungen schlicht Unrecht tun.

Die Schwierigkeit der Pharisäer bestand von vornherein in ihrer anderen Vorstellung von einem gottbegabten Menschen. Für sie spielte, wie wir immer wieder lesen, das Gesetz als Ausdruck des göttlichen Willens eine wesentliche Rolle. Die zehn Gebote und die vielen anderen Gesetze und Vorschriften aufs Genaueste einzuhalten, war für sie der Ausweis gottgemäßen Verhaltens. Jesus aber hatte gegen ein bedeutendes Gebot verstoßen: Er hatte den Blindgeborenen am Sabbat, dem Ruhetag geheilt. In den Augen der Pharisäer war er darum ein Gesetzesbrecher, ein Sünder. Und diesen Sünder als gottgesandten Menschen zu bezeichnen, das musste ihnen aus ihrem Verständnis heraus geradezu als gotteslästerlich erscheinen.

Wir können, meine ich, den Pharisäern und allen anderen Skeptikern in ihrer ablehnenden Haltung Jesus gegenüber nur gerecht werden, wenn wir zunächst von ihren eigenen Voraussetzungen her denken.

Wer von vornherein ein anderes Glaubenskonzept hat, wer ein anderes Welt- und Menschenbild hat, von dem können wir nicht erwarten, dass er dieses von einem Tag zum anderen aufgibt. Wer in einer bestimmten Tradition großgeworden ist, wer sein Leben lang etwas für wahr und richtig gehalten und nach dieser Überzeugung sein Leben ausgerichtet hat, der wird sich nicht plötzlich sagen lassen: „Nun mach es anders! Was du bisher für richtig gehalten hast, das gilt nicht mehr." Eine solche

Umstellung einer geistigen Konzeption, die ja zugleich einen Umbruch in der ganzen Lebensgestaltung bedeutet, ist ein schmerzhafter Prozess, selbst wenn ein verlockendes Ziel verheißen ist. Dass sich nicht jeder ohne Not solche Schmerzen zuzieht, ist nur zu verständlich.

Paulus ist einer der wenigen Pharisäer, die sich zu einer Neuorientierung ihres Lebens haben entschließen können. Er war von einem überzeugten, ja, geradezu fanatischen Pharisäer und Christenverfolger zu einem ebenso überzeugten Christen und Verbreiter des christlichen Glaubens geworden. Eine solche Wandlung ist möglich. Aber sie ist ein durchaus dramatischer Vorgang. Das wird uns gerade an der Biographie des Paulus deutlich.

Wie gelingt es nun auf der anderen Seite dem geheilten Blindgeborenen, zum Glauben an Jesus Christus zu gelangen? Nun, bei ihm waren die Voraussetzungen ganz andere als bei den Pharisäern. Er war blind geboren und hatte damit ohnehin keine Chance, ein Gott wohlgefälliges Leben im Sinne der pharisäischen Konzeption zu führen. Die vielen Vorschriften einzuhalten, war ihm wegen seiner Sehbehinderung nicht möglich. Und: Er war mit seiner Krankheit ein Ausgestoßener der Gesellschaft. Denn die Meinung war verbreitet, dass Krankheit eine Strafe Gottes sei. So hatte er nichts zu verlieren. Und da kommt nun also ein Mensch, befreit ihn von seiner für unheilbar gehaltenen Krankheit und eröffnet ihm den Eingang in die menschliche Gesellschaft.

Für ihn muss diese unverhoffte glückliche Wende wie ein Geschenk des Himmels gewesen sein. Dass Jesus eine göttliche Gestalt war, das war für ihn erwiesen – durch das Wunder der Heilung und durch das Wunder der Menschlichkeit: dass sich nämlich jemand seiner, des hoffnungslosen Falles, angenommen hatte. Dass diese Heilung am Sabbat geschah, das spräche für ihn nicht gegen seinen Helfer. Im Gegenteil: dass dieser um seinetwillen ein Gebot übertreten und sich damit den Zorn der Oberen der Gesellschaft zugezogen hatte, konnte er zurecht als Ausdruck besonderer menschlicher Zuwendung wertschätzen.

Für den geheilten Blindgeborenen hatte sich faktisch ein Lebensumbruch vollzogen. Die Wandlung, die der Blindgeborene in der Begegnung mit Jesus durchmachte, können wir als bildhafte Beschreibung der Wirkung des christlichen Glaubens verstehen. Der dunkle Schleier vor seinen Augen hatte sich in das helle bunte Bild unserer Welt verwandelt. Seine Hilflosigkeit war der Selbstständigkeit gewichen. Hatte er sich wegen der Krankheit noch mit Schuldgefühlen plagen müssen, so konnte er nun befreit aufatmen. Vom Rand der Gesellschaft konnte er nun in ihre Mitte treten. Die Hoffnungslosigkeit war Vergangenheit. Nun war ihm eine Zukunft eröffnet – mit zuvor noch ungeahnten Möglichkeiten.

Wen kann es da wundern, dass der Geheilte sich zu Jesus als göttlicher Gestalt bekannte? Einem Menschen solcher Art war er noch nicht begegnet. Und wenn dieser sagte: „Ich bin der gottgesandte Heiland, der Helfer und Erlöser der Menschen", warum hätte er daran zweifeln sollen?!

Anders als die Pharisäer hatte der Blindgeborene die wunderbare Kraft dieses besonderen Menschen, Jesus, am eigenen Leibe verspürt. Die Pharisäer aber hatten das Ganze nur aus der Distanz, auch der inneren Distanz, miterlebt. Von ihren anderen geistigen Voraussetzungen her und auch aus ihrer vergleichsweise privilegierten Lebenssituation heraus betrachteten sie das Geschehen mit Skepsis: Es konnte da nicht mit rechten Dingen zugegangen sein. Sie ließen sich nicht überzeugen.

Was könnte den Außenstehenden überzeugen? Was könnte unseren skeptischen Nachbarn, unseren Bekannten, unsere Arbeitskollegin von der lebenswichtigen Bedeutung des christlichen Glaubens überzeugen? Kaum jemandem wird die Glaubensentscheidung durch eine so tiefgreifende Erfahrung erleichtert, wie der Blindgeborene sie hat machen können. Wir haben zudem nur noch einen mittelbaren Zugang zu Jesus Christus, vermittelt nämlich durch Texte und Auslegungen, durch kirchliche Formen und Feiern und das menschliche und allzu menschliche Bemühen von Christen, durch ihre Lebensführung Zeugnis von Christus abzulegen.

Einen Außenstehenden von der Bedeutung des christlichen Glaubens zu überzeugen, ist ein nicht machbares Unterfangen. Da ist ein Element der Unverfügbarkeit mit im Spiel. Wir sagen: Der Heilige Geist weht, wo er will. Von daher können und sollten wir niemandem polemische Vorhaltungen machen, wenn er mit dem Glauben an Christus seine Schwierigkeit hat.

Wir sollten allerdings diese wunderbare göttliche Gabe, die uns in Christus zuteilgeworden ist, nun auch nicht allzu bescheiden und ängstlich in unserem stillen Kämmerlein hüten. Christus ist ein göttliches Geschenk an alle Welt. Und ich behaupte ganz unbescheiden: Die Welt hat Christus nötig. Denn in ihm ist die Liebe zum Menschen verkörpert, an der es allenthalben mangelt.

Es ist eine wahrhaft befreiende Botschaft, die von Christus ausgeht: die Befreiung nämlich von der belastenden Vorstellung, wir müssten unsere menschliche Würde erst verdienen durch normengerechtes Verhalten, durch ethischen Leistungen und durch Nachweise unserer Frömmigkeit. Dieser pharisäischen Konzeption gegenüber ist in Jesus Christus ein deutlich anderes Konzept verkörpert: Die Würde des Menschen ergibt sich daraus, dass er geliebt wird. Und jeder, aber auch jeder Mensch – unabhängig von Leistungen und Vorleistungen und Fehlleistungen kann sich der Liebe Gottes gewiss sein.

Das in Christus verkörperte Menschen- und Weltbild sagt vielen Menschen wenig oder nichts, andere lehnen es bei näherer Betrachtung ab. Aber für viele andere sind diese Worte Grundlage ihres Lebens. Wenn wir von unseren unterschiedlichen Positionen her einander in Offenheit und gegenseitigem Respekt die Einsichten anbieten, die wir als hilfreich erkannt haben, dann kann daraus wohl Gutes werden.

Irgendwo zwischen den Pharisäern und dem geheilten Blindgeborenen befinden wir uns, zwischen Zustimmung und Widerspruch, zwischen Glauben und Zweifeln, aber gewiss auf der Suche nach einem Leben, zu dem wir Ja sagen können. Jesus Christus ist das Angebot eines solchen Lebens.

Gottes Dienst an uns und unser Dienst
2. April 1995
Judika / 5. Sonntag der Passionszeit
Einführung der Diakonin
Markus 10,45

Es hat sich so wunderbar gefügt, dass es in den Texten dieses Sonntags Judika um das Dienen geht. Das passt zum besonderen Anlass dieses Gottesdienstes. Ich nehme mal nur den letzten Satz aus der Evangelienlesung, der auch der Spruch der neuen Woche ist: „Der Menschensohn ist nicht gekommen, dass er sich dienen lasse, sondern dass er diene und gebe sein Leben zu einer Erlösung für viele."

Dieser Satz schließt eine etwas peinliche Szene ab: Jakobus und Johannes, zwei der Jünger Jesu, zwei Brüder, möchten im Himmelreich gern zur Rechten und zur Linken Jesu sitzen. Sie möchten sich schon im Vorwege die besten Plätze reservieren. Ans Dienen hatten die beiden dabei wohl nicht gedacht, eher an die Vorrangstellung, an die gehobene Stellung, an das Privileg, dem Herrn und Meister ganz nahe zu sein.

Als der Evangelist Matthäus diese Szene im Evangelium des Markus las, das er als Vorlage auf seinem Schreibtisch liegen hatte, war er wahrscheinlich auch etwas peinlich berührt, zumal es sich bei Jakobus und Johannes um Jünger Jesu handelte, von denen man ein etwas vorbildlicheres Verhalten hätte erwarten dürfen. Die hätten sich eine solche Eitelkeit eigentlich nicht leisten sollen.

„So etwas kann ich meinen Lesern nicht weitergeben", wird sich Matthäus gesagt haben, als er sich daranmachte, sein Evangelium zu schreiben. Er hat die Geschichte dann ein wenig geändert: Er fügt die Mutter der beiden Brüder ein und lässt sie die Bitte an Jesus herantragen, dass er doch ihre beiden Söhne im Himmelreich zu seiner Rechten und zu seiner Linken sitzen lassen möge.

Damit sind die beiden Jünger fein raus; für das Verhalten ihrer Mutter können sie ja nichts. Und Matthäus kann davon ausgehen, dass der Leser das Begehren der Mutter, die ja nur das Beste für ihre Kinder will, vielleicht eher verzeihen wird als die Eitelkeit der Jünger.

Ich muss aber trotzdem sagen, dass es nicht ganz die feine Art von Matthäus war, die Peinlichkeit auf diese Art zu verlagern. Er hat den schwarzen Peter nun einer Frau zugeschoben. Und da sind wir – zum Glück – heute inzwischen etwas sensibler geworden. Matthäus mag da noch kein so schlechtes Gewissen gehabt haben. Frauen spielten in religiösen Dingen für ihn – wie für seine Zeitgenossen – keine so bedeutende Rolle, und Gleichberechtigung war nicht sein Thema. Ihm ging es vorrangig darum, das Ansehen der Jünger zu schonen.

Der Evangelist Lukas hat das Problem anders gelöst. Er hatte diese peinliche Szene mit Jakobus und Johannes auch bei Markus gelesen. Er hat diese Szene einfach gestrichen und gar nicht erst in sein Evangelium übernommen. Das finde ich nun auch wieder schade. Denn es ist doch eigentlich ganz tröstlich, zu lesen, dass die Jünger Jesu eben keine Engel waren. Man denkt oftmals: „Die Bibel – ein heiliges Buch" und „Die Jünger Jesu – ganz fromme Leute". Da sieht man hier mal – im Markusevangelium jedenfalls: Die Jünger Jesu hatten ganz menschliche Schwächen wie unsereins auch. Die waren auch nicht viel besser als wir. Das finde ich tröstlich. Das soll uns aber gewiss nicht als billige Entschuldigung dienen.

Ich meine wirklich, dass da ein echter Trost drin enthalten ist: zu sehen, dass Jesus sich ganz normale Leute ausgesucht hat als Freunde oder als Mitarbeiter oder als Vertraute oder wie immer man die Jünger nun beschreiben will – Leute wie Sie und ich. Das waren auch keine Heiligen – jedenfalls nicht von ihrem Verhalten her. Sie wurden etwas Besonderes nur dadurch, dass Jesus sie zu sich gerufen hatte und in seinen engeren Kreis aufgenommen hatte. Wenn er Jakobus und Johannes genommen hat, dann hätte er sicherlich auch uns genommen.

Ich finde die ungeschminkte Darstellung der Jünger bei Markus auch deshalb so gut und wichtig, weil man ja auch von

Mitarbeitern der Kirche meint, die müssten nun besonders vorbildlich sein. Sollen sie ja auch. Aber sie sind eben doch auch keine besseren Menschen als andere; sie haben auch ihre Schwächen und Fehler und Eitelkeiten.

Wenn wir mal den Kreis der Jünger mit Jesus in der Mitte als Minikirche nehmen, als Urzelle der Kirche, dann können wir sagen: Besser kann die Kirche heute auch nicht sein als der Kreis der Jünger damals: zwei eitle Jünger, Jakobus und Johannes, ein Verräter, Judas, und einer, der im Moment der Gefahr seine Beziehung zu Jesus dreimal leugnete, Petrus, und alle erfüllt von kreatürlicher Angst, als Jesus gefangengenommen wurde. Sie ließen ihn alle ihm Stich und flohen davon.

Besser, wie gesagt, kann die Kirche heute auch nicht sein als die Jünger Jesu damals. Das soll wiederum keine billige Entschuldigung sein. Es ist einfach wichtig zu sehen und einzusehen, dass Jesus ganz normale Menschen in seinen Dienst gestellt hat. Er hat ihre Schwächen und Fehler zwar nicht einfach durchgehen lassen. Er hat sie belehrt und ermahnt und sie zur Besserung aufgerufen. Aber er war mit ihnen eben auch barmherzig, er hat ihnen verziehen, er hat sie in seiner Gemeinschaft behalten, er hat mit ihnen gegessen, auch mit Judas, er hat an ihnen festgehalten und hat keinen Zweifel daran gelassen, dass er ihnen verbunden bleiben würde – allezeit.

Ich komme noch mal auf das Stichwort „Dienen" zurück. Das klingt ja ziemlich steil. Da liegt für unseren Geschmack heute vielleicht etwas zu viel Pathos drin. Und dem Anspruch, den wir aus diesem Begriff heraushören – ein mehr als normales Maß an Selbstlosigkeit und Aufopferungsbereitschaft –, diesem Anspruch meinen wir nicht gerecht werden zu können.

Es geht aber zunächst in den biblischen Texten auch gar nicht um unser Dienen. „Der Menschensohn", also Jesus Christus, ist gekommen – nicht, dass er sich dienen lasse, sondern dass er diene und gebe sein Leben zu Erlösung für viele. Das ist wichtig, dass wir das als Erstes hören: Jesus Christus – und Gott in ihm – ist gekommen, uns zu dienen. Das ist für manche eine völlig unverständliche Aussage: wie sich eine göttliche Gestalt so weit in die Niederungen des Menschlichen hinabbegeben kann. Aber das ist das Frohmachende an der frohen Botschaft, dem Evangelium, dass der allmächtige Gott, mit dem manche ihre Schwierigkeiten haben, seine Allmacht hintanstellt und sich in die Situation der niedrigen, geschundenen, leidenden, hilfsbedürftigen Kreatur hineinbegibt und sich da denen, die ihn brauchen, liebevoll zuwendet. Er, Gott, ist in Jesus Christus bis zum Letzten – bis zur Hingabe seines Lebens – für den Menschen da. Das ist ein ganz neues Gottesbild. Gott dient dem Menschen. Das ist ja auch der Sinn des „Gottesdienstes", auch dieses Gottesdienstes. Wir lassen Gutes an uns tun.

Aber es wäre nicht in Ordnung, wenn wir nur nehmen und nicht auch geben würden. Es wäre undankbar, wenn wir uns bedienen ließen, ohne dann auch mal selbst Hand anzulegen und was Gutes zu tun. Es ist irgendwie eine Selbstverständlichkeit, dass wir das Gute, das wir empfangen, auch weitergeben.

Wenn wir uns fragen: „Wie können wir das machen? Wenn Gott uns dient, wie können wir dann umgekehrt Gott dienen?" Da finde ich die schönste Antwort die, die wir im Matthäusevangelium lesen, wo Christus einmal sagt: „Was ihr diesen meinen geringsten Mitmenschen getan habt, das habt ihr mir getan." Liebevoll mit dem Mitmenschen umgehen, das ist unser vorrangiger Gottesdienst. Das ist schwer genug, aber es ist eine schöne und große Aufgabe, eine die – auch bei allen Misserfolgen, auch bei allen Rückschlägen und Enttäuschungen – niemals ihren Sinn verliert.

Warum erzähle ich das alles? Weil „Diakonie" auf Hochdeutsch „Dienst" heißt, und eine „Diakonin" ist eben auf Deutsch eine „Dienerin". Aber damit wollen wir das Thema nicht erledigt sein lassen, dass wir nun sagen: „Da haben wir eine, die für den Dienst am Mitmenschen zuständig ist, dann sind wir frei davon." Nein, wir alle leben von der Liebe Gottes, und so sind wir auch alle dazu berufen, von dem weiterzugeben, was wir empfangen haben.

Mission durch fürsorgliches Handeln
16. Mai 1976
Kantate / 4. Sonntag nach Ostern
Apostelgeschichte 16,16-34

Je häufiger Menschen in unserem Land der Kirche den Rücken kehren oder sich gar nicht erst auf die Kirche einlassen, desto wichtiger wird die Mission. Die Volkskirche ist keine Selbstverständlichkeit mehr. Dass man einfach in die Kirche hineingeboren wird und sein Leben lang darin verbleibt, das war einmal so. Das ist zum größten Teil zwar noch so. Aber viele Kinder werden nicht mehr getauft. Das gilt besonders für die Großstädte. Viele lassen sich nicht mehr konfirmieren. Viele Paare lassen sich nicht mehr kirchlich trauen. Und immer weniger Menschen lassen sich kirchlich bestatten.

Manch einer macht sich um die Zukunft der Kirche Sorgen. Und manche versuchen, Zeichen eines Umschwungs, einer neuen Hinwendung zur Kirche zu erkennen. Auf jeden Fall ist die Zugehörigkeit zur Kirche und zum christlichen Glauben keine Selbstverständlichkeit mehr. Für die bewussten und aktiven Christen tritt damit immer mehr die eine Aufgabe in den Vordergrund: nämlich das Wort Gottes denen in unserem eigenen Land, in unserer eigenen Gemeinde zu verkünden, die es nicht mehr hören oder noch gar nicht gehört haben, und diese Menschen wieder oder erstmals in die Gemeinschaft der Christen, sprich Kirche, hineinzuziehen. Wir stehen wieder vor der Aufgabe, Menschen zum christlichen Glauben zu bekehren. Wie können wir diese Aufgabe vollbringen?

Im Neuen Testament wird uns manche Bekehrungsgeschichte erzählt. Eine wollen wir uns heute anhören und gemeinsam bedenken. Sie steht in der Apostelgeschichte im 16. Kapitel. Es ist eine lebendige und spannende Geschichte, allerdings auch eine etwas wundersame.

Worum geht es hier in der Geschichte? Das Ganze spielt in der Stadt Philippi in Griechenland. Da ist eine Sklavin, die weissagen kann. Für die Leute, bei denen sie angestellt ist, ist sie mit dieser Fähigkeit bares Geld wert. Mit dieser Sklavin können sie einträgliche Geschäfte machen.

Als eines Tages Paulus und sein Begleiter Silas in diese Gegend kommen, weiß die Sklavin kraft ihres Weissagegeistes gleich, um wen es sich bei den beiden handelt, nämlich um Diener Gottes, die sagen können, wie die Menschen gerettet werden können. Das schreit sie denn auch für alle öffentlich hörbar hinter den beiden Männern her.

Das wird Paulus nach einiger Zeit wohl lästig. Vielleicht ist es ihm auch peinlich. Jedenfalls befiehlt er dem Wahrsagegeist: „Verlasse dieses Mädchen!" Und schon ist die Sklavin ihren Wahrsagegeist los. Die Besitzer der Sklavin sind darüber außerordentlich verärgert. Denn eine einträgliche Geldquelle ist damit versiegt. In ihrem Zorn lassen sie Paulus und Silas entkleiden und verprügeln und schließlich ins Gefängnis sperren. Dem Gefängniswärter schärfen sie ein, die beiden gut zu verwahren und sie ja nicht entlaufen zu lassen. Der Wärter steckt die beiden also in die innerste Zelle und schließt ihre Füße noch dazu in einen Holzblock ein.

Und nun kommt schon der erste Satz, der stutzig macht. Da steht: „Um die Mitternacht aber beteten Paulus und Silas und lobten Gott." Das ist merkwürdig. Denn was soll das Lob Gottes an dieser Stelle? Die beiden hätten in ihrer Situation doch wahrlich allen Grund gehabt zu klagen! Sie hätte doch beten können: „Gott, warum hast du zugelassen, dass wir so ungerecht behandelt werden, dass wir geschlagen und ins Gefängnis gesperrt werden?" Aber nein, sie loben Gott.

Dann gibt es ein Erdbeben. Die Gefängnistüren springen auf, die Fesseln der Gefangenen lösen sich. Unglaublich! Aber darauf kommt es hier nicht an. Entscheidend ist das Folgende: Der Gefängniswärter, der aus dem Schlaf hochgeschreckt ist und das Gefängnis geöffnet sieht, greift zum Schwert und will sich töten. Warum? Er weiß, dass, wenn die Gefangenen entflohen sind – und davon geht er aus –, dann wartet ohnehin die Todesstrafe auf ihn. Dieser Schmach will er zuvorkommen, indem er sich selbst das Leben nimmt. Doch kaum hat er das

Schwert aus der Scheide gezogen, hört er die Stimme des Paulus: „Tu dir nichts an", ruft er, „wir sind noch hier!" Der Wärter traut seinen Ohren nicht, aber er hat richtig gehört. Überwältigt von Glück und Dankbarkeit – und wohl auch Verwunderung – fällt er den beiden Männern zu Füßen und fragt sie: „Was muss ich tun, um gerettet zu werden?" Paulus antwortet: „Verlass dich auf Jesus, den Herrn. Dann wirst du gerettet und deine Angehörigen mit dir." Der Wärter nimmt die beiden zu sich nach Haus, wäscht ihre Wunden und lässt sich sogleich an Ort und Stelle mit seiner ganzen Familie taufen. Die Geschichte geht noch weiter. Aber wir wollen uns mit diesem Abschnitt begnügen.

Da sind also zwei merkwürdige und aufregende Dinge in dieser Geschichte. Ich meine nicht die wunderliche Austreibung des Geistes. Man mag sich lange darüber streiten, ob so etwas geht oder nicht. Ich meine auch nicht das Erdbeben, das wie bestellt die Gefängnistüren aufsprengt und die Fesseln der Gefangenen löst. Das ist zwar auch alles recht wundersam und wunderlich, aber nicht das eigentlich Wichtige.

Wichtig erscheint mir vielmehr dieses: Erstens, dass die beiden Männer in ihrer unglücklichen und gefährlichen Situation Gott loben, statt das unselige Schicksal zu beklagen. Und zweitens, dass sie nicht einfach auf dem schnellsten Weg davonlaufen, als die Gefängnistüren geöffnet und sie von ihren Fesseln los sind.

Das hätte man doch eigentlich erwarten sollen: dass sich die beiden schnellstens in Sicherheit bringen und ihr Leben retten würden. Ihre Freiheit hätte dann allerdings den Gefängniswärter und vielleicht auch seine Familie das Leben gekostet; auf jeden Fall aber hätte es ihm die allergrößten Schwierigkeiten eingebracht. Aber wem ist das Hemd nicht näher als die Jacke? Wer zuerst sein eigenes Leben zu retten sucht, bevor er an das Leben anderer denkt, dem kann nicht einmal ein moralischer Vorwurf gemacht werden.

Paulus und Silas verhalten sich jedoch anders, als man ei-

77

gentlich hätte annehmen sollen. Die unverhofft wiederge-schenkte Freiheit nutzen sie nicht, um sich in Sicherheit zu bringen. Sie bleiben freiwillig im Gefängnis. Sie riskieren damit ihr eigenes Leben, um das Leben des Wärters und seiner Familie zu retten. Dieser ist von der Haltung der beiden Männer so beeindruckt, so überwältigt, dass er sich spontan zu dem Gott bekehrt, in dessen Namen sie handeln. Er lässt sich mit seiner ganzen Familie taufen.

Hier erleben wir also eine Bekehrung mit. Sie ist die unmittelbare Folge des beeindruckenden Verhaltens von Paulus und Silas. Diese beiden haben dem Gefängniswärter das Leben gerettet. Warum eigentlich? Warum setzten sie ihr Leben aufs Spiel, um diesen Wärter zu retten? Sie kennen ihn doch gar nicht näher. Er ist zudem Heide. Und in der kurzen Zeit, in der sie mit ihm zu tun gehabt haben, haben sie nicht gerade gute Erfahrungen mit ihm gesammelt. Er hat sie aus Angst vor seinen Vorgesetzten in die innerste Zelle gesperrt und ihre Füße noch dazu in Holzblöcke eingebunden. Er hat sie also nicht gerade zimperlich behandelt, sondern sie mit allen ihm zur Verfügung stehenden Mitteln festgesetzt, um sie an der Flucht zu hindern. Er hatte ihnen nicht helfen wollen. Dennoch sind die beiden jetzt unter Einsatz ihres Lebens darauf bedacht, diesem Wärter zu helfen. Verdient hat er das nicht. Sie schulden ihm diese Hilfe in keiner Weise. Warum also bringen sie sich nicht selbst in Sicherheit?

Eine Antwort ist in dieser Geschichte nicht ausdrücklich gegeben. Aber sie ist im Verhalten der beiden enthalten. Paulus und Silas erkennen in dem Wärter den hilflosen, geängstigten Menschen, der als Spielball fremder Mächte nicht sein eigener Herr ist. Sie sehen in ihm das angstvolle Geschöpf, das sein eigenes Leben zu erhalten sucht, und das sich nicht besser zu helfen weiß, als den Willen seiner Vorgesetzten aufs Genaueste zu erfüllen. Dieser Mensch will leben, aber sein Leben ist abhängig vom Gutdünken seiner erbarmungslosen Dienstherren. Um am Leben zu bleiben, sucht er ihren Willen in sklavischem Gehorsam zu erfüllen. Er kann sich kein Urteil darüber erlauben, ob die Gefangenen in seinem Gefängnis zu Recht oder zu Unrecht eingesperrt sind. Seine Aufgabe ist es, sie in sicherem Gewahrsam zu halten. Mit der sorgfältigen Erfüllung dieser Aufgabe steht und fällt sein Leben und das Wohl seiner Familie. Die beiden Männer sehen den Wärter mit menschlichen Augen an. Sie sehen in ihm nicht den, der sie peinigt, sondern den, der selbst leidet, leidet unter der Fremdbestimmung durch ihm übergeordnete Menschen, durch seine schwere Aufgabe und durch die Angst vor dem eigenen Versagen. Sie sehen den Wärter mit menschlichen Augen an und nehmen sich seine persönliche Not selbst zu Herzen. Zwar haben sie auch ihre eigenen Sorgen. Aber sie scheinen da keinen Unterschied zu machen. Sie nehmen sich der Not des anderen an, als wäre sie ihre eigene. Sie nehmen das Leid des anderen wie ein eigenes auf sich.

Darum können sie auch in der Gefängniszelle noch beten und Gott loben. Denn ihr eigenes Unglück sehen sie nicht als etwas Besonderes an. Auch außerhalb des Gefängnisses haben sie gelitten, nämlich am Leid der anderen.

Damit stehen sie in der Nachfolge Jesu Christi, der ja auch nicht um sein eigenes Wohlergehen besorgt war, sondern sich mit seinem ganzen Leben für die Menschen neben ihm und nach ihm eingesetzt hat.

Wenn wir noch einmal fragen: „Warum nehmen die beiden Männer so sehr Anteil an der Not dieses ihnen doch unbekannten Menschen?", so können wir gar nicht anders, als mit dem Hinweis auf Jesus Christus zu antworten. In ihm ist deutlich geworden, dass wir erst dann wirklich leben können, wenn wir für andere Menschen leben.

Wir stehen heute also wieder mehr denn je vor der Aufgabe, Menschen für den christlichen Glauben zu gewinnen. Wie können wir das tun? Wir können es durch unseren Mund tun, indem wir Gottes Wort verkünden. Aber noch wirksamer ist es wohl, wenn wir uns mit unserem ganzen Leben in die Nachfolge Jesu Christi stellen, wie es die beiden Männer in dieser Geschichte getan haben. Dazu gehört ein gutes Maß an Opferbereitschaft und an Bereitschaft, Risiken einzugehen. Das bequeme Leben hat uns vielleicht ein bisschen selbstgefällig gemacht. Uns fehlt vielleicht ein wenig der innere Schwung. Wir sind, was den christlichen Glauben anbetrifft, wie Vögel, denen man die Flügel gestutzt hat: Wir hüpfen nur noch am Boden herum, statt die unendliche Freiheit des Himmels zu genießen.

Wo können wir uns heute in unserem christlichen Glauben bewähren? Immer da, wo Menschen uns brauchen. Jeder wird gebraucht, die Großen und die Kleinen. Das ist das wahre Lob Gottes: dass wir nicht für uns selbst, sondern füreinander da sind.

Ein offenes Herz für gute Worte

27. Januar 2008
Sexagesimae / 2. Sonntag vor der Passionszeit
Apostelgeschichte 16,9-15

Es geht heute um die Kraft des Wortes. Worte können missverstanden werden. Darum zunächst vorbeugend eine kleine Erläuterung zu der Bezeichnung „Mazedonien". Wenn dieser Name in unserer Gemeinde fällt, denken einige vielleicht an unsere Mazedonen, die kleine orthodoxe Gemeinde, die in unserer Kirche regelmäßig seit etwa 16 Jahren ihre Gottesdienste hält. Unsere Mazedonen sind aber nicht die Mazedonen, von denen in unserem Text die Rede ist. Da liegt nicht nur der 2000jährige Abstand dazwischen, sondern es handelt sich um eine Bevölkerung anderer Herkunft. Unsere Mazedonen aus der 1991 unabhängig gewordenen Mazedonischen Republik auf dem Gebiet des ehemaligen Jugoslawien sind überwiegend slawischer Herkunft. Die Einwanderung slawischer Stämme in das Gebiet des Balkan vollzog sich im 6.-7. Jahrhundert, also mehr als ein halbes Jahrtausend nach den Missionsreisen des Apostels Paulus, von denen wir heute eine Szene als Predigttext vor uns haben. Bei den in der Apostelgeschichte erwähnten Mazedonen handelt es sich um eine Bevölkerung, die den griechischen Stämmen zuzurechnen ist. Der Ort Philippi liegt an der nordgriechischen Küste.

Das nur in Kürze vorweg – als kleiner Hinweis darauf, dass ein einzelnes Wort – Mazedonien – schon in die Irre führen und Missverständnisse auslösen kann. Und nicht nur Missverständnisse, sondern auch heftigen Streit und auch politische – bis hin zu gewalttätigen und kriegerischen – Auseinandersetzungen. Um die Benutzung der Bezeichnung Mazedonien haben sich die Griechen und die Mazedonen lange politisch gestritten. Man könnte sagen: „Es geht doch nur um ein Wort!" Aber ein Wort ist eben mehr als ein Wort. Hinter einem Wort steht ein Inhalt und steht eventuell eine lange Geschichte. Ein Wort kann auch mit Gefühlen verbunden sein, mit Gefühlen der Identität, der Zugehörigkeit. Ein Wort kann Besitzansprüche zum Ausdruck bringen. Ein Wort kann Erinnerungen guter und böser Art wecken und Aktivitäten auslösen, die auch von guter und böser, von konstruktiver oder zerstörerischer Art sein können. Es geht heute um das Wort Gottes. Der kurze Episteltext aus dem Hebräerbrief sagt dazu: „Das Wort Gottes ist lebendig und wirksam und schärfer als jedes zweischneidige Schwert." Dieses Bild gilt auch für manches andere Wort. Es gibt viele Worte die wahrlich kein Spielzeug sind. Viele Worte sind mit Bedacht zu benutzen. Zu bedenken ist ihre Wirkung. Denn die Wirkung kann lebensentscheidend sein – im Positiven wie im Negativen. Unser Predigttext liefert dafür ein Beispiel. Paulus war auf Bitten eines Mazedoniers, der ihm Traum erschienen war, mit dem Schiff nach Mazedonien gereist – in die Stadt Philippi, zu jener Zeit eine römische Kolonie. Am Sabbat geht er an einen Fluss, wo er die Gebetsstätte der kleinen jüdischen Gemeinde vermutet. Dort trifft er eine Gruppe von Frauen. Paulus setzt sich mit seinem Begleiter nieder und redet. Und dann heißt es: „Eine Frau mit Namen Lydia, eine Purpurhändlerin, hörte zu. Gott tat ihr das Herz auf, sodass sie achtgab auf das, was Paulus sagte." Sie hörte aufmerksam zu – und dann ließ sie sich taufen.

Für diese Frau haben die Worte des Paulus eine lebensverändernde Wirkung gehabt. Sie wurde Christin, die erste Christin Europas.

Wir können uns fragen: „Wie ist es dazu gekommen?" Interessant ist, dass hier eine einzelne Frau genannt wird. Es war doch eine Gruppe von Frauen, zu der Paulus geredet hatte. Aber es war diese eine, bei der die Worte des Paulus eine besondere Wirkung erzielten. Von den anderen ist nicht die Rede. Auch sie hatten wohl gehört – aber die Worte hatten in ihnen offensichtlich nichts Bemerkenswertes ausgelöst.

Über Lydia heißt es: „Gott tat ihr das Herz auf." Ja, das ist erforderlich. Denn zur Wirkung des Wortes gehört zweierlei: Das Wort selbst und der Boden, auf den es fällt, wie es im Gleichnis von der dreifachen Saat so schön bildhaft zum Ausdruck gebracht ist. Das Wort ist wie ein Samenkorn. Es kommt nicht überall zur Wirkung. Es braucht den fruchtbaren Boden.

Zum Wort gehört zweierlei – ja, eigentlich sogar dreierlei oder noch besser gesagt viererlei.

Es ist nicht immer nur das Wort selbst, was bei dem Zuhörer oder der Zuhörerin eine Wirkung auslöst. Es spielt auch noch eine Rolle, wer das Wort sagt. Es können zwei dasselbe sagen – und das Gesagte kommt doch ganz unterschiedlich an.

Paulus war eine starke Persönlichkeit. Wenn er sprach, hatte das bestimmt eine ganz andere Wirkung, als wenn irgendjemand dasselbe sagte. Paulus war ein Mensch mit Überzeugungen, ein Überzeugungstäter. Zunächst war er ein überzeugter gesetzestreuer Jude gewesen. Als solcher hatte er die Christen anfangs verfolgt. Dann hatte er ein Bekehrungserlebnis. Der Saulus wurde zum Paulus. Daraufhin engagierte er sich mit dem Einsatz seiner ganzen Person und seines Lebens für die Verbreitung des christlichen Glaubens über die Grenzen von Israel hinaus – auf dem Gebiet der heutigen Türkei bis hin nach Griechenland und Italien.

Davon dürfen wir wohl ausgehen, dass Lydia von den Worten des Paulus in Verbindung mit Paulus als Persönlichkeit beeindruckt war. Er muss ihr glaubwürdig erschienen sein.

Es kann einer z. B. viel von der Liebe Gottes zu allen Menschen reden. Wenn der Betreffende sich selbst lieblos verhält und Lieblosigkeit ausstrahlt, dann haben es die Worte um so schwerer, ernst genommen zu werden.

Die Frage bleibt, warum die anderen Frauen von Paulus und seinen Worten offenbar nicht so nachhaltig beeindruckt waren wie Lydia. Das wird in unserem Text nicht erklärt. Wir erfahren auch nicht, warum Lydia sich durch Paulus zum christlichen Glauben bekehren ließ. Es heißt lediglich: „Gott öffnete ihr das Herz." Ansonsten erfahren wir nur das Ergebnis: Sie ließ sich taufen. Und sie lud Paulus und seinen Begleiter in ihr Haus ein.

Gott öffnete ihr das Herz. Damit ist die Unverfügbarkeit des Glaubens zum Ausdruck gebracht. Sie haben vielleicht auch schon mal jemanden sagen hören: „Ich möchte ja glauben, aber ich kann nicht."

Es ist ein Geschenk, ein Gottesgeschenk, wenn wir glauben können, wenn wir Gottvertrauen in uns haben, wenn wir die Kraft zur Vergebung und zur Versöhnung in uns spüren, wenn wir in der Lage sind, uns trösten zu lassen, uns helfen zu lassen, uns Mut machen zu lassen. Es ist ein Geschenk, wenn wir die innere Bereitschaft zur Dankbarkeit haben, zur Zufriedenheit, zur Freude auch über Kleinigkeiten, wenn wir überhaupt Lebensfreude und Lebenswillen in uns tragen, auch wenn vieles schwierig ist. Es ist ein Geschenk, wenn wir in der Lage sind zu unterscheiden zwischen unseren Leistungen und dem, was wir dem Schöpfer verdanken, und wir unterscheiden können zwischen unserer Verantwortung und dem, was wir in die Hand Gottes legen dürfen. Es ist ein Geschenk, wenn wir die Großartigkeit des Menschen in Demut betrachten können und stolz sein können in aller Bescheidenheit. Es ist ein Geschenk, wenn wir uns zu Hause fühlen können in einer fremden Welt, wenn wir fremden Menschen als geliebten Schwestern und Brüdern begegnen können.

Was hat sich in Lydia abgespielt, als sie Paulus zuhörte? Gott öffnete ihr das Herz. Was aber war es im Einzelnen, was ihr das Herz öffnete? Welche Aussagen, welche Inhalte? Lydia wird sicherlich auch ihr Hirn geöffnet haben und verstandesmäßig zu überprüfen versucht haben, was Paulus erzählte. Sie war Geschäftsfrau, Purpurhändlerin. Aber der Verstand allein wird nicht ausgereicht haben, um die Worte des Paulus in rechter Weise zu erfassen. Unser Verstand hat enge Grenzen. Das Herz nimmt mehr und anderes wahr. Manchmal sagen wir: „Wir handeln aus dem Bauch heraus", womit wir meinen: Da ist noch mehr als unser Kopf. Da ist auch noch das Gefühl, eine Verstehensebene und Entscheidungsquelle anderer Art.

Das Herz von Lydia war ein fruchtbarer Boden für die Saat des Evangeliums, die Paulus mit seinen Worten ausstreute.

War es die spezielle Persönlichkeit von Lydia, waren es bestimmte Erfahrungen, die sie gemacht hatte, die sie so aufnahmebereit machten?

Sie war eine gottesfürchtige Frau, heißt es in unserem Text.

Das bedeutet: Sie war keine Jüdin, aber sie war am jüdischen Glauben interessiert. Ihr waren also die religiösen Hintergründe nicht unbekannt, von denen auch Paulus herkam. Da sie als Nichtjüdin aber nicht so fest eingebunden war in die jüdische Tradition, hatte sie vielleicht eine gewisse Offenheit für Neues. So wie es heute viele Menschen gibt, die ein distanziert interessiertes Verhältnis zum christlichen Glauben haben und hier mal schauen und da mal schauen. Diese interessierte Offenheit mag ein guter Boden gewesen sein für die Worte des Paulus. Vielleicht kam noch hinzu, dass sie eine Frau war. Das waren die anderen auch. Vielleicht hat es sie aber besonders berührt, dass sie als Ansprechpartnerin in religiösen Dingen ernstgenommen wurde. Das war zu jener Zeit keineswegs selbstverständlich.

Wir wissen nicht, was es im Einzelnen war, das den Wunsch in Lydia auslöste sich taufen zu lassen. Wir können uns selbst auch die Frage stellen: „Warum sind wir Christen?" Wenn es nicht nur die Vorgabe durch unsere Eltern ist, die Kindtaufe, die bloße Tradition und wir uns fragen: „Gibt es Gründe, aus denen wir ganz bewusst dem christlichen Glauben zugehören wollen?", was würden wir antworten? Ist es die Friedens- und Liebesbotschaft? Der Schutz des Schwachen, die Barmherzigkeit, die Vergebung, das Ja zum Leben und zum Menschen?

Was es bei Lydia war, wissen wir nicht. Was aber feststeht, ist dies: Sie wurde die erste Christin Europas. Der christliche Glaube in Europa hat mit ihr, mit einer Frau, seinen Anfang genommen. Ihr Haus wurde die Urzelle der ersten christlichen europäischen Gemeinde.

Als Paulus und sein Begleiter Silas kurz darauf ins Gefängnis kamen und beide dann wieder entlassen wurden, fanden sie bei Lydia noch einmal Unterkunft, bevor sie schließlich weiterreisten. So fing es mit dem christlichen Abendland an: mit den Worten des Apostels Paulus und einer offenherzigen Frau.

Im Auftrag eines Höheren
12. Juli 2009
5. Sonntag nach Trinitatis
Lukas 5,1-11

Die Jünger waren in der Nacht auf dem See, um Fische zu fangen. Ihr Fang ging leer aus. Nun fordert Jesus sie auf: „Fahrt noch einmal hinaus." Sie folgen seinem Auftrag. Und jetzt füllen sich die Netze bis zum Bersten. Am Ende das Wort Jesu zu Simon Petrus: „Von nun an wirst du Menschen fangen." Dies könnte fast eine Pfingstgeschichte sein. Es geht um die Weitergabe der christlichen Botschaft, darum, Menschen für den christlichen Glauben zu gewinnen. Es geht – kirchlich gesprochen – um den Auftrag zur Mission. Und es geht dabei um Erfolg und Misserfolg. Die Fischfanggeschichte liefert uns dazu eine bildhafte Diskussionsgrundlage.

Was ist der Unterschied zwischen dem ersten erfolglosen Fang der Jünger und dem zweiten erfolgreichen? War das einfach nur Zufall? War es der etwas andere Zeitpunkt der Ausfahrt auf den See? Was sagt uns die Geschichte zu dieser Frage? Sie antwortet: „Der Unterschied zwischen dem erfolglosen und dem erfolgreichen Fang liegt in der Beauftragung durch Jesus." Beim ersten Mal waren die Jünger quasi privat hinausgefahren. Beim zweiten Mal waren sie in seinem Auftrag auf den See gefahren. Zu Pfingsten empfangen die Jünger den Geist Jesu, um seine Botschaft erfolgreich weitergeben zu können. In der heutigen Fischfanggeschichte werden die Jünger mit seinem Auftrag ausgestattet. Der Auftrag Jesu macht den Unterschied zum erfolglosen Fischfang.

Ist das erstaunlich? Ist das ungewöhnlich? Keineswegs. Lösen wir uns einmal von dieser bildhaften Geschichte vom Fischfang und wenden wir uns dem zu, was Jesus meint: nämlich Menschen zu gewinnen für den Glauben, den er anzubieten hat.

Finden wir es nicht in unserer Erfahrung bestätigt, dass es einen Unterschied macht, ob einer als Privatperson versucht, den christlichen Glauben zu vermitteln, oder ob dies einer quasi offiziell unternimmt im Auftrag Jesu? Mir erzählte kürzlich einer etwas über einen Besuch bei einer älteren Dame: „Wenn ich sie besuche", sagte er über sich selbst, „und ihr dies und jenes sage, hört sie nur mit halbem Ohr zu und lässt sich zu nichts bewegen. Wenn der Pastor kommt, ist das ganz anders."

Dies ist jetzt etwas banal formuliert. Aber ist da nicht ein bisschen was Wahres dran? Mir geht es selbst auch so: Wenn ich etwas privat sage, hat es eher geringes Gewicht. Wenn ich mich aber offiziell äußere – von Amts wegen – und vielleicht noch im Talar und vielleicht sogar in der Kirche wie jetzt, ist die Aufmerksamkeit eine ganz andere.

Wie kann das sein? Was steckt dahinter?

Der Unterschied liegt in der Erkennbarkeit des Auftrags, in der Erkennbarkeit der letztlichen Quelle dessen, was wir sagen, was wir weitergeben. Wenn für den anderen klar ist, dass nicht wir selbst als Privatpersonen die Quelle der Weisheit sind, sondern ein anderer Größerer, Höherer, Bedeutenderer, dann ist das Interesse zuzuhören und die Bereitschaft, etwas im Herzen hin und her zu bewegen und vielleicht sogar anzunehmen, um ein Vielfaches größer.

Dieses Interesse und diese Bereitschaft können sich um ein Weiteres steigern, je eindrücklicher die Präsenz der letztlichen Quelle der Botschaft gestaltet wird. Wenn die christliche Botschaft z. B. in Rom verkündet wird aus einem imposanten kirchlichen Gebäude heraus, von einem Menschen an der Spitze der kirchlichen Hierarchie, gekleidet in eindrucksvollen Gewändern mit einem in höchstem Maße festlich gestalteten liturgischen Rahmen und mit dem ausdrücklichen Anspruch, im Namen Gottes zu reden, dann kann ein Wort wie „Haltet Frieden" zu einer weltpolitischen Aussage werden. Wenn Herr Josef Ratzinger diesen selben Satz vielleicht damals als Zwanzigjähriger ohne Amt und Würden zu irgendjemandem gesagt hat, dann wird die Reaktion vermutlich eher gewesen sein: „Klar, wir sollen Frieden halten. Das wissen wir doch."

Wenn zwei etwas sagen, ist es längst nicht das Gleiche, auch wenn es sich um die gleichen Worte handelt. Es kommt auch darauf an, was und wer dahinter steckt und was drum herum ist. Die Jünger fischen beim zweiten Mal im Auftrag Jesu. Das macht den Unterschied. Die Fische wissen das nicht. Aber die Fischfanggeschichte ist ja eine gleichnishafte Bildergeschichte: Sie will uns anschaulich etwas aussagen über die Weitergabe des christlichen Glaubens. Sie will uns zeigen, wie Menschen denen – in Anführungszeichen – „ins Netz gehen", die sich im Auftrag Jesu um sie bemühen.

Es stimmt natürlich andererseits auch, das nicht jeder auf den offiziellen Verkünder des christlichen Glaubens und auf das kirchliche Drumherum positiv reagiert, sondern vielleicht sogar eher ablehnend. Mancher ist sogar erst dann bereit, unvoreingenommen zuzuhören, wenn derjenige, der ihm etwas zu sagen hat, unverdächtig ist, sprich: gerade nicht offiziell und von Amts wegen etwas sagt.

Eine grundsätzliche Offenheit für das Christliche und das Kirchliche ist schon Voraussetzung dafür, dass die Bemühungen um die Weitergabe des christlichen Glaubens bei dem anderen überhaupt etwas bewirken können. Jesus hat es selbst auch erlebt, wie er mit seinen Worten auf taube Ohren stieß und wie er mit seinen Taten das Gegenteil von dem erreichte, was er beabsichtigte: dass er bei manchen statt Zustimmung vielmehr Missmut und Ärger und Ablehnung und Widerstand erzeugte.

Es ist schon im wahrsten Sinne des Wortes etwas Wunderbares, wenn einem zugehört wird, wenn das, was wir über den christlichen Glauben zu sagen haben, interessiert, wohlwollend, verständnisvoll aufgenommen wird und wir das Gefühl haben können, dass die Worte ins Herz gehen. Da sind wir vielleicht selbst ganz erstaunt und fragen uns innerlich ganz beglückt: „Was passiert hier jetzt eigentlich?" Und wir können dann vielleicht die Pfingstgeschichte nachempfinden mit dem Pfingstwunder, in der es der Geist von oben ist, der sich ausbreitet und möglich macht, was wir eben noch in unserer Verzagtheit vielleicht gar nicht so recht für möglich gehalten hatten.

Die Jünger haben sich auch sehr gewundert, dass ihnen beim

zweiten Mal plötzlich die Fische zuhauf ins Netz gingen. Petrus war das sogar unheimlich. Er war zunächst weniger beglückt als vielmehr erschrocken über so viel Erfolg. Er hat in diesem Augenblick ganz tief den Unterschied empfunden zwischen sich selbst als Privatperson, als Simon Petrus, und dem, dessen Auftrag zu diesem unglaublich erfolgreichen Fischfang geführt hatte. Ihm war klar: Dieser Erfolg lag an dem anderen, der etwas Übermenschliches an sich haben musste. Simon Petrus kam sich plötzlich ganz klein und unfähig und nichtig vor, ja schlimmer noch: „Ich bin ein sündhafter Mensch", sagt er.

Das war es natürlich nicht, was Jesus bei ihm auslösen wollte. Er wollte den Jüngern nicht zeigen, wie unfähig sie sind und wie großartig er selbst ist. Er wollte den Jüngern helfen, auf ihn zu vertrauen und darauf zu vertrauen, dass sie Menschen für seine Botschaft gewinnen können, wenn sie sich ihm und seinem Auftrag anvertrauen.

Wir können im Nachhinein feststellen, dass die Jünger sich tatsächlich auf seinen Auftrag eingelassen haben und dass es ihnen wirklich gelungen ist, Menschen zum Glauben an Christus zu bewegen und dass ihre Bemühungen nachhaltig erfolgreich gewesen sind, sonst säßen wir jetzt nicht hier. Wir können ihnen nur dankbar sein, dass sie sich, wie Jesus es hier sagt, zu „Menschenfischern" haben machen lassen, ein Begriff, der allerdings etwas zweischneidig ist.

Die Jünger haben die Menschen nicht eingefangen wie die Fische, die in Wirklichkeit lieber weiter in Freiheit durch die See geschwommen wären. Die Jünger haben Überzeugungsarbeit geleistet – und zwar zu einem guten Teil durch eine sehr eindrückliche Glaubwürdigkeit. Da gibt es einige sehr schöne Beispiele in der Apostelgeschichte, in der Lukas die Ausbreitung des christlichen Glaubens beschreibt.

Sehr schön finde ich z. B. die Geschichte von Paulus und Silas, die beide wegen ihrer Missionstätigkeit im Gefängnis saßen. Dann zerbrach ein Erdbeben die Gefängnismauern. Die beiden hätten davonlaufen können. Das taten sie aber nicht, weil sie nicht wollten, dass der Gefängniswärter wegen entlaufener Gefangener Schwierigkeiten bekommen würde. Sie blieben freiwillig im Gefängnis. Das beeindruckte den Gefängniswärter so sehr, dass er sich taufen ließ.

Die Jünger waren von der Botschaft Jesu so erfüllt, dass sie sie wirklich lebten. Wer mit ihnen zu tun hatte, spürte, dass sie vom Auftrag und vom Geist Jesu erfüllt waren und dass es ein guter Auftrag war und ein guter Geist.

Es müssen nicht der Talar sein und die prunkvolle Kirche und die machtvolle Institution, die den göttlichen Auftrag Jesu anschaubar machen. Es können auch das schlichte wahre Wort und die glaubwürdige Tat und der wahrhaftige Mensch sein, die zum Glauben überzeugen.

Luther hat dies betont und hat vom allgemeinen Priestertum gesprochen. Jeder von uns, mit offiziellem Amt oder ohne, kann den Glauben an Christus und an den liebenden, vergebenden Gott vollmächtig weitergeben. Jeder von uns sogar dann, wenn wir uns nicht so glaubwürdig verhalten. Auch das muss hier gesagt werden. Denn wir sind, wie Simon Petrus von sich selbst zutreffend sagte: „Wir sind alle Sünder."

Wir sind alle, auch als schwache Gestalten wie die Jünger damals, beauftragt durch Jesus, der uns Mut macht, unsere Verzagtheit über Bord zu werfen und auf die Menschen zuzugehen – das Wort Jesu im Rücken: „Wenn ihr zu den Menschen sprecht, dann bin ich es, der zu ihnen redet."

Uns ist eine ganz große und wunderbare Botschaft anvertraut. Sie ist etwas Kostbares und Heiliges. Sie ist viel größer, als dass wir sie mit unserer persönlichen menschlichen und allzu menschlichen Art und mit noch so aufwendigen Gestaltungsversuchen jemals auch nur annähernd abbilden und gewährleisten könnten. Dennoch sind wir dazu berufen und beauftragt, von der Liebe Gottes zu reden und sie zu bezeugen, so gut wir können. Er selbst, Jesus, wirkt mit seiner göttlichen Art auch durch unsere unvollkommenen Bemühungen hindurch und kann möglich machen, was wir selbst kaum für möglich halten.

Gemeinde vor 2000 Jahren und heute
20. Juli 1980
7. Sonntag nach Trinitatis
Apostelgeschichte 2,41a.42-47

Für den Evangelisten Lukas war die Welt noch in Ordnung. Das, was er über die ersten Christen in Jerusalem schreibt, könnte uns vor Neid erblassen lassen: Da ließen sich die Leute zu Tausenden taufen, weil die Predigt der Apostel sie so sehr gepackt hatte. Die frisch gebackenen – frisch getauften – Christen kamen dann zusammen in kleinen Gemeinschaften. Sie verkauften Hab und Gut und verteilten den Erlös unter alle, je nach dem es einer nötig hatte. Sie nahmen gemeinschaftlich ihre Aufgaben wahr. Sie trafen sich reihum in den Häusern, um gemeinsam die Mahlzeiten einzunehmen. Sie versammelten sich täglich zum Gebet. Und bei all dem waren sie voller Freude – und mehr noch: Sie waren bei dem ganzen Volk beliebt.

So viel eitel Sonnenschein – das ist schon fast unerträglich. Entweder schneidet Lukas auf – das wollen wir ihm nicht unterstellen – oder er idealisiert die Verhältnisse in den ersten Gemeinden. Das ist schon wahrscheinlicher. Er hat vielleicht im Überschwang des Gefühls die Anfänge des Christentums etwas zu positiv dargestellt, positiver und problemloser, als sie es in Wirklichkeit waren. Und außerdem: Lukas verfolgte mit seiner Apostelgeschichte ja auch eine missionarische Absicht, d. h. wer seine Darstellung der Entstehung der christlichen Gemeinden las, der sollte von der Sache des christlichen Glaubens ergriffen und mitgerissen werden, der sollte staunen und bewundern und als Glied der christlichen Gemeinde hinzugewonnen werden.

Wir tun also gut daran, die allzu harmonischen Töne, die Lukas hier anschlägt, erst einmal nicht weiter als bis ans Ohr dringen zu lassen und zunächst mit etwas kritischer Distanz zu überlegen, was in dem Bericht von Lukas nun eigentlich an Wirklichkeitsgehalt und handfester und hilfreicher Aussage drinsteckt.

Eines wird man wohl zugeben müssen: Damals herrschte noch Aufbruchsstimmung. Mit dem christlichen Glauben ging es ja erst los. Die christliche Gemeinde befand sich noch in ihren allerersten Anfängen. Und wo etwas Neues aufzubauen ist, da geht man noch mit einem anderen Schwung heran als bei alten Sachen, da ist der gute Wille noch ungebrochen da, der Glauben durch keinen Zweifel getrübt, da sind die Hoffnungen noch grenzenlos, da kann man noch ungehemmt träumen. Es mag deshalb durchaus so sein, dass in einigen der ersten Gemeinden manches möglich war und Wirklichkeit war, was unter normalen Umständen kaum denkbar wäre.

Bei uns heute, hier herrscht, kirchlich gesehen, ganz bestimmt keine Aufbruchsstimmung, eher Untergangsstimmung, gerade hier bei uns in der Großstadt. Wo in einigen Gemeinden gerade noch 50 % der Einwohner in der Kirche sind, wo die Einnahmen der Kirche so sehr absinken, dass kurzfristig Personalstellen gestrichen und Mitarbeiter entlassen werden müssen. Wir befinden uns wirklich in einer ganz anderen Situation als die Urchristenheit. Wir können nicht mehr naiv träumen. Wir sind durch eine zweitausendjährige Tradition belastet. Da ist manches geschehen, Erbauliches und Zerstörerisches, da ist der christliche Glaube, die christliche Lebensführung von Millionen von Menschen lange genug auf die Probe gestellt worden.

Heute ist der 20. Juli. Wir haben Anlass, an das Jahr 1944 zurückzudenken und uns z. B. zu fragen, welche Rolle die christliche Kirche im 3. Reich gespielt hat. Kurzum: Vieles ist geschehen, das Bild ist uneinheitlich, es ist verwirrend.

Wenn es heute darum geht, christlichen Glauben zu bezeugen, dann lässt sich jedem Argument ein anderes – stichhaltiges – entgegenhalten. Jede Initiative guten Willens lässt sich durch den Hinweis auf negative Erfahrungen ihres Schwungs berauben. Alles ist schon einmal dagewesen auf kirchlichem Gebiet. Und alles ist schon mal schiefgegangen. Was Originelles, was Neues, was Mitreißendes, Überzeugendes – wo soll das noch herkommen? Auf manches in unserer christlichen Tradition können wir sicherlich stolz sein. Aber diese zweitausend Jahre sind auch eine unwahrscheinliche Last. Sie bedrücken uns. Sie unterdrücken uns. Das Neue, das sich vielleicht hier und da andeutet, ersticken sie im Keim. Sie lähmen die schöpferischen Kräfte in uns, entmutigen den guten Willen, untergraben die Hoffnung. Sie nehmen dem Originellen die Chance. Frisch erblühtes Leben geht im Müll der zweitausendjährigen Erfahrung schnell wieder verschütt.

Wir leben heute in einer anderen Situation als die Urchristenheit. Die Zeiten haben sich geändert, nicht nur kirchlich gesehen. Wir brauchen deshalb weder neidisch zu sein auf das Idealbild einer christlichen Gemeinde, das Lukas hier malt, noch sollten wir uns durch dieses Bild unter Leistungsdruck setzen lassen und auf Krampf versuchen fröhlich zu sein, wo uns zum Lachen gar nicht zumute ist. Der Kaffee, den die Urchristenheit gekocht hat, ist inzwischen kalt geworden. Und wenn wir ihn immer wieder aufwärmen, schmeckt er uns doch nicht. Wir sollten uns schon neuen Kaffee aufgießen – der bekommt uns besser. Wir müssen unsere Situation, in der wir hier und heute leben, zur Kenntnis nehmen und uns von hier aus nach den uns gemäßen Formen der christlichen Lebensführung, des kirchlichen Miteinanders, des Redens und Feierns suchen.

Wenn wir uns erst einmal von dem Alten gebührend gelöst und zu uns selbst gefunden haben, mag es uns leichter fallen, auch dem Alten das für uns Heilsame zu entnehmen.

Und diesen Schritt möchte ich jetzt noch unternehmen: Nachdem ich bis jetzt den Abstand zu Lukas hervorgehoben habe, möchte ich nun auf den Text zugehen und fragen, welche Anstöße er uns für unsere Lebensführung hier und jetzt geben kann.

Von Gütergemeinschaft ist hier die Rede. Auf dieses Thema will ich mich jetzt beschränken. Sie besaßen alles gemeinsam, die ersten Christen, von denen Lukas uns berichtet. Im kleinen überschaubaren Kreis ist es eine schöne und für die eigene Person fruchtbare Sache, das private Eigentum allen zur Verfügung zu stellen. Denn im kleinen Kreis bleibt uns der Wert, der Persönlichkeitswert unseres Eigentums erhalten, selbst wenn wir es an andere und für andere veräußern. Denn wir sind mit den anderen gemeinschaftlich verbunden, wir sind ein Teil von ihnen und sie sind ein Teil von uns.

Unser Eigentum dagegen einer anonymen Masse zu übergeben, der Großkirche zu überlassen, damit es von dort aus den Bedürftigen zugeführt werde, das käme einer Aufgabe des Persönlichkeitsgehalts der Sache gleich. Ich sage das mal so, wie ich das selbst empfinde: Wenn wir das, was uns gehört, in den großen Topf tun, dann löst sich das, was in unserem Eigentum an Persönlichkeit von uns drin stickt, in ein Nichts auf. Und das wäre auf die Dauer zerstörerisch.

Es ist ja ein Unterschied, ob ich z. B. einen Geldbetrag an Brot für die Welt überweise, damit irgendwo auf der Welt damit ein Projekt gefördert wird. Oder ob ich der Gemeinde z. B. mein Auto überlasse, damit gehbehinderte Menschen damit gefahren werden können. Im ersten Fall hat das Geld nichts mehr mit mir zu tun, wenn ich erst einmal die Überweisung erledigt habe. Der Wagen dagegen bleibt ein ständiges Zeichen meines Einsatzes für die Gemeinschaft. Er ist für mich ein ständig wirksames Ausdrucksmittel dafür, dass mir an der Gemeinschaft liegt; und es ist ein entsprechendes Erkennungszeichen für die anderen. Sie können mich über diese Gabe ein gutes Stück interpretieren.

Es ist in unserer Massengesellschaft, in unserer Großkirche unumgänglich geworden, dass ein Großteil der gemeinschaftlichen Aufgaben nur durch anonyme Gaben, nämlich Steuern vor allem, wahrgenommen werden kann. Dadurch empfinden wir unseren Beitrag zur Erledigung der Gemeinschaftsaufgaben nicht als einen wirklich persönlichen Beitrag unsererseits. Solche anonymen Beiträge zu leisten ist uns nicht sonderlich sympathisch. Und zwar nicht vor allem, weil uns das Geld wehtut, sondern weil die Abgabe des Geldes in einem so unpersönlichen Zusammenhang steht.

Dieses zwangsläufig anonyme Verfahren hat uns vielleicht ein wenig verdorben. Die Bereitschaft unseren Beitrag für Gemeinschaftsaufgaben zu leisten, ist gering. Wir konzentrieren uns darauf, möglichst viel von unserem Privateigentum für uns zu behalten.

Es ist sicherlich unumgänglich, dass wir einen Teil unserer privaten Mittel anonym abführen für die großen überregionalen Aufgaben. Aber es wäre auch eine lohnende und für die Zukunft immer wichtigere Aufgabe, die Bereitschaft abzugeben, Privateigentum zur Verfügung zu stellen, im kleinen überschaubaren Kreis – sagen wir der Gemeinde – zu entwickeln und zu kultivieren. Das kann aber nicht gehen durch bloße Aufrufe zu Spenden. Das geht nur durch die Entwicklung wirklicher persönlicher Gemeinschaft. Die Bereitschaft zu geben, und damit von sich selbst zu geben, baut Gemeinschaft auf und ist zugleich ein Gradmesser für bereits vorhandene Gemeinschaft. Beides geht Hand in Hand.

Dies mag nun alles theoretisch klingen. Unsere gegenwärtige kirchliche Situation fordert uns allerdings dazu heraus, nicht im Theoretischen steckenzubleiben, sondern konkret zu werden. Wir werden darauf zu achten haben, dass das Persönlich-menschliche im kleinen überschaubaren Kreis und das Engagement für die überregionalen Aufgaben nicht in einem sich gegenseitig ausschließenden Gegensatz zueinander geraten.

Wir haben es in gewisser Weise schwerer als die Urchristen. Wir müssen mit einer Untergangsstimmung fertig werden. Wir sind in traditionellen Strukturen gefangen. Unsere Kräfte drohen sich in Rückzugsgefechten zu verzehren.

Deshalb möchte ich uns alle dazu aufrufen und ermutigen, die Kräfte zu sammeln und Phantasie zu entfalten, um als Kirche aufzubrechen zu wirklicher Gemeinschaft im Sinne der Liebe Jesu Christi und in der Kraft des Heiligen Geistes.

Programm für den Gemeindeaufbau
13. Juli 1986
7. Sonntag nach Trinitatis
Apostelgeschichte 2,41a.42-47

Das war damals in vieler Hinsicht eine andere Zeit – die Zeit, in der Lukas seine Apostelgeschichte schrieb. Tausende ließen sich taufen und kamen zur Gemeinde hinzu, schreibt er. Fast neidisch und mit Wehmut lesen wir seinen Bericht. Tausende sind es, die die Gemeinden verlassen. Das ist unsere heutige Lage – und dies schon seit langem. Aber, wie gesagt, das war eine andere Zeit, das war der Anfang, die Zeit des Aufbruchs.

Heute blicken wir auf eine fast zweitausendjährige Geschichte der Kirche zurück. Auf diesem langen Weg ist manches an Hoffnungen und Illusionen zerbrochen. Vor allem ist uns aber der Zugang zum christlichen Glauben nicht auf dem Weg möglich, den die ersten Christen nach der Darstellung des Lukas gegangen sind: „Als sie aber das hörten", so schreibt Lukas, „ging's ihnen durchs Herz, und sie sprachen zu Petrus und zu den anderen Aposteln: Ihr Männer, liebe Brüder, was sollen wir tun? Petrus sprach zu ihnen: Tut Buße und lasst euch taufen auf den Namen Jesu Christi zur Vergebung eurer Sünden."

„Als sie das hörten, ging's ihnen durchs Herz" – das also war der Zugang gewesen: Petrus hatte eine zündende Predigt gehalten, die hatte überzeugt, die hatte die Frage ausgelöst: „Was sollen wir tun?", die Bereitschaft also, Konsequenzen zu ziehen aus dem Gehörten.

Wenn wir uns die Predigt des Petrus anschauen, werden wir wohl alle gemeinsam zu dem Schluss kommen: Mit dieser Predigt könnte heute kein einziger Mensch für den christlichen Glauben gewonnen werden. Lesen Sie einmal das Kapitel Apostelgeschichte 2,14-36. Petrus interpretiert da die Auferstehung Jesu mit Zitaten aus dem Alten Testament. Er versucht aufzuzeigen, dass in Christus die alttestamentlichen Ankündigungen in Erfüllung gegangen seien. Ein solcher Argumentationsgang konnte nur denjenigen etwas sagen – eben Juden der damaligen Zeit –, die selbst von den Erwartungen des Alten Testaments erfüllt waren. Für uns hätte ein solcher Argumentationsgang etwas Künstliches an sich. Er müsste uns als nachgeschoben erscheinen.

Wenn sich heute ein Mensch für den Glauben an Jesus Christus entscheiden sollte, dann müssten ihm andere Einsichten über Christus zugänglich gemacht werden. Welche das sein könnten, ist ein langes und schwieriges Thema. Jedenfalls werden es weder der Zusammenhang von alttestamentlicher Weissagung und neutestamentlicher Erfüllung noch die Wunder und Zeichen der Apostel sein, die in unserem Text ebenfalls erwähnt werden.

Ich könnte die Frage an jeden Einzelnen von uns richten: Was ist es eigentlich für uns ganz persönlich, was uns an Jesus Christus überzeugt, was uns zum Glauben an ihn bringt, was uns dazu bringt, ihn als den göttlichen Erlöser anzunehmen?

Oder anders gefragt: Was meinen wir eigentlich ganz persönlich, wie wir wohl heute jemanden dazu bewegen könnten, an Jesus Christus zu glauben und sein Leben nach ihm auszurichten? Wir sollten diese Frage einmal miteinander diskutieren in den verschiedenen Kreisen unserer Gemeinde. Wir können dieses Thema hier jetzt nicht weiterführen. Aber die Frage muss einmal aufgeworfen werden angesichts der Aussage unseres Predigttextes: „Die nun sein Wort annahmen", nämlich die Predigt des Petrus, „ließen sich taufen; und wurden hinzugetan an dem Tag etwa dreitausend Seelen." Und angesichts des Tatbestandes, dass heute und schon seit Langem Tausende von der Kirche Abschied nehmen und nur sehr wenige neu den Zugang zur Kirche finden.

Die Zeiten heute, wie gesagt, sind andere. Frühere Verhältnisse können nicht wieder hergestellt werden. Unsere Erfahrungen sind andere, unsere Erkenntnisse sind andere, unsere Probleme sind andere. Wir müssen uns unseren Zugang zu Christus selbstständig erarbeiten. Das ist nicht einfach. Fast möchte ich hinzufügen: Wir können uns glücklich schätzen, wenn wir in die Kirche hingestellt worden sind, zum Beispiel durch die Kindtaufe, ohne dass wir uns selbst vollständig hätten Rechenschaft darüber geben müssen, ob und warum wir dies eigentlich wollen. Es ist leichter, sich mit seinem Christsein zu arrangieren und es wie eine Selbstverständlichkeit hinzunehmen, als sich als Außenstehender für das Christsein ganz bewusst zu entscheiden.

Lukas also berichtet uns von dem schwungvollen Anfang der ersten Gemeinden. Vier Elemente kennzeichneten das Gemeindeleben der ersten Gemeinden: „Sie blieben beständig in der Lehre der Apostel, in der Gemeinschaft, im Brotbrechen und im Gebet." Das sind sozusagen die vier Säulen der Urgemeinde.

In den folgenden Sätzen führt Lukas das noch ein wenig aus: „Alle, die zum Glauben gekommen waren, hielten zusammen und hatten alles gemeinsam. Sie verkauften Hab und Gut und verteilten den Erlös unter alle, je nachdem einer in Not war. Sie waren täglich und stets beieinander im Tempel und brachen in ihren Häusern das Brot und aßen miteinander in Freude und Einfalt des Herzens."

Wir könnten beim Hören dieser Sätze noch einmal neidisch werden – oder ein schlechtes Gewissen bekommen oder das Gefühl der Mangelhaftigkeit – ob des idealen Zustandes der von Lukas beschriebenen Gemeindetradition. Wir wollen diese Empfindungen aber einmal zurückstellen und davon ausgehen, dass Lukas die Verhältnisse idealisiert und nicht einen wirklichen Zustandsbericht abgeliefert hat. Uns sollen hier die Grundelemente des Gemeindelebens interessieren, egal mit welchem Grad der Vollkommenheit sie praktiziert worden sind.

Es fällt auf, dass das Merkmal der Gemeinschaft und zwar der beständigen Gemeinschaft, alle Grundelemente bestimmt: die Gütergemeinschaft, die Solidargemeinschaft, die Mahlgemeinschaft und die Gebetsgemeinschaft. Eins können wir also bereits zusammenfassend feststellen: Zum christlichen Glauben gekommen zu sein, das war nicht nur eine Sache der intellektuellen Erkenntnis gewesen, also eine Sache des Gehirns – man war nicht einfach nur schlauer geworden –, und es war auch nicht nur eine Sache des Herzens gewesen, eine Gefühlsregung, etwas, das sich nur im Inneren abgespielt hätte –, zum christlichen Glauben gekommen zu sein, bedeutete den Eintritt in eine menschliche Gemeinschaft, eine auf Dauer angelegte menschliche Gemeinschaft mit bestimmten Merkmalen.

Lukas hat vier genannt, und diese sind auch für die heutigen Gemeinden kennzeichnend, wenngleich die Strukturen im Konkreten andere sind. Auch hier gilt zwar: Die Zeiten haben sich geändert. So wie es damals war, kann es praktischerweise heute im Konkreten nicht sein. Aber im Grundsatz gelten die vier Merkmale auch heute.

Da ist die Gütergemeinschaft. Die Gemeindeglieder teilten Hab und Gut. Das musste ja nicht heißen, dass keiner mehr etwas sein Eigen, sein ganz persönliches Privateigentum nennen konnte.

Die Gemeindeglieder hatten jedenfalls Gemeinschaftseigentum. Was und wieviel das im Einzelnen war, ist nicht ausgeführt, jedenfalls doch wohl all das, was zur Pflege der Gemeinschaft erforderlich war. Unsere Gemeinden heute haben auch alle ihr Gemeinschaftseigentum. Die Kirche und das Gemeindehaus sind ja nicht Privatbesitz. Sie gehören der Gemeinde St. Markus. Jedes Gemeindeglied hat ein Recht auf Nutzung dieser Gebäude im Rahmen der vereinbarten Zwecke. Diese Gebäude sind durch die finanziellen Abgaben von Gemeindegliedern entstanden, wobei das überwiegend keine direkten Zahlungen der hier wohnenden Gemeindeglieder waren, sondern komplizierte Finanzierungswege, wie das heute üblich und im Wesentlichen auch unvermeidlich ist.

Neben der Gütergemeinschaft ist da die Solidargemeinschaft, d. h. also, dass einer dem anderen hilft und dem Notleidenden von anderen auch finanzielle Mittel zur Verfügung gestellt werden. Darüber brauchen wir nicht viele Worte zu verlieren. Jede christliche Gemeinde und die Kirche insgesamt ergreift vielfältige Maßnahmen der Hilfe für Bedürftige. Viele Maßnahmen tragen zwar einen unpersönlichen Charakter. Sie werden durch größere diakonische Einrichtungen wahrgenommen. Und auch die Bereitstellung der Mittel über die Kirchensteuer ist sehr unpersönlich. Aber auch die persönlichen Formen der Solidarität in einer Gemeinde mit Menschen, die in der einen oder anderen Form der Hilfe bedürfen, sind in ihrem Umfang beachtlich.

Wenn wir von dem dritten Merkmal des Gemeindelebens sprechen, der Mahlgemeinschaft, denken wir sicherlich zuerst an das gottesdienstliche Abendmahl. Wir dürfen aber wohl davon ausgehen, dass Lukas mit dem von ihm erwähnten Brotbrechen in den Häusern auch und zunächst das gemeinsame Essen, das Sättigungsmahl, meinte. Gemeinsam eine Mahlzeit einzunehmen, ist Ausdruck von Gemeinschaft und fördert die Gemeinschaft. Das Brotbrechen und das Dankgebet zum Lobe Gottes gehören zur feiertäglichen festlichen Form des jüdischen Mahls. Man traf sich reihum in den Häusern, aß zusammen und feierte das Gedächtnis Jesu Christi.

Das miteinander Essen ist schon eine sehr persönliche Form. Wir sollten diese Form auch unter Gemeindegliedern ganz bewusst pflegen. Wie Sie wissen, finden wir uns im Gemeindehaus gelegentlich zu gemeinsamen Mahlzeiten zusammen – Herr und Frau Heidrich mit älteren Menschen einmal im Monat in der kalten Jahreszeit – und zu gelegentlichen Festen dann auch mit weiteren Kreisen.

Die vierte Form der Gemeinschaft ist die Gebetsgemeinschaft, die Feier des Gottesdienstes. Die erste Gemeinde versammelte sich dazu noch im jüdischen Tempel, wie Lukas schreibt. Sie war noch dem jüdischen Verband und seiner Tradition ganz verbunden.

Wenn Lukas uns die vier Formen der Gemeinschaft als Elemente des gemeindlichen Lebens nennt, dann will er nicht nur Bericht erstatten, sondern er will dazu ermuntern, beim Gemeindeaufbau eben diese vier Elemente zu berücksichtigen.

Keines davon soll zu kurz kommen.

Eine christliche Gemeinde ist nicht schon da, wo allen alles gehört – wie, so jedenfalls die Theorie, in kommunistischen Staaten. Christliche Gemeinde ist auch nicht schon da, wo notleidenden Menschen durch die Solidargemeinschaft geholfen wird – wie in einem ordentlichen Sozialstaat. Christliche Gemeinde ist auch nicht schon da, wo man gemeinsam zu feiern und zu speisen versteht. Aber christliche Gemeinde ist auch nicht schon dort, wo man nur miteinander betet und Gottesdienst hält, sich ansonsten aber nicht umeinander kümmert.

Alle vier Elemente müssen zusammenkommen. Das ist geradezu ein Programm, das uns Lukas hier aufgibt. An diesen seinen Anregungen sollten wir unser eigenes Gemeindeleben immer mal wieder überprüfen.

Eine christliche Gemeinde sollte am ehesten einer guten christlichen Familie vergleichbar sein, wie es unserem Verständnis von Gott und Jesus Christus entspricht: Gott, unser aller Vater, Jesus Christus unser Bruder, wir alle miteinander Geschwister.

Krise macht kreativ

21. Januar 1996

3. Sonntag nach Epiphanias

Apostelgeschichte 10,21-35

Wir haben hier einen Text aus dem Neuen Testament vor uns, einen Abschnitt aus der Apostelgeschichte des Lukas. In seiner Apostelgeschichte schildert uns Lukas die Anfänge der christlichen Kirche. Wie hat das angefangen mit der Kirche, mit dem christlichen Glauben? Das ist doch eigentlich eine interessante Frage. Das ist ja immerhin schon an die 2000 Jahre her. Heute sitzen wir hier immer noch, Kirche existiert noch, der christliche Glaube existiert noch. Das ist doch erstaunlich. Andererseits befinden sich Kirche und christlicher Glaube in einer Krise. Das könnte uns Grund und Anlass sein zu grundsätzlichen Gedanken, zu fragen: Wie war es damals, wie ist es heute, was können wir lernen aus der Vergangenheit?

Eine Einsicht, die ich für die heutige Krisensituation z. B. ganz hilfreich finde, ist die, dass die Kirche mal ganz klein angefangen hat. Da waren zunächst wenige Menschen um diesen Jesus von Nazareth herum, und zwar schlichte, einfache Menschen und ziemlich mittellose Menschen. Und die Situation, in der es mit dem christlichen Glauben anfing, war andererseits alles andere als einfach. Die Umstände waren höchst schwierig. Das Christentum wuchs in einer Situation der Feindseligkeit auf. Es wurde nicht mit offenen Armen aufgenommen. Im Gegenteil: Wer sich zum christlichen Glauben bekannte, war sich seines Lebens nicht mehr sicher.

Vielleicht war das sogar hilfreich für die Ausbreitung des christlichen Glaubens. Gerade die gemeinsame Bedrohung mochte die ersten Christen zusammengeschweißt haben und ihre Widerstandskraft gestärkt haben.

Davon bin ich überzeugt: Schwierigkeiten haben nicht nur etwas Negatives an sich. Probleme reißen einen nicht nur runter. Probleme können auch aufbauen. Aus einer Krise können wir auch gestärkt hervorgehen. Wenn man es zu bequem hat, ist das ja auch nicht gut: Wenn wir nur genüsslich im Sessel sitzen, weil alles klar ist, dann werden unsere Muskeln schlaff, der Bauch wächst, wir werden träge, auch unser Geist wird träge, uns fällt nichts mehr ein, und wir meinen auch, uns nichts mehr einfallen lassen zu müssen, weil alles läuft.

Die Krise ist auch eine Chance. Als solche sollten wir sie nutzen. Die Krise der Kirche ist eine Chance zur Erneuerung. Es ist uns doch schon seit Jahrzehnten klar, dass es nicht so weitergehen kann wie bisher: dass die Formen, die Sprache, der Arbeitsstil, die Ansprüche in der Kirche renovierungsbedürftig sind. Es ist ja auch manches an Veränderung versucht worden. Aber der Durchbruch ist noch nicht geschafft. Der ganze große Druck war noch nicht da. Aber jetzt kommt er. Und ich behaupte: Das wird uns guttun. Der Druck kann wie ein Befreiungsschlag wirken und den Pfropfen aus dem Flaschenhals herausdrücken, und dann kann der köstliche Wein fließen.

Natürlich kann man an einer Krise auch zugrunde gehen. Aber diese Gefahr sehe ich im Falle der Kirche und des christlichen Glaubens nicht. Denn das, worum es im christlichen Glauben im Kern geht, das ist existentiell so bedeutsam und so stark, dass es unausrottbar ist. In dem Sinne dürfen wir ganz fest an die Auferstehung glauben.

Die in Jesus Christus verkörperte Liebe Gottes zum Menschen – die kann nicht ausgelöscht werden. Diese Botschaft ist nun einmal in der Welt – und sie wird gebraucht. Das Ja zum Menschen und das Ja zum Leben – nach beidem wird immer dringender Bedarf bestehen wie nach dem täglichen Brot, wie nach Wasser, wie nach Luft und wie nach Licht. Denn das brauchen wir zum Leben. Der Mensch – und wir zählen ja alle zu dieser Gattung hinzu – ist wirklich in vieler Hinsicht ein sehr problematisches Wesen. Aber wir alle wollen geliebt werden, und wir wollen uns auch anderen in Liebe zuwenden. Deswegen werden wir nicht nachlassen, nach dem zu suchen, was uns im Neuen Testament angeboten wird.

Und wie der Mensch, so ist auch das Leben überhaupt eine überaus problematische Angelegenheit. Aber wir wollen leben, und wir wollen auch neues Leben schenken. Darum werden wir auch hier nicht nachlassen, nach dem zu suchen, was unseren Wunsch und unseren Willen und unsere Sehnsucht nach Leben stärkt. Und diese Kraft empfangen wir aus den biblischen Texten. Da ist die Quelle des Lebens. Sie wird nicht versiegen. Die Krise ist eine Chance. Sie nimmt uns so richtig in die Mangel und schüttelt uns durch. Das wird uns guttun.

Die Krise kann uns die Augen öffnen für manche Aspekte des christlichen Glaubens, die wir bisher nicht so recht wahrgenommen haben, die uns aber vielleicht weiterhelfen können. Blicken wir in die Apostelgeschichte des Lukas zurück – in den heutigen Abschnitt. Der handelt insbesondere von Petrus und Kornelius. Diese beiden Menschen begegnen sich. Der Hintergrund dieser Begegnung hat, wie ich finde, etwas sehr Erhellendes an sich.

Petrus war einer der Jünger Jesu gewesen. Er hatte sich, nachdem Jesus gestorben, auferstanden und gen Himmel gefahren war und seine Jünger allein zurückgelassen hatte, auf den Weg gemacht. Petrus hatte sich auf den Weg gemacht von Jerusalem nach Cäsarea.

Wer war Petrus gewesen? Petrus war aufgewachsen in der Tradition der jüdischen Religion – wie Jesus ja auch. Dann hatte er Jesus kennengelernt und war zu einem seiner Anhänger geworden. Und schließlich fühlte er sich berufen, die Sache Jesu weiterzutragen.

Er trug sie weiter, er machte sich im wörtlichen Sinne auf den Weg, auf den Weg nach Cäsarea – das war eine Stadt an der Küste, eine Stadt am Rande des Einzugsbereichs der jüdischen Religion. Er begab sich also in fremdes Territorium, in die Gegend fremder religiöser Einflüsse.

In dieser Situation kommen jetzt drei religiöse Strömungen zusammen: die jüdische, die christliche und, wie die Bibel es immer formuliert, die heidnische. Das ist eigentlich ein schlechter Begriff, ich möchte in diesem konkreten Fall mal sagen: die römische Religion, denn Kornelius war ein römischer Hauptmann.

Also noch einmal: Petrus und Kornelius begegnen sich. Petrus ist in der jüdischen Religion aufgewachsen und zum Christen geworden, und Kornelius ist in dem römischen Vielgötterglauben aufgewachsen, aber voller Sympathie für die Religion des Landes, in dem er nun als Fremder lebt und arbeitet.

Diese – ich sag das jetzt mal mit den Worten unserer Tage – diese interkulturelle und interreligiöse Begegnung ist brisant, explosiv, aber auch sehr kreativ. Wo sich Menschen aus verschiedenen Ländern, und noch dazu mit verschiedenem religiösen Hintergrund begegnen, da ist zum einen Gefahr im Verzuge, das ist uns ja – leider – eine tägliche Erfahrung. Aber da ist zum anderen eine enorme Chance gegeben, dass sich Neues entwickelt.

Manche Menschen haben Angst vor dem Andersartigen, vor dem Fremdartigen. Manche haben sogar einen Widerwillen. Manche entwickeln sogar Aggressionen gegen das, was anders ist, als was sie gewohnt sind. Das scheint in der Natur des Menschen zu liegen. Die Bibel selbst ist voll von solchen Abgrenzungstendenzen gegenüber dem Fremden. Das Volk Israel hat sich traditionell abgegrenzt und hat deutlich unterschieden zwischen denen aus dem Volk und den anderen, denen aus anderen Völkern und Religionen, den sog. Heiden. Nach alten israelitischen Gesetzen war z. B. die Heirat mit einem Menschen von außerhalb des eigenen Volkes untersagt. Fremde, Heiden, galten als unrein im religiös-kultischen Sinne. Man sollte sie noch nicht einmal besuchen. Solche Regelungen galten noch bis in die Zeit des Neuen Testaments hinein. Sie spielen auch in unserem heutigen Predigtabschnitt eine Rolle.

Petrus, der, wie gesagt, in der jüdischen Religion aufgewachsen war und sich noch als Jude fühlte, und der nun das Haus des römischen Hauptmanns Kornelius betritt, sagt zu den Anwesenden quasi entschuldigend: „Eigentlich darf ich als Jude dieses heidnische Haus gar nicht betreten und euch als Fremden so nahekommen. Aber ich tue es trotzdem."

Das ist für uns jetzt der springende Punkt: „Gott hat mir aufgetragen, keinen Menschen als unrein anzusehen." Petrus überwindet die Barriere zwischen sich und dem Fremden, und das heißt zwischen sich als Menschen jüdischer Herkunft und dem Mann des römischen Reiches, der römischen Religion. Zu dieser Grenzüberschreitung fühlt sich Petrus ermutigt und berufen durch seinen neuen Glauben. Denn durch Jesus Christus hat er Gott neu sehen und verstehen gelernt, und dabei war ihm aufgegangen: Es kann nicht der Wille Gottes sein, Grenzen zwischen Menschen aufzubauen und aufrechtzuerhalten. Die Grenzen müssen überschritten werden, Begegnungen müssen in aller Freiheit erlaubt sein, und nicht nur das: Sie müssen gefördert werden.

Der christliche Glaube fördert solche Grenzüberschreitungen. Mit der Liebe Gottes zum Menschen verträgt es sich nicht, Grenzen kultureller und religiöser Art zu ziehen und Menschen auszugrenzen. Es könnte einer sagen: Kornelius war ein Sonderfall. Er war von vornherein sehr offen gegenüber der jüdischen Religion und der neuen christlichen Strömung; er stand sozusagen schon halb im anderen Lager. Aber dieses Argument dürfen wir nicht gelten lassen. Wir sind im Sinne der grenzenlosen Liebe Gottes zur Grenzüberschreitung allen Menschen gegenüber beauftragt, auch unabhängig von deren Sympathie für uns und unsere kulturelle und religiöse Art.

Ich möchte noch eines hinzufügen: Abgesehen von den menschlichen Aspekten der kulturellen und interreligiösen Begegnung sind solche Begegnungen auch außerordentlich kreativ im besten Sinne des Wortes. Aus solchen Begegnungen entsteht Neues. Auch das Christentum, unser christlicher Glaube, ist das Ergebnis – das wunderbare Ergebnis – interkultureller und interreligiöser Begegnung. Wie gesagt, Petrus war von Haus aus Jude. Und auch Jesus war Jude. In der jüdischen Religion liegen die Wurzeln des christlichen Glaubens. Und die jüdische Religion hat sich wiederum aus der Begegnung mit etlichen anderen Religionen herausgebildet. Römische, griechische und andere Einflüsse haben im weiteren Verlauf den christlichen Glauben mit geformt. Das können wir alles noch aus der Bibel selbst herauslesen.

Die interreligiöse und interkulturelle Begegnung ist aus menschlichen Gründen und um des Friedens willen eine große Aufgabe. Sie ist darüber hinaus auch eine Quelle der Kreativität. Kreativität brauchen wir in der Kirche, in einer Zeit der Krise mehr denn je.

Werbung für den christlichen Glauben?

15. Januar 2006
2. Sonntag nach Epiphanias
1. Korinther 2,1-10

Um welches Thema geht es in diesem Text? Es geht um die Weitergabe des christlichen Glaubens, und zwar um die dem christlichen Glauben angemessene Art seiner Weitergabe.

Bevor ich auf den Predigttext zurückkomme, möchte ich vorweg einmal die Frage stellen, ob man für den christlichen Glauben eigentlich werben kann? Werben mit den Mitteln der Werbeindustrie, wie wir das heutzutage kennen?

Vermutlich wird keiner von uns uneingeschränkt „Ja" sagen. Wir wissen ja, wie das mit der Werbung in der Regel geht. Da wird ziemlich dick aufgetragen und übertrieben. Da werden Gefühle in uns angesprochen, die, wenn die Werbung – in Anführungszeichen – „gut" ist, uns dazu verleiten können, etwas zu kaufen, was wir weder brauchen noch wirklich gut finden.

Bei der Weitergabe des christlichen Glaubens geht es durchaus auch darum, Menschen zu etwas Neuem zu bewegen, z. B. das Leben aus einer neuen Perspektive zu betrachten, den Menschen und das ganze Dasein überhaupt neu zu sehen und sich eine neue Verhaltensweise gegenüber dem Mitmenschen und gegenüber der Schöpfung zuzulegen und das eigene Leben neu zu gestalten, z. B. Gottesdienstbesuche mit einzuplanen.

Die Frage ist, ob für diesen Zweck, nämlich für die Weitergabe des christlichen Glaubens, die Werbung im üblichen Sinne ein angemessenes Mittel sein könnte.

Um die Weitergabe des christlichen Glaubens – damals vor fast 2000 Jahren – hat sich besonders der Apostel Paulus verdient gemacht. Paulus sagt in diesem kleinen Abschnitt etwas über die Art und Weise, wie er den christlichen Glauben in der griechischen Gemeinde in Korinth verbreitet hat. Nach seiner Auffassung kann man den christlichen Glauben nicht auf jede beliebige Art weitergeben, wenn man ihm von seinem Wesen her gerecht werden möchte. Was Paulus nämlich bewusst nicht gemacht hat, ist dies: Er hat nicht versucht, seine Mitmenschen mit den Mitteln menschlicher Weisheit zu überreden.

Wenn man versucht, die Leute zu überreden, so sagt Paulus, kann der neue Glaube in den Menschen nicht aus der Kraft Gottes wachsen. Dann entspringt der Glaube nämlich der menschlichen Weisheit und nicht der göttlichen Weisheit.

Menschliche Weisheit – göttliche Weisheit: Was ist da der Unterschied? Ich versuche mal, es kurz und vorläufig zu sagen: Eine Einstellung wie „Jeder ist sich selbst der Nächste" könnte ein Beispiel für menschliche Weisheit sein. Aber „Liebe deinen Nächsten wie dich selbst" oder, wie wir vorhin aus dem Römerbrief gehört haben: „Segnet, die euch verfolgen", das klingt doch eher nach göttlicher Weisheit – oder?

Wie kann es dazu kommen, dass sich einer, der sich von dem Satz „Jeder ist sich selbst der Nächste" hat leiten lassen, sich nun leiten lässt von dem Satz „Liebe deinen Nächsten wie dich selbst" oder von dem Satz „Segnet, die euch verfolgen"?

Wenn wir andere dazu bewegen wollen, sich in ihrem Innersten zu verändern, werden wir versuchen, sie zu überzeugen, nicht zu überreden. Überreden hat etwas Oberflächliches, nichts, was in die Tiefe geht. Überzeugen hat nicht nur mit Worten, sondern, wie es der Begriff andeutet, mit einem Zeugnis zu tun, mit der ganzen Person. Wenn jemand z. B. als Zeuge vor Gericht im Zeugenstand steht, dann kann er nicht nur einfach daherreden. Er muss mit seiner ganzen Person für das einstehen, was er sagt. Wenn er nachweislich Falschaussagen macht, kann er dafür ggf. bestraft werden.

Paulus hat sich bei der Weitergabe des christlichen Glaubens im wahrsten Sinne des Wortes „mit Leib und Seele" eingesetzt. Er hat es mit seiner ganzen Person getan.

Dabei hat er nicht den starken Mann gespielt, sondern hat sich als der schwache Mensch dargestellt, der er eben war. Das war für ihn wichtig: dass die Menschen nicht durch äußerlichen Glanz seiner Person zum Glauben kommen sollten. Sie sollten durch seine innere Kraft überzeugt werden, die er nicht als seine eigene höchstpersönliche Kraft verstanden wissen wollte, sondern als die Kraft Gottes.

„Als schwacher Mensch trat ich vor euch und war voller Angst und Sorge. Mein Wort und meine Botschaft wirkten nicht durch Redekunst und Gedankenreichtum, sondern weil Gottes Geist darin seine Kraft erwies. Euer Glaube sollte sich nicht auf Menschenweisheit gründen, sondern auf Gottes Kraft", sagt Paulus.

Den Widerspruch zwischen seiner schwachen äußerlichen Erscheinung als Mensch und seiner starken Botschaft hielt Paulus für die Weitergabe des christlichen Glaubens sogar für besonders angemessen und überzeugend.

Denn als den Kern seiner Botschaft bezeichnet er hier „Jesus Christus, den Gekreuzigten". Und den Gekreuzigten zu verkündigen, setzt schon eine besondere Art voraus. Ob das mit äußerem Glanz und schönen Worten überhaupt ginge, ist zumindest eine Frage, die Paulus hier aufwirft.

Wir haben jetzt gerade Weihnachten hinter uns und schon klingt hier das Passionsthema an. Über der Krippe hängt das Kreuz. Weihnachten ist für uns ein glanzvolles Fest. Da kann die äußere Dekoration und da können die Worte gar nicht schön genug sein, um zu beschreiben, wie der Himmel in der Gestalt des Christkindes auf die Erde kommt. Da jubelt die Schar der Engel, ein Stall verwandelt sich in einen Königspalast und weitgereiste Weise bringen kostbare Geschenke.

Die Passionszeit dagegen – die Karwoche insbesondere – ist in unseren Breiten stimmungsmäßig und dekorationsmäßig sehr verhalten. In südlichen katholischen Gegenden, in Sevilla in Spanien zum Beispiel, ist das ganz anders. Was wohl der Apostel Paulus dazu sagen würde, wenn er die prunkvollen Darstellungen der Passionsgeschichte bei den Umzügen durch die Altstadt von Sevilla und in anderen Städten miterleben könnte?

Man könnte auch die Frage stellen, was Paulus sagen würde, wenn er die schöne Musik z. B. der Bach'schen Matthäuspassion hören und erleben würde, wie das Leiden und Sterben Christi in höchsten Stufen der Ästhetik dargeboten wird?

Paulus weist ja – zumindest für sich selbst, so dürfen wir seine Worte im heutigen Text wohl auslegen – die Mittel der Ästhetik, das schöne, kraftvolle Erscheinen und das schöne, gewandte Reden als Mittel der Verkündigung von sich.

Vielleicht würde er dann aber doch sagen: Auch die Mittel des Schönen und Glanzvollen können hilfreich und vielleicht sogar nötig sein, um etwas von der Herrlichkeit Gottes spürbar werden zu lassen.

Paulus will ja die Weisheit und Herrlichkeit Gottes, die allerdings anders sind als die Weisheit und Herrlichkeit des Menschen, erfahrbar werden lassen. Wie kann das aber durch uns geschehen, da uns doch nur die Mittel dieser Welt zur Verfügung stehen?

Paulus nutzt als Mittel der Verkündigung die Spannung zwischen seinem schwachen Äußeren und bescheidenen Reden einerseits und der Großartigkeit seiner Botschaft andererseits. Er versucht, an sich selbst die Spannung nachzugestalten, die ja auch besteht zwischen dem wie ein Verbrecher gekreuzigten Christus einerseits und dem zur himmlischen Herrlichkeit erhobenen Sohn Gottes andererseits.

Diese Spannung – Gekreuzigter hier, himmlischer König da – mag manchen als Zeichen der Widersprüchlichkeit und Unglaubwürdigkeit des Christlichen erscheinen. Aber was den einen als Torheit des Kreuzes erscheint, mag sich den anderen als die Weisheit Gottes offenbaren, die eben anders ist als die Weisheit dieser Welt.

Um nun auf die Ausgangsfrage zurückzukommen: Wie kann uns diese Weisheit Gottes vermittelt werden? Kann dies auch durch die Mittel der Werbung geschehen? Durch Ästhetik? Worauf käme es an?

Um das Besondere der göttlichen Weisheit erfahrbar werden zu lassen, müssten uns die Augen und Ohren und unser Herz geöffnet werden zum Beispiel für die Schönheit im Unansehnlichen, für das Liebenswerte im Lieblosen, für den Frieden im Unfrieden, für die Gnade in der Gnadenlosigkeit, für das Hoffnungsvolle im scheinbar Hoffnungslosen.

Wenn dafür auch die Mittel der Werbung eingesetzt werden sollten, müsste dies wohl etwas anders als üblich geschehen. Vielleicht so ähnlich wie in den Fernsehwerbespots für „das Glückslos der ARD – ein gutes Los für alle". Vielleicht haben Sie die mal gesehen. Es sind geistig behinderte Menschen, die die frohe Botschaft vom Gewinn überbringen. Das ist so liebevoll gemacht, dass einem dabei das Herz aufgehen kann. Es sind schwache, geistig behinderte Menschen, die die frohe Botschaft überbringen. Man spürt ihnen an, dass sie in ihrer Schwachheit aber voller Freude und Lebenskraft sind. Ihre Schwachheit spielt in dem Augenblick keine Rolle mehr, wo sie den Koffer mit dem gewonnenen Geld öffnen. Da sind Gewinner und Überbringer in der Freude eins.

Paulus könnten wir hier mit den geistig behinderten Menschen vergleichen und seine frohe Botschaft mit dem, was im Koffer ist. Im Koffer der Werbespots ist Geld, ein materieller Wert. Paulus hat in seinem Koffer geistige und geistliche Werte: Glaube, Hoffnung, Liebe, den gekreuzigten und auferstandenen Christus.

Und der Koffer ist praktisch er selbst, denn die Botschaft, die er zu überbringen hat, ist in ihm enthalten, in seinem Glauben, Denken, Handeln, in seiner ganzen Person.

Diese Werbespots sind ein Beispiel für die Spannung, auf die es Paulus ankommt: die Spannung zwischen der äußerlichen Erscheinung des Überbringers der frohen Botschaft und der frohen Botschaft selbst.

Das also hätte ein Werbespot zu schaffen: anschaulich darzustellen, wie sich Paulus als äußerlich schwacher Mensch öffnet und wie diejenigen, zu denen er geht, in ihm, Paulus, den verborgen Schatz der Botschaft Gottes in Christus entdecken.

Diese Art der Vermittlung des Glaubens auf dem Weg eines persönlichen Zeugnisses setzt auf Seiten des Zuhörers und Betrachters Augen und Ohren der Liebe und ein aufgeschlossenes Herz voraus, außerdem die Hilfe des Geistes Gottes, wie Paulus das selbst erlebt hat und wie wir es für uns nur wünschen und erbitten können.

Wir haben einen Auftrag
14. Juli 1985
6. Sonntag nach Trinitatis
Matthäus 28,16-20

Dieser Bibeltext gehört zu jedem Taufgottesdienst. Er stellt die Legitimationsgrundlage für die Taufhandlung dar: „Wir sind zur Taufe beauftragt durch Jesus Christus." Dieser Abschnitt ist in einer sehr feierlichen, erhabenen Weise formuliert. Es sind die letzten Sätze des Matthäusevangeliums. Ihnen kommt eine besondere Bedeutung zu.

Es sind die Worte des auferstandenen Jesus Christus, die letzten Worte, die er an seine Jünger richtet – auf einem Berg; dies erhöht noch ihre Bedeutung, kurz bevor er dann endgültig vor den Augen der Jünger entschwindet.

Man könnte sich diese Worte eigentlich auf seinen Schreibtisch stellen oder auf den Nachtschrank. Denn sie stellen ein Programm dar. Sie stellen in knappen Worten den Auftrag Jesu Christi an uns Christen in dieser Welt dar. Sie sind sein Vermächtnis und sein Auftrag an uns.

Ich möchte einmal die einzelnen Sätze in ihrer Bedeutung ein wenig aufzulösen versuchen.

„Mir ist gegeben alle Gewalt im Himmel und auf Erden." Hier spricht nicht irgendjemand und hier sagt nicht irgendjemand irgendeine Belanglosigkeit. Hier spricht jemand, der sich in seinem Reden und Handeln von Gott beauftragt weiß und darum für alles, was er sagt und tut, göttliche Autorität beansprucht. Als stünde Gott persönlich vor ihnen, so sollen ihn die Jünger ansehen und annehmen und in diesem Sinne seine Worte beachten. Das heißt, Jesus, der Auferstandene, ruft seine Jünger zu nichts weniger auf, als dass sie ihn als höchste und letzte Autorität akzeptieren und seine Worte als unbedingt verbindlich annehmen.

Vielleicht klingt dies etwas leicht dahergesagt. Der Bedeutungsgehalt dieses Anspruchs Jesu ist in unserer gegenwärtigen Lebenssituation wohl nicht so ohne Weiteres voll zu erfassen.

Ein Blick auf die nationalsozialistische Zeit kann aber schnell deutlich machen, was das heißt, in Jesus Christus die höchste verbindliche Autorität zu akzeptieren und jeder Ideologie und jedem menschlichen Führer erst an nachgeordneter Stelle den erforderten Respekt zu bezeugen. In manchen politischen Systemen kann ein Christ so in einen scharfen Loyalitätskonflikt geraten. Da wird deutlich, was der Anspruch Jesu Christi bedeutet.

Man kann sich fragen, warum wir das Gewicht des Anspruchs Jesu nicht so sehr empfinden. Wir haben kaum das Gefühl in einem Loyalitätskonflikt zu leben. Wir meinen vielmehr, mit unserem ganzen Verhalten, auch dem staatsbürgerlichen Verhalten, letztlich dem Anspruch Jesu Christi gerecht zu werden. Ich frage mich manchmal, ob es nicht nur raffinierte Werbung und Propaganda ist, die uns den Blick trübt und uns einfach nicht erkennen lässt, dass wir Herren dienen, die uns mit manchen ihrer Ansprüche in Widerspruch zu dem Anspruch Christi bringen.

Dies also ist das Erste, was Jesus seinen Jüngern mit auf den Weg gibt: Sie sollen in ihm den umfassenden, verbindlichen, göttlichen Anspruch erkennen, der ihre ganze, ungeteilte Loyalität, das heißt Treue und Hingabe herausfordert.

Das Zweite ist die Sendung in die Welt: „Darum geht hin und macht zu Jüngern alle Völker." Jesus Christus als der Herr des Himmels und der Erde ist nicht nur zu den Menschen in Israel gekommen. Seine Botschaft gilt allen Menschen in der Welt. Wir können dies nur mit Dankbarkeit zur Kenntnis nehmen. Denn dank der Aussendung der Jünger haben auch wir schließlich Anteil bekommen an dieser wunderbaren Botschaft von der Liebe Gottes zu den Menschen.

Wenn wir bedenken, dass Matthäus diesen weltweiten Sendungsauftrag gegen Ende des ersten Jahrhunderts aufgeschrieben hat, als die Zahl der Christen noch ziemlich klein war und von einer Kirche noch nicht die Rede sein konnte – es gab nur einzelne verstreute Gemeinden –, dann dürfen wir wohl staunen über diese Vision und über den Mut, solche großen Worte überhaupt zu Papier zu bringen: „Macht zu Jüngern alle Völker." Die weltweite Mission ist in Erfüllung gegangen. Wenn es auch nicht immer und überall gelungen ist, Menschen zu Jüngern zu machen, d. h. zu solchen, die sich bewusst und mit ganzem Einsatz in die Nachfolge Jesu stellen, so haben doch ungezählte Menschen immerhin von dem Wort Gottes gehört und damit ein unschätzbares Angebot für die Ausrichtung ihres Lebens erhalten.

„Lehrt sie halten alles, was ich euch geboten habe." In diesem Teil des Auftrags kommt deutlich zum Ausdruck, dass es Jesus Christus nicht nur um den Glauben im Sinne des Gefühls oder im Sinne einer Herzenssache geht. Vielmehr stellt er auch den Anspruch auf eine veränderte Lebens- und Verhaltensweise. „Lehrt sie halten alles, was ich euch geboten habe." Was hat Jesus seinen Jüngern geboten? Er hat ihnen zum Beispiel die Bergpredigt gehalten. Matthäus spricht in seinem Evangelium oft von der besseren Gerechtigkeit. Dieses Stichwort sollten wir uns merken. Die bessere Gerechtigkeit fordert er von seinen Kindern. Besser als was? Eine bessere Gerechtigkeit als die der Schriftgelehrten und Pharisäer, die in den Evangelien, nicht nur bei Matthäus, so oft als Negativbeispiele geschildert werden.

Ich möchte einmal vortragen, welche Vorhaltungen Jesus den Schriftgelehrten und Pharisäern gemacht hat – das steht alles bei Matthäus im 23. Kapitel. „Sie binden schwere und unerträgliche Bürden zusammen und legen sie den Menschen auf die Schultern, aber sie selbst wollen nicht einmal einen Finger dafür krümmen." – „Alle ihre Werke tun sie, damit sie von den Leuten gesehen werden. Sie sitzen gern obenan bei Tisch und in den Synagogen und haben's gern, auf dem Markt gegrüßt und von den Leuten ,Rabbi', das heißt Lehrer, genannt zu werden." – „Weh euch, ihr Schriftgelehrte und Pharisäer, ihr Heuchler, die ihr das Himmelreich vor den Menschen zuschließt!" – „Weh euch, die ihr den Zehnten von Minze, und Kümmel gebt, aber euch um das Wichtigste im Gesetz nicht kümmert,

nämlich um das Recht, die Barmherzigkeit und den Glauben!"
– „Weh euch, die ihr die Becher und Schüsseln äußerlich rei-
nigt, im Inneren aber sind sie voll Raub und Gier!" – „Weh
euch, ihr Heuchler, die ihr wie die übertünchten Gräber seid,
die von außen hübsch aussehen, aber innen voller Totengebeine
und lauter Unrat sind! So auch ihr: Von außen scheint ihr vor
den Menschen fromm, aber innen seid ihr voll Heuchelei und
Auflehnung gegen das Gesetz."

Jesus übt harsche Kritik an der heuchlerischen Gerechtigkeit
der Pharisäer und Schriftgelehrten. Er fordert die bessere Gerechtigkeit, die ihren Namen verdient. Es geht ihm dabei um die
sehr praktischen, konkreten Dinge unseres menschlichen Zusammenlebens, unserer zwischenmenschlichen Beziehungen.
So konkret ist das gemeint, wenn Jesus seine Jünger beauftragt: „Lehrt sie halten alles, was ich euch geboten habe!" Wenn
wir uns fragen: „Wie lautet das Gebot Jesu an uns zusammengefasst?", dann ist die Antwort: Was Jesus von uns will, ist zusammengefasst im Doppelgebot der Gottes- und Menschen-
liebe: „Du sollst den Herrn, deinen Gott, lieben mit ganzem
Herzen, mit ganzer Seele und mit all deinem Verstand. Und das
andere ist dem gleich: Du sollst deinen Nächsten lieben wie
dich selbst."

Diese Hinweise auf den Anspruch Jesu an uns mögen wie
eine Überforderung klingen. Wir wissen ja, was wir tun und wie
wir sein sollen, aber wir vermögen's nicht. Dazu müssen wir
nun hören, was noch in dem Vermächtnis und Auftrag Jesu gesagt ist. Es mag sehr tröstlich sein, dass es zunächst heißt:
„Tauft sie!" und erst an zweiter Stelle: „Und lehrt sie halten alles, was ich euch geboten habe."

Dass die Taufe an erster Stelle steht, heißt doch: Die Zuwendung Gottes, seine Liebe, Barmherzigkeit und Gnade wird uns
zuteil, noch bevor wir selbst etwas gegeben, etwas geleistet haben und bevor wir uns durch tadelloses Tun bewährt haben. Das
ist das eine Tröstliche.

Das andere ist der Schlusssatz des Evangeliums: „Und
siehe, ich bin bei euch alle Tage bis an der Welt Ende."

116

Jesus sagt seine beständige Gegenwart zu, wo er doch Grund genug gehabt hätte, für immer von den Menschen Abschied zu nehmen. Denn welche Misshandlung hatte er gerade am Karfreitag über sich ergehen lassen müssen! Und von denen, die da vor ihm auf dem Berg in Galiläa stehen, heißt es: „Und einige zweifelten!"

Jesus sagt seine immerwährende Gegenwart zu, nicht als Lohn für tadelloses Verhalten oder für besondere Glaubensstärke, sondern aus reiner Barmherzigkeit mit den Schwachen, mit der schwachen, schuldhaften Kreatur Mensch. Solche nachsichtige, vergebende, zuvorkommende Zuwendung ist überhaupt erst die Voraussetzung dafür, dass die Jünger es wagen können, in die Welt hinauszugehen und anderen Menschen den Anspruch Jesu auf unser Leben weiterzusagen. Für uns liegt in dieser Zusage der Grund, der uns in allen Anfechtungen, Zweifeln, Enttäuschungen trägt und uns zu immer neuer Hoffnung hindurchträgt.

Abschiedsgottesdienst
30. Mai 2010
Trinitatis
Römer 7,25a

Was kann ich Ihnen nach 30 Jahren noch sagen? Ich habe doch alles schon so oft gesagt. „Das Leben ist schön und nicht immer leicht" und „Der Mensch ist zum einen ein so wunderbares und geniales Geschöpf und kann sich zum anderen manchmal so erschreckend verhalten." Sie kennen das. Und was ich als roten Faden aus aller biblischen Überlieferung herauslese: „Das Ja zum Leben und das liebevolle Ja zum Menschen." Wir sind „geliebte Sünder" – wie oft habe ich das gesagt! Sie könnten sich schon selbst hier auf die Kanzel stellen.

Dreißigmal Weihnachten, dreißigmal Ostern, Himmelfahrt, Pfingsten, die kirchenjahreszeitlichen Anlässe sind immer gleich. Jedes Jahr wieder die unsere Herzen anrührende Weihnachtsgeschichte von der Geburt eines Kindes armer Eltern in armseliger Umgebung unter widrigen Umständen, das dann doch Weltgeschichte machte und uns auch heute wieder zusammengeführt hat, weil es eben eine Botschaft verkörpert und gelebt hat, die wahrhaft göttlich ist: die Barmherzigkeit des Schöpfers mit seinem Geschöpf Mensch.

Das Leben ist zwar ein wunderbares Geschenk, aber wir sind mit dem Leben und diesem ganzen Dasein im Grunde überfordert. Der Schöpfer hat sein Geschöpf Mensch überfordert. Und so lautet die Botschaft schließlich: „Der göttliche Schöpfer erbarmt sich des Menschen und hilft ihm immer wieder auf und verzeiht ihm und gibt ihm eine neue Chance."

Die Taufe bringt das zeichenhaft zum Ausdruck – und mir wäre es fast peinlich, das immer und immer wieder zu wiederholen, wenn die Botschaft nicht so großartig wäre: „Die Taufe als Zeichen der zuvorkommenden Vergebung. Es wird im Vorwege abgewaschen, was wir im Laufe des Lebens alles anstellen." Dieser Zuspruch ist geradezu unglaublich. Wenn wir ihn anzunehmen bereit sind und ihn nicht missbrauchen, dann ist er wahrhaft erlösend.

Wie oft habe ich das gesagt – und wie oft habe ich die göttliche Liebe verglichen mit der Liebe der Eltern zu ihrem Kind. Mann und Frau kennen doch das Leben und den Menschen. Sie wissen, dass sie keinen Engel in die Welt setzen werden. Und dennoch ist der Wunsch oft geradezu überwältigend, ein Kind zu bekommen, und die Freude ist immer wieder über alle Maßen groß, wenn es da ist. Und ebenso groß ist die Bereitschaft, alles zu geben, damit das Kind behütet aufwächst. Natürlich normalisiert sich das dann alles wieder.

Kinder können anstrengend werden und Eltern können gestresst sein. Aber das Grundphänomen bleibt erhalten: Die Liebe, verzeihen Sie, wenn ich das jetzt einmal so formuliere: „Die Liebe ist nicht totzukriegen." Das ist letztlich die Osterbotschaft – und wie oft habe ich sie wiederholt: „Die Liebe ist stärker als der Tod."

Ostern ist für uns norddeutsche und evangelische Christen nicht ganz so einfach wie Weihnachten. Die Auferstehung und die vorangehende Kreuzigung bereiten selbst gestandenen Theologen immer wieder Kopfzerbrechen.

Aber gefühlsmäßig durchleben wir alle doch – mehr oder weniger – das, was Ostern vermitteln möchte: dass das, was uns runterreißt, nicht das Letzte sein darf und auch nicht die Oberhand über unser Leben bekommen darf. Ob es nun die Vergänglichkeit allen Lebens ist oder die manchmal so deprimierende Art des Menschen oder die ganze Summe unserer problemgefüllten Erfahrungen: Ostern reißt uns da wieder raus und hoch und stärkt die Lebenskraft und Lebensfreude. Diese Botschaft nachzuvollziehen, dazu hilft in unseren Breiten das anschauliche Erleben des Frühlings.

Pfingsten, Ausgießung des Heiligen Geistes, erscheint auf den ersten Blick nicht so anschaulich. Aber – wie oft habe ich es gesagt: Der Heilige Geist wirkt über die zweitausend Jahre hinweg kraftvoll bis in diese Stunde hinein und hat dafür gesorgt, dass wir heute zusammengekommen sind im Namen desjenigen, der die Liebe Gottes zum Menschen verkörpert hat.

Pfingsten ist der Geburtstag der Kirche, das Gründungsfest der Kirche. Das ist doch sehr anschaulich. Über den ganzen Erdball erstreckt sich das Netz der Kirchen. In allen Kulturen wird der christliche Glaube in der je eigenen Art verkündet, gelebt, gestaltet. Ich finde das fantastisch. Und ein bisschen von dem Weltweiten bringen wir in unserer Gemeinde mit der Offenheit gegenüber den Menschen in und aus Tansania, Mazedonien, Peru, Bosnien, Griechenland und andernorts zum Ausdruck.

Die christliche Botschaft, die Botschaft von Liebe und Frieden, erklingt in vielen Stimmen und erscheint in vielen Bildern und Gestalten. Da gibt es Unterschiede. Manches gefällt uns, manches vielleicht auch nicht. Über Unterschiede hinweg miteinander zurechtzukommen, das ist eine große Herausforderung. Das fängt schon im Kleinen an – im Miteinander von Mensch zu Mensch, am Arbeitsplatz, in der Gemeinde, in der Verwandtschaft, unter Freunden, in der Familie, auch im Miteinander von Mann und Frau. Wie oft habe ich auf den Unterschied zwischen Mann und Frau aufmerksam gemacht: „Mann und Frau sind verschieden. Das wissen wir. Aber das wirklich zu begreifen und das Miteinander so zu gestalten, dass dabei jeder zu seinem Recht kommt und sich mit seiner je eigenen Art und seinen je eigenen Gaben entfalten kann und seine Erfüllung findet, das ist ein – lebenslanger – Lernprozess." Aber auch mit sich selbst klarzukommen, kann schon nicht so einfach sein.

Wir sind alle verschieden und wir haben unterschiedliche Meinungen, Überzeugungen, auch Glaubensüberzeugungen – auch unter Christen.

Auch wenn uns manches und mancher nicht gefällt: In jedem Menschen, in jedem Volk, in jeder Kultur, in jeder Religion steckt viel Gutes. Und das Gute wahrzunehmen und sich davon leiten zu lassen, das ist wichtig. Wie oft habe ich das gesagt. Und wenn St. Markus eine lebendige Gemeinde ist, dann hängt das nach meiner Einschätzung nicht zuletzt damit zusammen, dass sich stets so viele verschiedene Menschen mit unterschiedlichen Persönlichkeiten und Begabungen haben einbringen können.

Es gibt viel guten Willen. Das zeigt sich an dem umfangreichen ehrenamtlichen Engagement in St. Markus und am guten Spendenaufkommen und dem Wohlwollen, das der Gemeinde von vielen Seiten entgegengebracht wird. Herzlichen Dank dafür!

Und es gibt einen großen Bedarf an Kirche. Die Kirche hält mit ihrer Botschaft ein wunderbares Angebot an die Menschen bereit! Das wird zwar zeitweise nicht so recht wahrgenommen und manchmal auch schlecht geredet – und manchmal durch die Kirche selbst verdunkelt. Aber die existentielle Situation des Menschen schreit geradezu nach dem, was Kirche anzubieten hat. Wir werden liebevoll in den Arm genommen – das ist die christliche Botschaft.

Die Fragen von Geburt und Tod, woher wir kommen, wohin wir gehen und was das alles auf sich hat mit dem Leben, dem Leiden, den Phänomenen dieses Seins zwischen Elementarteilchen und Dimensionen, die in Lichtjahren gemessen werden – diese grundsätzlichen existentiellen Fragen bleiben bestehen und bleiben weitgehend ohne Antwort. Das Leben ist und bleibt ein Geheimnis. Aber wir wollen ja leben und wir wollen dieses uns ungefragt aufgetragene Leben mit den vielen offenen und unbeantwortbaren Fragen und manchmal schwer erträglichen Problemen in einem guten Sinne gestalten. Da tun Zuspruch und Verständnis und Geduld und Nachsicht und Barmherzigkeit und Liebe gut.

Diese menschliche Zuwendung hat Jesus Christus gegeben. Die Liebe ist nicht nur ein Wort geblieben. Er hat sie gelebt. In ihm wurde das Wort Mensch.

Von der leibhaftigen liebevollen Zuwendung leben wir. Da liegt auch eine fundamentale Aufgabe von Kirche und Gemeinde. Es ist schön, wenn alles seine überschaubaren, menschlichen Dimensionen hat. St. Markus hat als Gemeinde gerade die richtige Größe. Hier ist unsere schöne Kirche, drumherum ein Kinderspielplatz, das Kindertagesheim, das Gemeindehaus, der Kirchplatz – das Dorf in der Großstadt, wie manche sagen. Und gar nicht weit das Seniorenzentrum. Das sind menschliche Dimensionen in einer Welt, die in mancher Hinsicht so unendlich und unfassbar und anonym ist. Der Blick in die Weite ist natürlich auch wichtig. Den haben wir ja auch. Wir brauchen aber auch Heimat, einen Ort, wo wir hingehören, und Menschen, denen wir zugehören. Das habe ich aber auch alles schon so oft gesagt – und nicht nur gesagt. Wir haben gemeinsam dazu beigetragen, dass St. Markus Einzelgemeinde geblieben ist. Das ging natürlich nur mit einem gesunden Haushalt. Wie in einer Familie muss bei aller Liebe auch in der Gemeinde die Kasse stimmen. Wir haben von Anfang an unsere Gebäude und Mitarbeitenden als Potentiale verstanden und haben dankbar das Angebot ehrenamtlichen Engagements angenommen. Wir haben versucht, innerhalb der bisherigen Gemeindegrenzen gute Gemeindearbeit zu machen für alle Generationen, haben uns um kirchensteuerunabhängige Einnahmen bemüht, haben Gemeinde und Stadtteil als Einheit verstanden und haben uns geöffnet für Kirchennahe und Kirchenferne gleichermaßen und haben uns in unseren Gottesdiensten um eine Sprache und Auslegung und Gestaltung bemüht, die auch Ungeübten den Zugang zum christlichen Glauben erleichtern sollte. All diese Themen haben wir viele Male hin und her gewendet.

Die Bibel ist kein einfaches Buch, die Kirchengeschichte und die kirchliche Tradition und die kirchlichen Rituale und die Gesangbuchlieder sind alle nicht so einfach, manchmal sogar schwer verdaulich.

Aber es lohnt den Einsatz, Menschen den Zugang zum Schatz des christlichen Glaubens zu erleichtern. Das ist eine bleibende Aufgabe. Aber das habe ich ja auch alles schon so oft gesagt. Darum sage ich heute einfach gar nichts, nur dies eine: Danke! Es war schön in St. Markus. Wenn es mal nicht so schön war und es an mir lag, bitte ich um Nachsicht.

St. Markus ist eine ganz wunderbare Gemeinde. Mit Gottes Hilfe und seinem Segen möge es so bleiben.

Der bleibende Auftrag der Kirche
5. Januar 2020
2. Sonntag nach dem Christfest
Jesaja 61,1-3(4.9)10-11

Ein gutes, schönes, friedvolles, gesegnetes neues Jahr wünsche ich Ihnen allen.

Mit diesem Wunsch sind wir schon beim Predigttext für den heutigen Sonntag aus dem Propheten Jesaja im 61. Kapitel. Denn auch da geht es um das neue Jahr. „Ein gnädiges Jahr" verkündet der Prophet: „Gott hat mich gesandt, den Elenden gute Botschaft zu bringen, die zerbrochenen Herzen zu verbinden, zu verkündigen den Gefangenen die Freiheit, den Gebundenen, dass sie frei und ledig sein sollen; zu verkündigen ein gnädiges Jahr des Herrn."

Das sagt der Prophet Jesaja: „Er hat mich gesandt, den Elenden eine gute Botschaft zu bringen."

Wir brauchen alle eine gute Botschaft, gute Worte, die uns gestärkt und zuversichtlich ins neue Jahr hineingehen lassen.

Wir haben eine gute Botschaft, wir haben gute Worte, die uns überliefert sind über die Jahrtausende. Sie sind aufgeschrieben, sie wollen immer wieder ausgesprochen werden, sie wollen etwas bewirken. Sie sind nicht immer leicht zu verstehen. Sie müssen ausgelegt werden für uns heute, damit wir ihren guten Sinn erkennen und sie sich in uns entfalten können und zur Wirkung kommen und für uns hilfreich werden in unserem Leben, für uns ganz persönlich, für uns alle gemeinsam und für unser ganzes weltweites Miteinander.

Morgen haben wir den 6. Januar, Epiphanias, den Tag der Heiligen drei Könige. Es sind damals, so beschreibt es der biblische Text aus dem Matthäusevangelium, Menschen von weither gekommen, um denjenigen zu sehen und zu ehren, von dem sie meinten und hofften, das sich in ihm die guten Worte, die gute Botschaft für alle Welt verkörpern würden. Ihre Hoffnung sollte sie nicht getäuscht haben.

Die biblischen Autoren schildern, dass da ein Kind geboren

worden war, das schon im jugendlichen Alter mit seinen guten Worten die Erwachsenen zutiefst beeindruckte und das dann im Erwachsenenalter mit seinen guten Worten und Taten und seinem ganzen Verhalten viele Menschen in ihrem Innersten so tief zu berühren verstand, dass sie die gute Botschaft geradezu weitergeben mussten. So ist sie bis in unsere Tage überliefert. Und heute sind wir wieder hier, um sie zu hören und zu überlegen, was sie uns zu sagen hat und wie wir sie für uns, für unser Leben, für unser aller Leben dienlich werden lassen können.

Die gute Botschaft – mit dem aus dem Griechischen stammenden Wort nennen wir sie das „Evangelium".

Ja, wir haben eine gute Botschaft. Sie wird von manchen nicht mehr so recht verstanden. Aber sie ist so unendlich wertvoll, dass sich jede Mühe lohnt, sie immer wieder zur Sprache zu bringen, sie anschaulich zu gestalten und sie zur Wirkung zu bringen.

Sie ist so wunderbar, ja, fast zu gut für diese Welt, dass mancher meint, sie allein schon deswegen nicht ganz ernst nehmen zu können. Die Liebe zum Menschen, die Nächstenliebe, die Feindesliebe gar – das ist für manche einfach zu viel des Guten. Das passt für manche, ja, für viele, nach all den täglichen Erfahrungen und nach dem Blick in die ganze menschliche Geschichte einfach nicht in diese Welt. „Das mag für eine jenseitige Welt gelten, aber doch nicht für uns hier und jetzt." So mag das der eine oder andere empfinden. Und Politik lasse sich damit schon gar nicht gestalten.

Der alttestamentliche Prophet Jesaja wird damals – zweieinhalbtausend Jahre ist das her – auch auf skeptische Ohren und Herzen und Hirne gestoßen sein. Was hatte das Volk Israel in seiner langen Geschichte bis dahin nicht schon alles an Schrecklichem erlebt?! Jesaja spricht zu seinen Landsleuten im Exil, in der babylonischen Gefangenschaft. Er macht ihnen Hoffnung, dass sie würden zurückkehren können in ihre Heimat Israel, nach Jerusalem und dass sie dort den Tempel wieder würden aufbauen können.

Skeptiker werden für ihre Skepsis jede Menge Argumente

aus der Geschichte des Volkes haben anführen können. Die Exilierten konnten dann zwar tatsächlich in ihre Heimat zurückkehren. Aber wenn wir einmal die Geschichte der Israeliten, die Geschichte der Juden bis auf den heutigen Tag bedenken – haben die Skeptiker dann nicht letztlich doch Recht gehabt? Und wenn wir den ganzen Lauf der Weltgeschichte bedenken – müssen wir dann nicht zu dem Schluss kommen: Im Grunde haben die Skeptiker immer Recht!?

Es gibt zwar auch mancherlei – und immer mal wieder – auch gute Entwicklungen, aber sind sie nicht eher die Ausnahme? Wir haben jetzt fast 75 Jahre Frieden in unserem Land – wann hat es jemals eine so lange Phase des Friedens in unserer Region gegeben? Weltweit betrachtet hat sich auch in diesem letzten dreiviertel Jahrhundert ununterbrochen ein Krieg an den anderen gereiht.

Das klingt furchtbar, wenn ich das sage. Wenn jemand Hoffnung zu machen versucht, ist es darum wichtig, dass wir die Hoffnung von der Illusion unterscheiden.

Die biblischen Texte sind von vorne bis hinten völlig illusionslos. Aber sie sind von Anfang bis Ende voller Hoffnung.

Die biblischen Texte überliefern uns eine ungeschönte Betrachtung des Menschen und der Geschichte des Volkes Israel und überhaupt des ganzen Daseins. Sie liefern uns – illusionslos – eine ungeschönte Betrachtung, aber sie liefern uns eben auch das real existierende Schöne und Gute. Und das ist die Grundlage der Hoffnung. Und die Hoffnung ist die Kraft unseres Lebens. Sie zeigt uns die Richtung auf das Ziel hin, auf das hin sich – im besten Sinne des Wortes – zu leben lohnt.

Welche Bilder haben wir vor Augen, wenn wir das Leben betrachten, wenn wir uns unser Leben anschauen, wenn wir in die Geschichte zurückblicken, wenn wir das ganze Dasein in den Blick nehmen? Welche Bilder betrüben uns und welche Bilder erhellen unser Gemüt und erfüllen uns mit Freude am Leben und mit Kraft zum Engagement auf ein Ziel hin, das uns sinnvoll und der ganzen Hingabe wert erscheint? Jesaja malt seinen Landsleuten Bilder vor Augen wie diese: „Schmuck statt

Asche", „Freudenöl statt Trauer", „schöne Kleider statt eines betrübten Geistes" und „Bäume der Gerechtigkeit".

Ein Kollege sagte mir kürzlich – er hatte einen Erwachsenen aus einem anderen Kulturkreis zu taufen – er sagte: „Was den Betreffenden, der sich taufen lassen wollte, am christlichen Glauben so besonders und zutiefst beeindruckt hatte, waren die Worte Jesu am Kreuz: ‚Herr, vergib ihnen, denn sie wissen nicht, was sie tun!‘"

Dieses Bild: Jesus am Kreuz, und diese, seine Worte: „Herr, vergib ihnen, denn sie wissen nicht, was sie tun!" – wenn dieses Bild und diese Worte die Grundlage für unser menschliches Miteinander wären – im Kleinen wie im Großen und Weltweiten – wäre das nicht ein Segen für uns alle?

Der Verzicht auf Vergeltung. Der beständige Versuch, das Böse mit Gutem zu überwinden. Die illusionslose Einsicht in ein Wesensmerkmal menschlichen Verhaltens, das einen immer wieder fragen lässt: „Weißt du eigentlich, was du da tust?" Und die unerschütterliche Hoffnung, dass trotz all des Irrsinns das Gute und Schöne immer wieder erblühen kann. „Die Liebe ist stärker als der Tod", das ist die Botschaft, die von dem Gekreuzigten ausgeht.

Wenn immer wieder Mann und Frau sich ganz bewusst wünschen, gemeinsam ein Kind zu bekommen, können wir auch das als eine Hoffnung machende Botschaft nehmen. Der Kinderwunsch erwächst nicht aus der Illusion, ein makelloses Wesen zur Welt bringen zu können. Dass mit Kindern erheblicher Stress verbunden sein kann, verbunden sein wird, und mit Enttäuschungen, das ist Mann und Frau im Vorwege klar. Und trotzdem sind sie erfüllt von der Hoffnung, dass es ein schönes Miteinander werden wird, und sind erfüllt von der Bereitschaft, ihr Bestes zum Gelingen zu geben.

Das ist Hoffnung ohne Illusionen. Dieses elterliche liebevolle Ja zum eigenen Kind ergeht in der christlichen Botschaft in allumfassender Weise an alle Menschen: ein illusionsloses, aber hoffnungsvolles, liebevolles Ja zu jedem einzelnen Menschen. Der Schöpfer erweist seinem Geschöpf Mensch seine

Gnade. „Als wollte er belohnen, so richtet er die Welt", so formuliert es Jochen Klepper in seinem Lied „Die Nacht ist vorgedrungen", das wir gleich singen werden.

Diese Botschaft immer wieder weiterzusagen und zu feiern und zu gestalten und sie erfahrbar zu machen, das ist Auftrag der Kirche. Darum ist Kirche so wichtig. Und darum ist es so schade, dass Kirche im Augenblick einen so schweren Stand hat in der Gesellschaft – und vielleicht selbst allzu sehr dazu beiträgt, dass viele Menschen nicht mehr so recht wissen, was es mit der Kirche und ihrem Anliegen auf sich hat.

Es ist ein Jammer, verzeihen Sie, wenn ich das jetzt etwas emotional sage, dass mancherorts Kirchen geschlossen oder umgenutzt oder gar abgerissen werden.

Die Bibel ist zugegebenermaßen kein einfaches Buch. Und was sich in den zweitausend Jahren Kirchengeschichte abgespielt hat, ist in vielerlei Hinsicht keine gute Werbung für die Kirche.

Aber das Anliegen von Kirche ist und bleibt unendlich wichtig: das sehr liebevolle und hoffnungsvolle Ja zum Leben und zum Menschen auf dem Hintergrund einer illusionslosen Wahrnehmung des menschlichen Wesens und der menschlichen Geschichte und überhaupt des ganzen Daseins.

Über der Krippe im Stall von Bethlehem schwebte von Anfang an das Kreuz. Ist es nicht geradezu unglaublich, dass in jener Zeit, die so voller Ungerechtigkeiten und Grausamkeiten war, ein Mensch, der all die Nöte und Probleme, die Ungerechtigkeiten und Schrecklichkeiten am eigenen Leib erfahren hatte, ein so liebevolles Verhältnis zum Leben und zum Menschen hat entwickeln und leben und über den Tod hinaus hat durchhalten und zur Botschaft seines Wirkens hat werden lassen können? Ja, das ist geradezu unglaublich: das liebevolle Ja zum Leben und zum Menschen.

Es könnte einer sagen: Die Liebe ist zu gut für diese Welt. Ja, sie hat etwas Überweltliches. Sie ist zu einem erheblichen Teil mehr Sehnsucht als Realität. Aber sie ist etwas so Wunderbares, dass wir nicht von ihr lassen können und nicht von ihr lassen sollten.

Wie schrecklich wäre es, wenn wir nicht mehr an die Liebe zu glauben vermöchten! Sie ist der Kern der christlichen Botschaft, sie ist der unaufgebbare und bleibende Auftrag der Kirche, sie ist unser aller Auftrag. Sie ist unsere Sehnsucht, unsere Kraft, unsere Hoffnung. Sie ist der tiefste Sinn unseres Lebens. Möge sie uns und alle Menschen in diesem neuen Jahr leiten und erfüllen – uns allen zum Wohl und Gott, unserem Schöpfer, zur Ehre.

Unterschiede auf gemeinsamer Grundlage
19. Juni 1994
3. Sonntag nach Trinitatis
Partnerschaft St. Markus – Uyole, Tansania
1. Korinther 9,19-23

Ich habe in der Bibel herumgeblättert auf der Suche nach einem Text, der für den heutigen Partnerschaftsgottesdienst angemessen wäre. Wo würden Sie in einem solchen Fall anfangen zu suchen in diesem dicken Buch? Wo sind die Chancen am besten, einen Text zu finden, der uns etwas sagt zur Begegnung von Menschen unterschiedlicher Kulturen und Sprache?

Ich habe in den Briefen des Apostels Paulus geblättert. Paulus ist der Mann, der Grenzen überschritten hat – in mehrfacher Hinsicht. Paulus hat den Glauben an Christus hinausgetragen aus dem kleinen Israel, hinausgetragen in die weite Welt, in das Gebiet der heutigen Türkei, nach Griechenland, nach Italien. Aber nicht nur das. Er hat nicht nur Landesgrenzen und Sprachgrenzen überwunden. Er hat auch kulturelle und religiöse Grenzen überwunden. Er hat den Glauben an Christus hinausgetragen aus dem Lebensbereich derjenigen, die in den Traditionen des jüdischen Glaubens aufgewachsen waren, und ist zu denen gegangen, die an griechische Götter glaubten, und zu denen, die an römische Götter glaubten.

Paulus hat sich in vielfacher Weise auseinandergesetzt mit Andersdenkenden, mit Anderslebenden, mit Menschen anderer Meinung, anderer Kultur, anderer Traditionen. Und diese Auseinandersetzung hat auch in ihm selbst stattgefunden. Denn er hatte ja eine innere Wandlung vollzogen. Als strenggläubiger Jude war er aufgewachsen. Er hatte die ersten Christen zunächst verfolgt, bis ihm dann die Augen aufgegangen waren. Es war ihm, so formuliert es der legendenhafte Bericht über seine Bekehrung, „wie Schuppen von den Augen gefallen". Er erkannte, dass Christus für alle Menschen gekommen war, dass er die Liebe Gottes für alle Menschen verkörpert hatte.

So hatte Paulus zunächst die Toleranz mit sich selbst lernen müssen, mit seiner eigenen Vergangenheit, seiner ganz anderen vorherigen Denkungs- und Glaubensart. Vielleicht hat ihm das geholfen, andere Menschen zu verstehen, die zunächst ebenfalls mit Christus nichts im Sinn hatten, oder Christus ganz einfach anders verstanden, anders auslegten und den Glauben an Christus anders praktizierten.

Es ist Paulus gelungen, Menschen in anderen Ländern für den Glauben an Christus zu gewinnen – nicht gewaltsam, sondern durch Überzeugungsarbeit. So ist der Glaube schließlich auch bis zu uns nach Deutschland und ebenso bis nach Tansania gekommen, wiederum in ganz verschiedene Kulturen.

Ich habe in den Briefen des Paulus geblättert, die er den Gemeinden geschickt hat, die er gegründet hat. Er ist ja immer weitergereist und hat Kontakt gehalten durch Briefe. Durch sie haben wir heute überhaupt noch Einblick in sein Denken.

Und habe ich einige passende Sätze gefunden. Ich habe folgende ausgewählt – aus dem 1. Brief an die Korinther im 9. Kapitel: „Den Juden bin ich ein Jude geworden, damit ich die Juden gewinne. Denen, die unter dem Gesetz sind, bin ich wie einer unter dem Gesetz geworden, obwohl ich selbst nicht unter dem Gesetz bin, damit ich die, die unter dem Gesetz sind, gewinne. Denen, die ohne Gesetz sind, bin ich wie einer ohne Gesetz geworden – obwohl ich doch nicht ohne Gesetz bin vor Gott, sondern bin in dem Gesetz Christi –, damit ich die, die ohne Gesetz sind, gewinne. Den Schwachen bin ich ein Schwacher geworden, damit ich die Schwachen gewinne. Ich bin allen alles geworden, damit ich auf alle Weise einige rette. Alles aber tue ich um des Evangeliums willen, um an ihm teilzuhaben."

„Allen bin ich alles geworden" – das klingt fast nach totaler Anpassung, nach Selbstaufgabe. Das klingt fast nach „Das Fähnchen nach dem Winde drehen" und nach „Es allen recht machen wollen" und nach „Anderen nach dem Munde reden".

Wer Paulus kennt, der weiß aber, dass Paulus seine Sache niemals aufgegeben und verraten hat. Paulus hat sich – mit Erfolg – um das bemüht, was uns allen als Aufgabe aufgetragen ist: dass wir uns zunächst in den anderen hineinversetzen, dass wir den anderen aus seiner Situation heraus zu verstehen versuchen, und dass wir von der Verstehensbasis des anderen ausgehend einen Dialog beginnen, ein Gespräch über das, was uns zu sagen wichtig ist.

Wenn Paulus mit Juden redete, dann knüpfte er an ihre religiösen Traditionen an, an ihr Verständnis von Gott, an ihre Erfahrungen und an ihre Hoffnungen. Und wenn er mit Nichtjuden sprach, dann setzte er bei deren Verständnis ein. Ein solches Vorgehen ist ein Gebot jeder ernsthaften Kommunikation.

Ein solches Vorgehen hat nichts mit Selbstverleugnung zu tun, sondern mit Respekt vor der Position des anderen. Zu diesem Respekt zählt es dann auch, mit der eigenen Einstellung nicht hinter dem Berg zu halten. Der andere soll schon genau wissen, was wir denken, wie wir empfinden, was uns wichtig ist und worauf wir hinaus wollen. Erst dann kann sich der andere mit unserer Position auseinandersetzen.

Zu dieser Art der Kommunikation gehört es dann auch, dem anderen zuzubilligen, dass er als Ergebnis des gemeinsamen Gesprächs zu anderen Schlussfolgerungen kommt und andere Konsequenzen zieht. Paulus hat dargelegt, was für ihn der Glaube an Christus bedeutet. Menschen haben den Glauben an Christus angenommen. Und sie haben ihm dann sehr unterschiedliche Ausdrucksformen gegeben – in ihren Zusammenkünften, in ihren Gottesdiensten, in ihrem täglichen Leben.

Wir haben eben von Herrn Mlimoka gehört, wie Christen in Tansania ihren Gottesdienst feiern. Das geht da z. T. ganz anders vor sich als bei uns. Vielleicht erinnern sich einige von Ihnen noch an den Videofilm über einen Gottesdienst in Uyole; den hatten wir vor zwei Jahren im Gemeindehaus gezeigt. Das war ein voller Gottesdienst mit viel Musik und viel Rhythmus. Da wurde, wie wir sagen würden, im Gottesdienst getanzt, und es wurde geklatscht. Das sind wir nicht gewohnt. Kürzlich, am Sonntag Kantate, haben wir das hier mit Unterstützung unserer Kantorei auch einmal ganz zaghaft versucht – das Tanzen. Das liegt uns aber nicht so richtig im Blut und entspricht auch nicht unseren Traditionen. So gibt es eben eine unterschiedliche Art,

Gottesdienst zu feiern und den Glauben an Gott, den Glauben an Christus zum Ausdruck zu bringen. Wenn Sie nachher um 13 Uhr in die Gnadenkirche gehen, dann können Sie dort einen Gottesdienst auf afrikanische Art erleben – mit viel Musik und afrikanischem Rhythmus. Oder wenn Sie um 13 Uhr einfach noch einmal hier in unsere Kirche kommen, dann werden Sie auch Gottesdienst in wiederum ganz anderer Art erleben, nämlich den mazedonisch-orthodoxen Gottesdienst, bei dem zwar auch viel gesungen wird, aber es singt nur der Pastor, und der Gesang ist ganz und gar nicht rhythmisch.

Gottesdienst kann in sehr unterschiedlicher Form gefeiert werden. Mir ist es wichtig, dies an unserem Partnerschaftstag zu betonen und zu unterstreichen, dass die unterschiedlichen Formen ihre je eigene Berechtigung haben. In den unterschiedlichen kulturellen Kontexten wachsen unterschiedliche Gottesdienstformen. Wo sich Menschen verändern, wo sich die Gesellschaft verändert, wo sich das Denken und Empfinden verändert, da kann es dann auch sein, dass sich die Formen des Gottesdienstes ändern, damit sie dem gegenwärtigen Stand der kulturellen Entwicklung entsprechen.

Viele Menschen draußen können mit unseren gegenwärtigen Gottesdienstformen nicht mehr viel anfangen, würden aber vielleicht gern Gottesdienst feiern, wenn dies in den angemessenen Formen geschehen könnte. Da sollten wir kein Scheu haben, das eine oder andere auszuprobieren. Und wir haben diese Scheu ja auch nicht. Im Sinne des Paulus ist es wichtig, dass wir hinhören und hinschauen, um die anderen zu verstehen und in eine ernsthafte Kommunikation einzutreten.

Gäste aus einer anderen Kultur, aus einer anderen gottesdienstlichen Tradition, liefern uns eine Anschauung dafür, was außerhalb unserer eigenen Art sonst noch alles möglich ist. Von daher bin ich sehr dankbar, dass wir Familie Mlimoka unter uns haben und wir wieder ein wenig Einblick in eine andere Kultur, die tansanische Kultur, erhalten haben. In unterschiedlichen Formen und dennoch gemeinsam danken wir Gott, loben und preisen wir seine Güte und Barmherzigkeit.

Gottesdienst, Alltag und die Glaubwürdigkeit
13. Februar 1994
Estomihi / Sonntag vor der Passionszeit
Amos 5,21-24

„Ich bin euren Feiertagen gram." Vielleicht kommt dieser Predigttext denen gerade recht, die im Zusammenhang mit der Diskussion um die Pflegeversicherung einen kirchlichen Feiertag abschaffen möchten. Feiertage kosten Geld. Und das Geld könnte man für andere Zwecke vielleicht sinnvoller ausgeben.

Es ließe sich – etwas weit hergeholt zwar – durchaus ein Zusammenhang konstruieren zwischen dem Anliegen des Amos und dem, was heute die Feiertage ins Gerede gebracht hat. Es geht in beiden Fällen um einen sozialen Hintergrund. Heute sind es die hohen Kosten der Alterssicherung, die Menschen mit einem normalen Einkommen nicht mehr aufbringen können. Wer sein Leben lang ordentlich gearbeitet und stets für seinen Lebensunterhalt und den seiner Familie selbst gesorgt hat, der wird am Ende seines Lebens, sofern er ins Altenheim oder ins Altenpflegeheim muss, sein ganzes erspartes Geld los und ist in kurzer Zeit auf die Unterstützung des Staates angewiesen.

Da kann man auf der einen Seite sagen: Das ist ja schön, dass der Staat dafür bereitsteht. Aber es wird doch von vielen Menschen als entwürdigend empfunden, dass sie auf ihre letzten Tage noch zu Sozialhilfeempfängern werden. Und da sagen einige von denen, die nach einer Lösung suchen: Wozu so viele Feiertage? Die kosten die Wirtschaft viel Geld. Wenn wir einen oder zwei Feiertage abschaffen, dann werden die Arbeitgeber vielleicht bereit sein, ihren Anteil zu einer Pflegeversicherung ihrer Mitarbeiterinnen und Mitarbeiter beizusteuern.

Ist es nicht wirklich wichtiger, könnte jemand sagen, die Sache mit der Pflegeversicherung zu lösen, als einen Feiertag zu begehen, da es an Feiertagen schließlich eine ganze Reihe gibt? „Ich bin euren Feiertagen gram." Der Prophet Amos hatte bei seiner Kritik an den Feiertagen, wie gesagt, nicht an das Problem der Altersversorgung gedacht. Aber seine Kritik war durchaus auch aus sozialen Problemen, und zwar massiven sozialen Problemen erwachsen. „Ihr könnt nicht drinnen fröhlich euren Gottesdienst feiern und draußen die Menschen verhungern lassen. Ihr könnt nicht drinnen die Liebe predigen, und draußen das Gegenteil tun." Amos formuliert die sozialen Missstände seiner Zeit ziemlich deutlich: „Ihr unterdrückt die Armen und nehmt von ihnen hohe Abgaben an Korn. Ich kenne eure Freveltaten, die so viel sind, und eure Sünden, die so groß sind, wie ihr die Gerechten bedrängt und Bestechungsgeld nehmt und die Armen unterdrückt."

Es geht also auch Amos nicht um eine Kritik an den Feiertagen an sich. Seine Kritik bezieht sich auf ein Missverhältnis zwischen dem, was sich am Feiertag abspielt, und dem, was sonst in der Gesellschaft läuft. Es geht ihm um die Glaubwürdigkeit. Es geht ihm um die Stimmigkeit von Reden und Handeln, von Feiern und Handeln, von Singen und Handeln. „Sucht das Gute und nicht das Böse, so wird Gott bei euch sein."

Dieses Thema wird uns übrigens noch über die nächsten eineinhalb Jahre weiter begleiten. Denn der Kirchentag, der ja im Juni nächsten Jahres in Hamburg stattfindet, wird das Motto haben: „Es ist dir gesagt, Mensch, was gut ist." Auch das Wort eines Propheten. Wir werden also weiterhin immer wieder dazu angestoßen werden, über unser konkretes Verhalten nachzudenken, über unser Verhalten als Einzelne und als Gesellschaft. Und wir werden uns immer wieder Gedanken machen müssen über die Frage: „Wie verhält sich unser kirchliches, gemeindliches und persönliches Reden und Tun zu den Problemen der Menschen um uns herum? Wie weit gibt es da Widersprüche, wie weit sind wir glaubwürdig – als Christen, als Gemeinde, als Kirche?"

Diese Frage müssen wir uns immer wieder selbstkritisch stellen – einmal um unserer selbst willen, damit wir nicht als gespaltene Persönlichkeiten dahinleben, die das eine sagen und das andere tun. Dann aber auch und vor allem um der Sache und der Menschen willen. Wir haben einen Auftrag in der Nachfolge Jesu Christi.

Darüber hinaus ist das Bemühen um Glaubwürdigkeit aber auch aus missionarischen Gründen wichtig. Ich benutze diese Formulierung ausdrücklich, weil wir uns heute am Ende der Hamburger Missionswoche befinden. Mission heißt: den christlichen Glauben weitergeben an andere Menschen. Und das geht letztlich nur, wenn wir uns um Glaubwürdigkeit bemühen. Viele Menschen haben kaum noch eine Beziehung zur Kirche, und viele wissen kaum noch etwas vom christlichen Glauben. Die werden auch so leicht nicht in die Bibel sehen, um sich zu informieren. Das wäre ja auch ein sehr mühseliger Weg. Sie blicken auf die Kirche – was das für eine Einrichtung ist. Sie blicken auf die Gemeinden – was da so läuft. Und sie blicken auf einzelne Christen, auf diejenigen, die zur Kirche gehören, und sehen sich an, wie sich diese Menschen verhalten.

Wenn wir uns so verhalten wie diejenigen, die der Prophet Amos kritisiert, dann werden wir kaum eine Ausstrahlungskraft haben. Wenn wir selbst lügen und stehlen und bestechen und uns die Not der Armen gleichgültig sein lassen, dann wird man uns die frohe Botschaft nicht abnehmen.

Mit unserem Bemühen um Glaubwürdigkeit werden wir gewiss immer wieder scheitern. Wie man sich im Konkreten glaubwürdig verhält, darüber kann man sehr unterschiedlicher Meinung sein. Die nordelbische Synode in Rendsburg hat am vergangenen Wochenende z. B. die Mittel für die Hilfe zugunsten der Menschen in Ländern der Dritten Welt deutlich erhöht. Das soll ein Beitrag zu mehr sozialer und wirtschaftlicher Gerechtigkeit in der Weltgemeinschaft sein. Das kann ja nur ein Zeichen sein, ein Zeichen des Bemühens, dass wir Menschen in Not, mögen sie auch weit von uns entfernt leben, nicht vergessen, und dass uns ihr Schicksal nicht gleichgültig ist. Ob zum Bemühen um Glaubwürdigkeit auch gehört, dass die Pastoren auf ihr Weihnachtsgeld verzichten, das ist allerdings z. B. schon eine heftig umstrittene Frage auf der Synode gewesen.

Wir werden es in unserem Bemühen um Glaubwürdigkeit nicht allen gleichzeitig recht machen können. Das kann uns aber nicht davon entbinden, uns überhaupt um Glaubwürdigkeit zu bemühen. Da müssen wir uns immer wieder Gedanken machen und uns etwas einfallen lassen.

Ein Versuch, einen glaubwürdigen Zusammenhang zwischen Gottesdienst und dem gesellschaftlichen Leben herzustellen, waren die „Politischen Nachtgebete". Vielleicht erinnern sich einige von Ihnen an diese Gottesdienste Anfang der 70er Jahre. Da waren die einzelnen Gottesdienste ganz konkret auf bestimmte Probleme in der Gesellschaft bezogen, da wurden im Gottesdienst Berichte abgegeben, Beschlüsse gefasst und Telegramme formuliert. Ich möchte damit nicht sagen, dass wir wieder die „Politischen Nachtgebete" einführen sollen. Ich möchte nur sagen: Das war auch ein Versuch, mehr Glaubwürdigkeit herzustellen im Gottesdienst.

Amos hat auch die Musik im Gottesdienst heruntergeputzt: „Tu weg von mir das Geplärr deiner Lieder!" Das ist hart. Das Singen und die Musik überhaupt ist eigentlich etwas Wunderbares. Das will Amos wohl nicht in Abrede stellen. Worauf er Bezug nimmt, ist wiederum der Zusammenhang zwischen der Musik und den Problemen der Menschen. Ich erinnere mich an eine Szene, die mit Kirche nichts zu tun hat: Wo in einem Konzentrationslager der Lagerkommandant ein Liebhaber klassischer Musik war. Er ließ im Konzentrationslager gute Musik aufführen. Und anschließend ließ er Menschen in den Gaskammern umbringen. So etwas passt nicht zusammen. Da wird die Musik makaber. Ähnliches könnte Amos gemeint haben.

In Bezug auf die Aufführung kirchlicher Musik ist mir gelegentlich die Frage gekommen, wie weit überhaupt noch ein Zusammenhang gesehen wird zwischen dem, was die Musik aussagt, und dem täglichen Leben, ob nicht gelegentlich die kirchliche Musik zu einem Selbstzweck wird, auch wenn sie eigentlich als solche gar nicht gemeint ist. Wenn in der Oper z. B. die Matthäuspassion von Bach aufgeführt wird, vielleicht sogar getanzt wird, ob dann das Leiden und Mitleiden Jesu nicht vielleicht zu einem bloßen Kulturereignis geworden ist, zu einem Genuss der Sinne. Ich möchte das mal als Frage hinstellen.

Vielleicht haben Sie dazu Ihre eigene Meinung. Amos lag offensichtlich an einer glaubwürdigen Verbindung zwischen dem gottesdienstlichen Singen und dem Leben im Alltag.

Die Kritik von Amos ist hart. Ähnliche Kritik ist auch von anderen Propheten geübt worden, und nicht nur von Propheten. Im Matthäusevangelium, in der Bergpredigt sagt Jesus: „Wenn du deine Gabe auf dem Altar opferst und dort kommt dir in den Sinn, dass dein Bruder etwas gegen dich hat, so lass dort vor dem Altar deine Gabe und geh zuerst hin und versöhne dich mit deinem Bruder und dann komm und opfere deine Gabe." Hier drängt Jesus auch auf einen glaubwürdigen Zusammenhang zwischen gottesdienstlichem und alltäglichem Verhalten.

Natürlich soll das Bemühen um Glaubwürdigkeit nicht nur äußerlich, sondern auch von unserer inneren Einstellung getragen sein. Es geht nicht um sozialen Aktionismus zum bloßen Schein, aus Wahlkampfstrategie oder aus sonstigen Gründen der Selbstdarstellung. Paulus hat das echte, auch innere Bemühen um Glaubwürdigkeit im Handeln angemahnt: „Wenn ich alle meine Habe den Armen gäbe und ließe meinen Leib verbrennen, und hätte die Liebe nicht, so wäre mir's nichts nütze."

Amos will nicht, dass wir unsere Gottesdienste abschaffen, er will auch nicht, dass wir unsere Kirchenmusik abschaffen. Er will uns auch nicht von den Dankopfern abhalten. Aber er wendet sich gegen den Widerspruch zwischen Feier und Alltagsleben. Er wendet sich heftig dagegen, dass wir im Gottesdienst selbstgefällig von der Gerechtigkeit reden und singen, im täglichen Leben aber Ungerechtigkeit praktizieren.

Wie gesagt, wir werden im täglichen Leben niemals Engel sein. Und wir können den Gottesdienst nicht erst dann feiern, wenn wir uns im täglichen Leben nach den hohen Maßstäben der Moral bewährt haben. Dann könnten wir gar nicht mehr Gottesdienst feiern. Wir brauchen den Gottesdienst auch als Ort der Vergebung. Aber wir sollten im Bemühen um Glaubwürdigkeit nicht nachlassen.

„Solange es die Kirche noch gibt"

18. Februar 2001
Sexagesimae / 2. Sonntag vor der Passionszeit
Jesaja 55,6-11

„Sucht Gott, solange er zu finden ist; ruft ihn an, solange er nahe ist." Ich könnte hinzufügen: „Geht in die Kirche, solange noch eine in eurer Nähe steht."

Dieses „Solange" klingt ziemlich dramatisch, fast wie eine Drohung. „Es könnte sein", so hört sich das an, „dass Gott irgendwann mal nicht mehr zu finden ist, dass da keine Texte mehr sind, in denen wir etwas über Gott lesen können, dass da keiner mehr ist, der uns etwas über Gott erzählen kann, dass da kein Gebäude mehr ist, in dem Gott gefeiert wird ... Und dann wird's schwierig!"

Man muss sich das mal vorstellen, wie das wohl wäre: Wenn es das Reden von Gott nicht mehr gäbe, wenn alles Reden von Gott für ein paar Generationen nicht mehr stattfinden würde, wenn alle religiösen Traditionen, Zeichen, Rituale, alles Religiöse beseitigt würde und nichts mehr daran erinnern würde – wenn der Bereich des Religiösen nur noch sozusagen ein leeres Blatt wäre. Wenn wir dann also wieder bei Null anfangen müssten.

Da könnte einer sagen: „Macht nichts. Mit dem Religiösen habe ich bisher sowieso nichts zu tun gehabt." Und ein anderer könnte sagen: „Wir hätten dann immer noch den weiten Sternenhimmel über uns und die überwältigende Natur." Das ist wohl wahr. Aber wir hätten dann nichts, um unsere religiöse Urerfahrung und unsere religiösen Empfindungen in Worte zu fassen. Wir hätten keine Struktur, in die wir unsere religiösen Erfahrungen und Empfindungen einordnen könnten. So etwas brauchen wir aber. Das brauchen wir als einzelne Menschen und als ganze menschliche Gemeinschaft. Denn aus dem Religiösen leiten wir den Sinn unseres Lebens ab und die Werte, nach denen wir unser Leben gestalten.

Es ist ein ganz großes Glück – verzeihen Sie, wenn ich das

so behaupte –, es ist ein ganz großes Glück, dass wir dieses Buch haben, dass wir dieses Gebäude haben und dass wir eine Einrichtung haben, in der gewährleistet ist, dass die Inhalte, die in diesem Buch stehen, bekannt werden und weitergetragen werden.

Wenn das alles nicht wäre, was würden wir dann mit unseren Gefühlen anfangen, die uns befallen, wenn wir den gewaltigen Sternenhimmel über uns sehen, oder wenn wir durch die Natur spazieren gehen oder wenn ein Kind geboren wird, oder wenn ein Mensch stirbt, oder wenn uns eine Krankheit befällt oder uns ein großes Unglück trifft, oder wenn einer den anderen betrügt oder gar umbringt, oder wenn wir selbst uns etwas zuschulden kommen lassen, oder wenn wir in eine Sinnkrise geraten?

Mit unseren Erfahrungen und Gefühlen müssen wir ja irgendwie umgehen, wir müssen sie sortieren, einordnen, und zwar so, dass wir mit ihnen weiterleben können, und zwar am besten so, dass es uns damit dann auch gut ergeht.

Unsere jüdisch-christliche Tradition gibt uns Muster an die Hand, die textmäßig hier in diesem Buch formuliert sind und in vielen anderen Texten, die sich mit diesem Buch befassen, Interpretationsmuster, die organisiert sind in der Kirche und die beständig vergegenwärtigt werden – z. B. in Gesprächen und in Gebäuden wie diesem – in Predigten und Feiern. Wir brauchen nicht bei Null anzufangen.

Und was sagt uns unsere jüdisch-christliche Tradition? Angesichts des großen Sternenhimmels und der überwältigenden Natur legt sie uns zum Beispiel nahe, diese als Werke eines persönlich verstandenen Schöpfers anzunehmen, als Geschenk und als Aufgabe. Unsere jüdisch-christliche Tradition lehrt uns, den Urgrund unseres Daseins als einen geheimnisvollen Schöpfer zu loben und preisen, ihm zu danken für die Wunder der Schöpfung und ihm gegenüber zu verantworten, wie wir mit dem umgehen, was wir von ihm empfangen haben als Raum zum Leben und als Gaben des Lebens.

Lobpreis, Dankbarkeit, Respekt vor der Schöpfung, Verantwortung – mit diesen Begriffen werden unsere Erfahrungen und
Gefühle in Worte gefasst, wird ihnen Richtung gegeben für unser Leben, für unser Verhalten. Wenn diese Worte in unser Herz
dringen, dann kann es schon so kommen, wie wenn Regen aufs
Land fällt. Dann wächst da was, dann wächst da eine Lebenseinstellung, mit der wir leben können, eine Lebenseinstellung,
die uns selbst, unserer menschlichen Gemeinschaft und der ganzen Schöpfung zuträglich ist.

Und wie formuliert unsere jüdisch-christliche Tradition unsere Erfahrungen mit dem Menschen, mit dem Verlauf der
Menschheitsgeschichte, unsere Erfahrungen mit dem Mitmenschen, mit uns selbst, und unsere Empfindungen, die wir haben
gegenüber diesem besonderen und sonderbaren Wesen
„Mensch"?

Da gibt uns unsere religiöse Tradition Begriffe an die Hand
wie „Barmherzigkeit gegenüber den Schwachen und Hilfsbedürftigen", „Nachsicht gegenüber den Schwächen und Fehlern
des Menschen", „Sünde, Schuld, Reue, Vergebung, Geduld,
Friedfertigkeit, Versöhnungsbereitschaft, Hoffnung, Liebe ...".
Ich könnte noch eine ganze Reihe schöner Begriffe nennen, die
die Einstellung unserer jüdisch-christlichen Tradition zum
Menschen beschreiben. Hinter diesen Begriffen stehen ganze
Konzepte, die alle auf das Eine hinauslaufen: auf ein liebevolles
„Ja zum Menschen" trotz seiner offensichtlichen Schwachheit
und Fehlerhaftigkeit.

Wenn wir dieses Konzept von der Würde des Menschen
auch in seiner Niedrigkeit nicht hätten, wir hätten reichlich zu
tun, uns das wieder zu erarbeiten – als menschliche Gemeinschaft. Es würde ja wenig nützen, wenn sich ein Einzelner etwas ausdächte, das müsste ja im großen Stile geschehen, und
das würde viele Generationen dauern, hat es ja auch gedauert.
Wir können diesen Prozess nacherleben in diesem Buch: Hier
sind die Versuche vieler Generationen niedergelegt, die Versuche, dieses Dasein und den Menschen darin auszulegen, Erklä-
rungsmuster zu finden, ein Wertesystem zu entwickeln und

Handlungsmuster. Das ist ein unglaublich komplizierter, schwieriger, langwieriger Prozess. Eltern können das vielleicht ein wenig nachempfinden, wenn sie ein Kind bekommen oder mehrere und dann vor der Frage der Erziehung stehen, sich dann also selbst überlegen müssen: Wie wollen wir unsere Kinder in diese Welt hineinführen, was wollen wir ihnen anempfehlen, wovon ihnen abraten, wie sollen sie sich die Dinge des Lebens erklären und zurechtlegen, auf welche Ziele sollen sie zugehen? Da suchen Eltern dann auch schon mal gern nach Anknüpfungspunkten, nach Vorgaben.

Ich behaupte jetzt wieder ganz kühn und ungeniert: Da bietet dieses Buch sehr hilfreiche Konzepte, natürlich keine fertigen Rezepte. Das möchte ich auch einmal klar sagen. Dies ist keine Bauanleitung für ein gelingendes Leben. Man kann dieses Buch auch nicht so lesen wie eine Regieanweisung. Hierin sind einfach die Erfahrungen, Empfindungen, Gedanken, Entscheidungen vieler Generationen enthalten – durchzogen von einem roten Faden. Den muss sich allerdings jeder, der sich mit diesem Buch befasst, selbst erarbeiten und muss dann auch für sich selbst die Konsequenzen für den Alltag ziehen, der ja in manchem anders ist als der Alltag der Menschen von damals.

Ich kann den roten Faden dieses Buches am besten zusammenfassen, indem ich sage – und das wiederhole ich wieder und wieder: Hierin ist ein sehr liebevolles, hoffnungsvolles „Ja zum Leben und zum Menschen" enthalten. Dies für sich selbst zu nutzen, danach das Leben zu gestalten und es an andere weiterzugeben, darin sehe ich unser aller Aufgabe – und meine berufliche Aufgabe insbesondere.

Es ist wirklich so: Wenn diese Worte in unser Herz treffen, wenn es denn ein noch nicht gänzlich verhärtetes Herz ist, dann wächst da was – so wie da etwas wächst, wo der Regen hinfällt, wenn er denn nicht auf blanken Stein fällt.

Und wenn jemand in die Kirche kommt, dann geht er auch anders raus, als er hineingekommen ist. Das ist jedenfalls meine Hoffnung. Eine solche Hoffnung bringt auch der Prophet Jesaja zum Ausdruck, wenn er Gott sagen lässt: „Das Wort, das aus meinem Munde geht, wird nicht leer wieder zu mir zurückkommen, sondern wird tun, was mir gefällt, und meinem Wort wird gelingen, wozu ich es sende."

Das Geheimnis des Daseins wird natürlich bleiben. Wir werden Gott in seiner ganzen Größe niemals erfassen. Aber wir haben in diesem Buch eine wahre Hilfe. Diese sollten wir nutzen, solange sie so einfach für uns verfügbar ist. Hier ist das Buch, hier ist die Kirche. Und die Organisation Kirche funktioniert noch. Die Hilfsmittel sind alle greifbar. Wie sagt Jesaja?: „Sucht Gott, solange er zu finden ist; ruft ihn an, solange er nahe ist."

Verschiedene Kulturen
und das gemeinsame Christliche
14. Oktober 1984
17. Sonntag nach Trinitatis
Epheser 4,1-6

In diesem Abschnitt kommt das Wörtchen „ein" gleich sieben Mal hintereinander vor. Hier wird eine Einheit beschworen: ein Leib, ein Geist, eine Hoffnung, ein Herr, ein Glaube, eine Taufe, ein Gott und Vater.

Wo die Einheit so dringend beschworen wird, kann man davon ausgehen, dass sie gefährdet ist. Welche Einheit ist gemeint? In welcher Weise ist sie bedroht? Das ist aus diesem Text nicht so ohne Weiteres ersichtlich, auch nicht aus dem Brief insgesamt, diesem Brief des Apostels Paulus an die Epheser, der vermutlich weder an die Epheser gerichtet noch von Paulus geschrieben worden war.

Von welcher Art von Gefährdung welcher Einheit hier die Rede ist, dazu lassen sich verschiedene Überlegungen anstellen. Liest man das Kapitel zu Ende und nimmt das folgende hinzu, dann könnte z. B. eine Gefährdung durch unterschiedliche christliche Lehren gemeint sein. Es ist aber auch die Rede von gemeinschaftswidrigem Verhalten und von Verhaltensweisen, die eines Christen unwürdig sind, sodass es sowohl um die Gefährdung zwischenmenschlicher Beziehungen als auch der Beziehung Christ-Christus gehen könnte.

Das Evangelium und die Epistel dieses Sonntags lenken dagegen unsere Gedanken in eine andere ganz bestimmte Richtung, nämlich auf die Spaltung zwischen Juden und Heiden bzw. Judenchristen und Heidenchristen.

Das Evangelium handelte von der kanaanäischen Frau. Sie war Angehörige der nicht-jüdischen Urbevölkerung Palästinas und als solche aus jüdischer Sicht Heidin. Sie wird in dieser Erzählung von Jesus wegen ihres großen Glaubens gelobt. Darin liegt wohl eine Spitze gegen die religiöse Überheblichkeit damaliger Juden. Geschichten mit ähnlicher Aussage finden wir

143

des Öfteren in den Evangelien. Denken wir z. B. an den Barmherzigen Samariter, der zu einer Volksgruppe gehörte, die von den Juden wie Heiden angesehen wurde, und dessen vorbildliches Verhalten im Gegensatz zum Priester und Leviten herausgestellt wird.

Warum erzählten und überlieferten die ersten Christen solche Geschichten?

Das hängt wohl mit zwei Tatbeständen zusammen. Zum einen waren die ersten Christen aufgrund ihres Glaubens selbst Opfer jüdischer Geringschätzung und Verfolgung. Nicht nur Jesus war umgebracht worden, weil sein Reden und Handeln jüdischerseits als gotteslästerlich eingestuft wurde, sondern auch die Anhänger Jesu, die an Christus Glaubenden, waren ihres Lebens nicht sicher; Stephanus ist gesteinigt worden. So wurden die an Christus Glaubenden als Irrgläubige aus dem jüdischen Verbund hinausgedrängt. Das war die eine Spaltung, eine nicht wieder rückgängig zu machende, und eine, die im Laufe der Geschichte im religiös begründeten Antisemitismus furchtbare Konsequenzen haben sollte.

Es trat aber noch ein anderes Problem auf, eine neue Art von Spannung, die uns aus heutiger Sicht sehr sonderbar erscheinen mag. Den ersten Anhängern Jesu, die ja allesamt jüdischer Herkunft waren, wurde es zum Problem, dass auch Nichtjuden zum Glauben an Christus fanden. Die erste Reaktion darauf war die Forderung, solche Heiden müssten zunächst auf die jüdische Tradition, das Gesetz und die Riten verpflichtet werden, erst dann könnten sie Christen werden. Es kostete einige Auseinandersetzungen, bis man sich darauf einigte, dass der Schritt vom Heidentum zum Glauben an Christus nicht mehr den Umweg über die Anerkennung der jüdischen Tradition erforderlich machte. Eine solche Erzählung wie die von der kanaanäischen Frau mag diesen Schritt der Aufwertung und Anerkennung der aus dem Heidentum stammenden Christen widerspiegeln.

Und so gab es denn in den frühen christlichen Gemeinden Christen unterschiedlicher Herkunft, solche jüdischer und solche nicht-jüdischer Herkunft. Es erfordert nicht viel Phantasie sich vorzustellen, dass dieser Schritt zur Gemeinsamkeit, zum gemeinsamen Leben und Wirken in einer christlichen Gemeinde spannungsgeladen und die erstrebte Einheit beständig gefährdet war. Aus einer solchen Situation heraus mag die Mahnung unseres Textes zu verstehen sein, sich auf das Gemeinsame, das Verbindende zu besinnen.

Nun könnten wir sagen: „Das ist alles Geschichte, das geht uns nichts mehr an." Wenn es hier nur um Geschichte ginge, würde dieser Text für eine Predigt nicht taugen.

Aber so ist es nun nicht. Inzwischen hat sich der Glaube an Christus über die ganze Erde verbreitet und ist eine Verbindung eingegangen mit den unterschiedlichsten Kulturen. Aus diesem Tatbestand resultieren viele Spannungen, die die Mahnung unseres Textes zur Besinnung auf die Einheit zu einer aktuellen Notwendigkeit macht.

Ich möchte mal ein kleines Beispiel nennen. Vor drei Jahren, 1981, hatten zum Weltgebetstag der Frauen indianische Christinnen die Gottesdienstordnung vorbereitet, eine Ordnung, in der sich Formulierungen befanden, an denen manche Christen in der Bundesrepublik Anstoß nahmen. Das ging so weit, dass sich manche Gemeinden weigerten, sich am Gottesdienst nach dieser Ordnung zu beteiligen. Es wurde eine Gegenordnung entworfen.

Weltgebetstag der Frauen, das ist dieses bemerkenswerte Unternehmen, dass jedes Jahr an einem bestimmten Tag im März in allen Ländern der Erde Gottesdienst nach einer gemeinsamen Ordnung gefeiert wird. Diese Ordnung wird jedes Jahr von einer Gruppe Christinnen aus einem anderen Land vorbereitet.

Die nordamerikanischen Indianerinnen hatten ihren Glauben an Christus in den Vorstellungen und Begriffen ihres kulturellen Hintergrunds zum Ausdruck gebracht. So nannten sie in der von ihnen entworfenen Gottesdienstordnung Gott den „Großen Geist" und die Erde nannten sie „Mutter Erde".

Hiermit brachten die Indianerinnen zum Ausdruck, dass die

Schöpfung für sie seit je her heilig war und eine herausgehobene Rolle spielte. Von der Erde empfingen sie alles, was sie zum Leben brauchten, darum „Mutter Erde".

Diese Ausdrucksweise war, wie gesagt, für deutsche Ohren recht ungewohnt und erregte mancherorts Anstoß. Damit haben wir ein Beispiel dafür, dass der Aufruf zur Besinnung auf das Gemeinsame eine aktuelle Notwendigkeit ist.

Die Verbreitung des Glaubens an Christus über die ganze Erde bedeutet zwangsläufig und natürlicherweise, dass der Glaube an Christus mit den unterschiedlichsten Kulturen eine Verbindung eingegangen ist und sich mit den Formen und Inhalten dieses kulturellen Hintergrundes auf je eigene Weise zum Ausdruck bringt. Das ist uns so lange keine Anfechtung, wie sich solche Vorgänge weit von uns entfernt abspielen. Aber in der lebendigen Begegnung mit den Christen aus den anderen Ländern – und sei es in der Form einer solchen Weltgebetstagsordnung, werden wir auf die Probe gestellt, auf die Probe nämlich, ob wir über die besonderen kulturell bedingten Eigenarten hinweg das uns Verbindende erkennen.

Es ist übrigens der Glaube an Christus, wie er hier in der Bibel niedergelegt ist, von vornherein das Gemeinschaftsprodukt vieler Kulturen. Der Glaube des alttestamentlichen Volkes Israel hat religiöse Elemente, Formen, Formulierungen und Inhalte der unterschiedlichsten Kulturen in sich aufgenommen. Da finden wir ägyptische, assyrische, babylonische, kanaanäische, persische, griechische und andere Einflüsse. Und all diese Elemente sind zusammen mit weiteren in den Glauben an Christus eingeflossen.

Die Mahnung zur Besinnung auf die Einheit, die in unserem Predigttext ausgelöst worden sein mag durch die Spannung zwischen Judenchristen und Heidenchristen bleibt also z. B. angesichts der weltweiten Christenheit weiter aktuell und notwendig.

Wir sind mit den Christen in aller Welt verbunden durch den einen Gott und den einen Herrn Jesus Christus, durch den einen Geist, den wir von ihm empfangen haben, und sind durch die eine Taufe zu dem einen Leib zusammengefügt und haben eine gemeinsame Hoffnung.

Der Text ruft uns zur Demut, Friedfertigkeit und Geduld auf. „Seid demütig" – das kann in diesem Zusammenhang heißen: Erhebt euch nicht über Formen, in denen andere Menschen ihren Glauben an Christus zum Ausdruck bringen. „Seid friedfertig" – das kann heißen: Gebt dem Andersartigen seine Existenzberechtigung und sucht nicht, es zu zerstören. „Seid geduldig" – das kann heißen: Lasst euch von den Spannungen, die zwischen den unterschiedlichen Formen und Wegen bestehen, nicht mutlos machen, sondern unternehmt unablässig und immer wieder den Versuch des Verstehens und der Versöhnung.

Was für das weltweite ökumenische Zusammenwirken gilt, das gilt auch für das Zusammenleben von Christen innerhalb einer Gemeinde. Denn letztlich hat jeder Einzelne von uns seine eigene individuelle Art, den Glauben an Christus auszudrücken und in seinem Leben Gestalt zu geben. Darin sollen wir einander respektieren und – wie es in unserem Text heißt –, einander in Liebe ertragen.

Verschieden und verbunden
1. Juni 2008
2. Sonntag nach Trinitatis
Gäste aus Uyole, Tansania
Epheser 4,5

Wir haben aus Anlass des 20jährigen Jubiläums der Partnerschaft eine kleine Plakette aus Messing herstellen lassen. Wir haben sie hier vorn auf dem Altar aufgestellt. Ein zweites Exemplar nehmen unsere Gäste mit nach Uyole.

Die Messingtafel enthält ein Bibelwort, das wir auch in die Glocke hatten eingravieren lassen, die wir auf Wunsch der Gemeinde Uyole 1991 an unsere Partnergemeinde geschickt haben, weil dort bis dahin mit einer Autofelge zum Gottesdienst eingeladen worden war.

Das Bibelwort ist dem Brief des Apostels Paulus an die Epheser, Kap. 4, Vers 5 entnommen und lautet:

„Ein Herr, ein Glaube, eine Taufe".

Dreimal kommt hier das Wörtchen „ein" vor. Es drückt das Verbindende aus. Und darauf kam es uns an: Wir sind zwei Gemeinden – Uyole und St. Markus, wir sind zwei sehr unterschiedliche Gemeinden. Aber es gibt etwas Verbindendes. Und das ist hier in drei Begriffen bezeichnet: der gemeinsame Herr, Gott und Jesus Christus, der gemeinsame Glaube und die gemeinsame Taufe.

Es fragte mich vor wenigen Tagen jemand: „Warum macht ihr das überhaupt mit der Partnerschaft?" Ja, warum? Weil wir mit der Partnerschaft ein Zeichen setzen möchten dafür, dass wir zusammengehören, dass wir über tausende von Kilometern, über die Grenzen der Kultur, der Sprache, der Hautfarbe hinweg zusammengehören.

Wir sind alle Geschöpfe des einen gemeinsamen göttlichen Schöpfers. Das ist das eine, was uns verbindet. Und wir sind alle seine geliebten Geschöpfe, von denen er möchte, dass sie in Frieden miteinander leben, dass es allen wohlergehe, dass einer auf den anderen achte in liebevoller Fürsorge, dass einer den

148

anderen achte und ertrage in Geduld und mit Nachsicht.

Alle Menschen sind Gottes geliebte Geschöpfe – das ist unser Glaube. In diesem Sinne sind wir als menschliche Gemeinschaft eine weltweite Familie. Das auch erfahrbar, anschaubar, erlebbar zu machen, gehört wesentlich zum Sinn unserer Partnerschaft mit Uyole. Im Augenblick wird die menschliche Nähe auch leibhaftig erfahrbar durch unsere tansanischen Gäste.

Wir sind mit den Menschen in Uyole im Besonderen auch durch den Glauben an Jesus Christus verbunden. Er ist vor 2000 Jahren für einige Menschen derjenige geworden, in dem sich die barmherzige und vergebende Liebe Gottes zu seinem Geschöpf in menschlicher Gestalt verkörperte. Was jene Menschen damals über Jesus Christus weitererzählten, hat viele andere überzeugt. Es ist eine weltweite Glaubensgemeinschaft daraus geworden. Für diese weltweite Glaubensgemeinschaft soll auch unsere Partnerschaft ein lebendiges Zeichen sein.

Wenn sich jemand persönlich zu diesem Glauben an die in Jesus Christus verkörperte Liebe Gottes zu seinem Geschöpf Mensch bekennen möchte, kann er sich taufen lassen, wie heute in diesem Gottesdienst geschehen. Oder er kann für sein Kind durch die Taufe die Liebe Gottes zeichenhaft annehmen.

In Uyole sind in den letzten zwölf Monaten viele Menschen getauft worden, Kinder und Erwachsene. In St. Markus waren es deutlich weniger, für Hamburger Verhältnisse aber immer noch eine ganze Menge.

Die Gemeinde Uyole wächst. Vor zwölf Jahren wurde die alte Kirche durch eine neue größere ersetzt, weil die alte zu klein geworden war. Gegenwärtig hält Pastor Mwakasege jeden Sonntag zwei Gottesdienste mit zusammen ca. 1100 Gottesdienstbesuchern. Und es kommen immer mehr dazu.

Wir haben als Evangelienlesung von einem Mann gehört, der zu einem großen Festmahl einlud. Das war der Text, über den Bischof Mwakagali 1988 bei der Gründung der Partnerschaft hier in St. Markus gepredigt hatte.

Der Text erzählt von den vielen Eingeladenen, die die Einladung nicht annahmen. Der Gastgeber wurde darüber sehr zornig. Er lud statt dessen Arme und Behinderte von der Straße ein.

Enttäuschung und Zorn des Gastgebers sind verständlich. Aber wenn wir diesen Bibeltext jetzt als bildhafte Geschichte für die Einladung zum christlichen Glauben verstehen, dann sollten wir uns durch dieses Gleichnis nicht dazu hinreißen lassen, über diejenigen zornig zu werden, die nicht zur Kirche kommen und die mit dem christlichen Glauben nichts anzufangen wissen.

Der christliche Glaube ist ein Angebot, ein sehr schönes Angebot. Wir laden dazu ein, es anzunehmen.

Es braucht aber manchmal viel Zeit, bis jemand den Wert des christlichen Glaubens für sich entdeckt und innerlich bereit ist, sich auf das einzulassen, was der christliche Glaube anzubieten hat. Dafür sind manchmal bestimmte Lebenserfahrungen, menschliche Begegnungen und etliche Gespräche erforderlich. Es kann aber auch eine kindliche Offenheit für die Liebe Gottes zu dem Wunsch führen, sich mit dem christlichen Glauben und der Kirche zu verbinden.

In Uyole wenden sich viele Menschen ganz neu der Kirche zu. Bei uns geschieht das hin und wieder.

Wir sollten uns einfach freuen – und das tun wir auch, uns freuen über jeden, der den Schatz des Glaubens für sich entdeckt hat und sich damit reich beschenken lässt.

Die Partnerschaft mit Uyole gibt uns viele Anregungen zum Nachdenken. Sie lässt uns erfahren, dass der christliche Glaube unter den Bedingungen sehr verschiedener Kulturen seinen Segen entfalten kann.

Wir leben als Menschen alle unter den gemeinsamen Grundbedingungen des Seins: Geburt und Tod, Freud und Leid, Erfüllung und Enttäuschung, in der Sehnsucht nach Wohlergehen, Geborgenheit, Frieden, Liebe.

Der christliche Glaube ist ein wunderbares Angebot, eine Hilfe zum Leben, ein Geschenk Gottes an alle Menschen auf unserer Erde. Ihm sei Dank und Ehre in Ewigkeit.

Gemeinde

Bibel, Lebenspraxis, Feier
23. Januar 1994
Letzter Sonntag nach Epiphanias
Gemeindeversammlung
Johannes 1,14

Wir haben im Anschluss an diesen Gottesdienst die Gemeindeversammlung. Aus diesem Grund möchte ich heute den vorgesehenen Predigttext einmal beiseite lassen und statt dessen über einen Satz aus dem Johannesevangelium predigen, und zwar über den bekannten Satz aus Kapitel 1, Vers 14: „Das Wort wurde Fleisch." Diese kurze Formulierung fasst für mich zusammen, was Gemeindearbeit sein kann.

„Das Wort wurde Fleisch" – wir können auch sagen: „Das Wort wurde Mensch." Gemeint ist: Die Ankündigung, dass ein Erlöser kommen würde, ging in Erfüllung in dem Menschen Jesus Christus. Diese Menschwerdung kann das Leitmotiv unserer Gemeindearbeit sein.

Wir haben ein Buch, ein Buch voller Worte. Die Frage ist: Wollen wir nur in diesem Buch lesen und über das, was hier drinsteht, reden? Oder wollen wir das, was uns dieses Buch zu sagen hat, leben? Wollen wir den Worten lebendige Gestalt geben – durch unser eigenes Leben, durch das, was wir tun als Einzelne und als Gemeinschaft? Ich will, um das gleich vorweg zu sagen, nicht behaupten, dass wir das besonders gut könnten, wenn wir es denn versuchten, aber ich frage, ob wir uns das nicht vornehmen wollen: dass die gute Botschaft nicht mehr nur aus dem Buch herauszulesen ist, sondern auch an uns selbst ablesbar wird.

Stellen wir uns einmal jemanden vor, der weder lesen kann noch unsere Sprache spricht. Wie könnten wir dem Betreffenden etwas vom Evangelium vermitteln? Wir könnten das Evangelium in seine Sprache übersetzen, gewiss, oder wir könnten ihm unsere Sprache beibringen und das Lesen noch dazu. Oder wir könnten das tun, was auch oftmals als Lösung gewählt worden ist: Wir könnten Bilder malen mit Szenen aus der Bibel.

Wir könnten aber auch versuchen zu leben, was die Bibel sagen will, damit an unserer eigenen Person ablesbar wird, was die Bibel sagt.

Wenn da steht: „Einer trage des anderen Last", dann könnten wir über diesen Satz nachdenken, wir könnten ihn hin- und herwenden, wir könnten über ihn philosophieren, seinen geschichtlichen und literarischen Hintergrund erforschen und ihn möglichst interessant und genial erläutern und zu dem Schluss kommen: „Ein wirklich guter und schöner Satz." Wir könnten aber auch – und das eine muss das andere nicht ausschließen –, wir könnten auch versuchen, die Aussage dieses Satzes zu praktizieren und einander tatsächlich Lasten abzunehmen.

Es gibt zwei Hindernisse bei der Verwirklichung dieses Gedankens, zwei Hindernisse, die uns schon im Kopf im Wege stehen. Das eine ist das Schlagwort von Martin Luther, „sola scriptura" – „Allein die Schrift" –, das dazu geführt hat, dass wir als lutherische Theologen unsere Hauptaufgabe darin sehen, die Bibel auszulegen. Unser theologisches Studium ist weitgehend ein literarwissenschaftliches Studium. Wir lernen, mit einem Buch umzugehen. Wir erlernen die alten Sprachen, in denen die Handschriften dieses Buches abgefasst wurden. Wir lernen, die Entstehungsgeschichte dieser Text zu analysieren, und wir lernen, die Predigttexte so auszulegen, dass wir den Texten damit gerecht werden. Es dreht sich alles um den Bibeltext, weil dies das Heilige Wort ist, die Offenbarung Gottes. In guter lutherischer Tradition meinen wir, hier zwischen diesen Buchdeckeln – und vor allem oder gar allein hier – sei Gott verborgen. Und hier, aus diesem Papier müssten wir ihn irgendwie herauskriegen.

Das ist schon von vornherein ein sehr fragwürdiger Ansatz. Die Frage, ob sich Gott wirklich nur offenbart hat in dem, was hier auf dem Papier steht, kann ich nicht bejahen. Offenbart sich Gott nicht beständig – überall und jederzeit – in seiner ganzen Schöpfung, in jedem Hauch von Leben, in der großen, weiten Natur und in jeder kleinen menschlichen Regung?! Ist Gott nicht auch schon gegenwärtig gewesen, als es dieses Buch noch gar nicht gab, als es das Volk Israel noch nicht gab, sagen wir vor 10.000 Jahren, als es immerhin schon entwickelte menschliche Kulturen gab? Und ist nicht Gott auch da gegenwärtig und immer gegenwärtig gewesen, wo dieses Buch noch nicht hingekommen ist, irgendwo im afrikanischen oder brasilianischen Urwald – ist Gott nicht auch dort am Werke?

Diese Frage kann ich nur mit Ja beantworten. Immer und überall ist Gott gegenwärtig und gegenwärtig gewesen. Seine Offenbarung ist eine beständige und universelle. Deswegen darf sich unsere religiöse Betätigung nicht nur um dieses Buch drehen. Unser christlicher Glaube darf nicht nur ein Wortereignis sein. Er muss das ganze Leben umfassen, das ganze Leben als Quelle der Erkenntnis Gottes und als Ziel unseres religiösen Engagements. Die Formel „sola scriptura", „Allein die Schrift", darf unseren Blick und unser Engagement für das Leben nicht einengen.

Hier in diesem Buch steht zwar Entscheidendes. Aber die Beschäftigung mit dem Buch darf nicht zum Selbstzweck werden. So ist das auch nicht gemeint, was hier drinsteht. Wir haben diese Texte nicht überliefert bekommen, damit wir zu Leseratten und Literaturwissenschaftlern werden. Dieses Buch weist über sich hinaus auf das praktische Leben. Erst in der Umsetzung in Lebenspraxis erfüllen die hier aufgeschriebenen Worte ihren Zweck.

„Sola scriptura", „Allein die Schrift", und das Denken, das hierdurch in Gang gesetzt ist, ist also das eine Hindernis, das wir im Kopf haben, wenn es darum geht, Worte in Leben zu verwandeln.

Das andere Hindernis hängt, wie ich meine, mit einer einseitigen Auslegung des Neuen Testaments zusammen. Der Apostel Paulus hat ja ausgeführt, dass wir unverbesserliche Sünder sind und wir auf Gnade angewiesen sind, dass wir uns also noch so sehr um das Tun des Guten bemühen können: Wir werden immer wieder scheitern und auf die Vergebung angewiesen bleiben. Luther hat diese Einsicht des Paulus noch unterstrichen. Die beiden Herren haben ja Recht.

Aber in unserer paulinisch-lutherischen Tradition steht nun jedes Engagement für das praktische Leben unter dem Verdacht, da wollten welche den Menschen und die Welt verbessern und hätten noch nicht begriffen, dass das mit dem sündhaften Menschen nun mal nicht zu machen geht. Verstehen Sie? Die Einsicht, dass der Mensch ein unverbesserlicher Sünder ist, führt bei manchen dazu, dass sie jeden Versuch des Sünders sich zu bessern, als untauglichen und unbiblischen Versuch belächeln.

Ich gebe zwar Paulus und Luther Recht: Der Mensch ist ein unverbesserlicher Sünder. Diese Einsicht ist aber noch nicht das Letzte und Entscheidende. Denn nach dieser Einsicht stellt sich die Frage, wie wir mit ihr umgehen, welche Konsequenzen wir aus dieser Einsicht für unser Leben ziehen. Und die Antwort auf diese Frage ist eben die: Durch die Vergebung Gottes sollen wir zu einem täglich neuen Anfang befreit werden. Es geht um die Befreiung zum Leben: dass wir die drückende Last unserer kleinen und großen Vergehen, die Last unseres persönlichen Versagens immer wieder abladen und es mit dem Tun des Guten immer wieder neu und ernsthaft versuchen können.

Wir sollten uns durch das, was Paulus und Luther über die Unverbesserlichkeit des Sünders sagten, nicht lebensuntüchtig machen lassen, sondern wir sollten uns von ihren Hinweisen auf die Vergebung Gottes zu einem engagierten, intensiven Leben befreien lassen.

„Das Wort wurde Fleisch" – „Das Wort wurde Mensch" in Jesus Christus, das heißt: Das Reden von der Vergebung Gottes verwandelte sich in Wirklichkeit. Es wurde nicht mehr nur von der Vergebung Gottes geredet, sondern es wurde wirklich vergeben. Jesus vergab dem Zöllner Zachäus. Und es wurde nicht mehr nur von der Barmherzigkeit Gottes geredet, sondern es wurde Barmherzigkeit praktiziert: Jesus heilte Kranke, er speiste Hungrige, er ging zu den Ausgestoßenen. Und die Feindesliebe blieb nicht mehr nur ein Wort: Jesus nahm seine ungerechte Hinrichtung an und bat noch am Kreuz um Vergebung für seine Mörder.

Könnte dieses Wort aus dem Johannesevangelium – „Das Wort wurde Fleisch" – nicht das Motto unserer Gemeindearbeit sein?! Dass wir uns also vornehmen, dass das, was in diesem Buch geschrieben steht, in unserer Gemeinde erfahrbar, erlebbar wird?! Dass wir also nicht nur lesen, hören und reden, sondern auch praktisch umsetzen?! Natürlich ist das schwierig und – ich wiederhole es noch einmal – wir dürfen nicht der Illusion unterliegen, wir könnten Großes vollbringen. Aber so haben wir zumindest die Richtung für unsere Gemeindearbeit.

Ich möchte das noch etwas konkreter sagen. Die grobe Zielbestimmung unserer Gemeindearbeit könnte vielleicht dreigliedrig sein:

Wir brauchen zum einen die Beschäftigung mit dem Buch. Denn dies ist und bleibt die wesentliche Quelle unserer Glaubenseinsichten. Das Buch ist der Leitfaden unseres Glaubens, die Grundlage, von der aus wir die Wirklichkeit betrachten.

Wir brauchen zum Zweiten, wie gesagt, die praktische Umsetzung von Vergebung, von Barmherzigkeit, von Gerechtigkeit, von Liebe.

Und wir brauchen zum Dritten die Feier. Denn wenn wir in unseren praktischen Bemühungen immer wieder die Erfahrung des Scheiterns, der Unzulänglichkeit, der Enttäuschung machen, dann ist es um so wichtiger, dass wir das, was Gott uns Gutes getan hat in Christus, feiern, dass wir in der Feier die Liebe Gottes, seine Vergebung, seine Barmherzigkeit gegenwärtig werden lassen, dass wir ihm danken, ihn loben und preisen und ihn bitten um das, was uns mit unseren kleinen Kräften nicht gelingen will.

Also noch einmal: Die Beschäftigung mit dem Buch – das ist sozusagen der erste Anstoß. Die gelebte Praxis dessen, wozu wir in diesem Buch berufen werden, ist das Zweite. Und das Dritte ist die Feier als die beständige Vergegenwärtigung dessen, was Gott an uns getan hat. Sie ist zugleich die Pause auf dem Weg, die Pause, in der wir uns für das praktische Leben stärken lassen.

Mir war es wichtig, den praktischen Teil zu betonen. Denn

an diesem Punkt haben wir, meine ich, Nachholbedarf. Hier liegen die größten Schwierigkeiten. Und hier sind, wie schon gesagt, die Weichen in unserem Kopf von vornherein für eine andere Richtung eingestellt. Hier besteht Orientierungs- und Korrekturbedarf.

Gott hat sich auf das riskante Gebiet der Praxis eingelassen. Christus ist dabei einen leidvollen Weg gegangen und endete schließlich am Kreuz. Aber die Schwierigkeiten und das Scheitern sind ja nicht das Letzte gewesen. Am Ende steht der Sieg des Lebens, der Sieg der Liebe zum Leben und zum Menschen.

Das Fleisch ist vergänglich, die Worte sind ewig. Aber erst im Fleisch verwandeln sich Worte in Leben. Diese Verwandlung hat Gott sich zugemutet. Und diese Verwandlung der Worte in wirkliches Leben ist unser gemeinsamer Auftrag.

Die Zukunft der Gemeinde?

19. Januar 1997
Letzter Sonntag nach Epiphanias
Einführung des Kirchenvorstands
2. Korinther 4,6-10

Der Text aus dem 2. Brief des Apostels Paulus an die Korinther enthält einige sehr grundsätzliche Aussagen; darum nehme ich ihn gerne für den besonderen Anlass dieses Gottesdienstes. Wir führen heute den neuen Kirchenvorstand ein. Da blicken wir zurück, da schauen wir voraus – da fragen wir uns: „Wo stehen wir, was wollen wir, was ist uns wichtig?" Und wir stellen diese Fragen in einer Zeit des Umbruchs. Die bisherige Organisationsform von Kirche in Deutschland steht in Frage, auch das soziale Miteinander in unserem Land steht vor neuen Herausforderungen, und die inhaltliche Frage: „Woran glauben wir, was trägt uns, was sind die Leitbilder unseres Lebens?", drängt auf klarer formulierte Antworten.

Unsere augenblickliche allgemeine Situation ist ein wenig wie „Tappen im Dunkeln". Es fehlt an Orientierung, wir erkennen nicht recht, wo es langgeht, und uns ist ein wenig bange. In diese Situation hinein zitiert Paulus das Schöpfungswort: „Licht soll aus der Finsternis hervorleuchten." – „Es werde Licht!", mit diesem Wort können wir vielleicht unser aller Wunsch angesichts unserer augenblicklichen Befindlichkeit zusammenfassen. Wir würden gern etwas klarer sehen und mit etwas mehr Zuversicht, mit mehr Sicherheit und mit klareren Zielen in die Zukunft gehen, auch in die nun anbrechende Amtsperiode des neuen Kirchenvorstands.

Wir werden die gewünschte Klarheit nicht allein aus eigener Kraft erlangen. Das zu erwarten, wäre vermessen. Falls es so kommen sollte, dass wir am Ende der sechs Jahre des neuen Kirchenvorstands klarer sehen, dann werden wir unserem Gott dankbar sein können, dass er uns ein Licht hat aufgehen lassen. Aber bei allem Unverfügbaren tragen wir natürlich eine eigene Verantwortung, und das uns Menschenmögliche sollen wir nach bestem Wissen und Gewissen tun. Wenn Sie als Kirchenvorsteherinnen und Kirchenvorsteher nachher bei der Verpflichtung auf ihr neues Amt antworten, werden Sie dies tun mit den Worten: „Ja, mit Gottes Hilfe." In dieser Antwort ist beides enthalten: Zum einen die Bereitschaft, sich persönlich mit den eigenen Gaben, so gut es geht, einzusetzen, zum anderen auch die Einsicht in die eigenen Grenzen. In vieler Hinsicht wird uns in unserer konkreten Arbeit gelegentlich nichts anderes übrig bleiben, als die Hände zu falten und zu sagen: „Lieber Gott, nun hilf du, zeige du uns, wo es langgehen soll, vollende du im Guten, was wir mit unseren begrenzten Kräften angefangen haben."

Und wir werden vielleicht auch mal bitten müssen: „Hilf uns, Gott, aus diesen Verwirrungen heraus, rücke unsere Irrtümer wieder zurecht, nimm den Frust von uns und gib uns neuen Mut."

Gerade in dieser Hinsicht macht uns der heutige Predigtabschnitt Mut. Die ersten Christen haben es ja auch nicht leicht gehabt. Sie haben es hinsichtlich des Gemeindeaufbaus sogar unendlich viel schwerer gehabt als wir. Sie standen ja zur Zeit, als Paulus seine Briefe schrieb, in den fünfziger und sechziger Jahren des ersten Jahrhunderts, noch ganz am Anfang. Ihre Konzepte waren noch sehr unklar und strittig. Sie waren außerdem auch noch massiv bedroht, auch körperlich bedroht. Und da tröstet Paulus seine christlichen Zeitgenossen: „Wir sind von allen Seiten bedrängt, aber wir ängstigen uns nicht. Uns ist bange, aber wir verzagen nicht."

Resignation ist nicht Sache des Christen, will Paulus sagen. Ängstlichkeit und Verzagtheit werden über uns nicht die Oberhand gewinnen, denn wir haben eine Quelle der Kraft, der Zuversicht und Hoffnung, die uns immer wieder herausreißt und uns voranbringt.

So wie einst Gott durch sein Schöpferwort aus der Finsternis Licht hat werden lassen, so hat er in unsere dunklen Herzen einen hellen Schein gegeben. Er hat sein Wort Fleisch werden lassen in einer menschlichen Gestalt, in Jesus Christus. Der ist zwar unscheinbar in seiner äußerlichen Erscheinung, aber doch so kraftvoll wie das Licht, das die Finsternis vertreibt.

Wenn wir im christlichen Sinne leben und arbeiten wollen, ist es sinnvoll und hilfreich, diesen Jesus Christus in der Mitte unseres Denkens und Fühlens und Glaubens und unseres Handelns zu haben und von ihm her Orientierung zu suchen. Mit Jesus Christus meine ich den Gekreuzigten und Auferstandenen. Im Kreuz konzentriert sich die ganze Masse der Probleme, mit denen unser Dasein belastet ist, auch und vor allem die ganze Problematik, die der Mensch für sich selbst darstellt.

Die Auferstehung dagegen ist das große Dennoch, das „Ja Gottes zu diesem Dasein und zum Menschen" im Angesicht und trotz aller Probleme. Das Todeswerkzeug Kreuz hat sich von daher verwandelt in ein Symbol des Lebens. Das Leben ist stärker als der Tod, die Liebe ist stärker als der Hass, die Hoffnung ist stärker als jede betrübliche Erfahrung.

Von dieser Botschaft leben wir. Und diese Botschaft zu bezeugen ist unsere Aufgabe als Christen. Paulus sagt: „Wir tragen allezeit das Sterben Jesu an unserem Leib, damit auch das Leben Jesu an unserem Leib offenbar werde."

Jeder von uns geht in seinem Leben über Höhen und durch Tiefen. Auch in unserem Gefühlsleben, auch in unserer Einstellung zum Leben sind wir mal ganz stark und mal ganz schwach. Bewusstes Christsein bedeutet, sich nicht nur hin- und herreißen zu lassen von den Umständen, sondern sich Gedanken zu machen über das, was einem widerfährt, und sich gezielt um eine bewusste Haltung den Dingen des Leben gegenüber zu bemühen.

Als Christen dürfen wir der Resignation keinen Raum geben, und wir dürfen dem Zynismus keinen Raum geben. Wir sind zu einem liebevollen Umgang mit den Menschen berufen. Wir sind zur Dankbarkeit gegenüber der Gabe des Lebens berufen. Wir sind dazu berufen, aller Not und allem Elend unser geduldiges und beharrliches Bemühen um hilfreiche Lösungen entgegenzusetzen. Wir sind zur Vergebung, zur Versöhnung, zum Frieden berufen.

Dies alles kommt nicht nur von selbst. Unsere lutherische, vor allem auf Paulus beruhende Tradition hat zwar Recht, wenn sie unterstreicht, dass wir reich beschenkt worden sind, dass Jesus Christus ein Geschenk Gottes an uns ist, dass wir zunächst und vor allem von dem leben, was wir empfangen haben. Das ist sehr wahr. Aber dann muss auch gesagt werden, dass wir eine Aufgabe haben. Aus Dankbarkeit gegenüber dem, was uns geschenkt ist, werden wir unser Leben bewusst und gezielt so zu führen versuchen, dass wir mit unserem Leben demjenigen die Ehre geben, der es so gut mit uns meint.

Wir haben also eine Aufgabe, als Einzelne und als Gemeinschaft und als Gemeinde und als Kirche. Wir haben eine große gestalterische Aufgabe. Sie hat mit dem ganzen Leben zu tun – von der Geburt bis zum Tod, ja, sogar mit dem, was jenseits von Geburt und Tod liegt. Die Gemeinde ist der Ort, wo alle Fragen des Lebens gestellt werden und wo Antworten gesucht werden. Die Gemeinde ist der Ort, wo Menschen aller Art und aller Generationen zusammenkommen und dazugehören – vom schreienden Neugeborenen bis zur über Hundertjährigen. Die Gemeinde ist der Ort, wo wir einander beistehen in unseren seelischen und körperlichen Problemen. Die Gemeinde ist auch der Ort, wo wir feiern, wo wir das Fest des Lebens feiern.

Das alles will organisiert sein und gut organisiert sein. An dieser Stelle trägt der Kirchenvorstand eine besondere Verantwortung.

Wir befinden uns in vielfacher Hinsicht in einer Situation des Umbruchs, nicht nur wir innerhalb der Kirche, sondern unsere ganze Gesellschaft. Als Kirche sind wir Teil der Gesellschaft und als Gemeinde sind wir Teil des Stadtteils. Das sind wir zum großen Teil in Personalunion. Wir tun gut daran, offen und kommunikativ und einladend zu sein. Wir haben Wesentliches zu geben, und wir brauchen einander.

Wo werden wir in sechs Jahren stehen? Ich finde, wir haben ein Abenteuer vor uns. Es ist wie die Reise in ein neues Land. Die Zukunft ist immer offen und unbekannt; das ist auch gut so. Aber wo die Reise nun hingeht, das scheint mir besonders offen zu sein.

Wir sind jedenfalls alle mit aufgerufen, die Zukunft zu gestalten. Das ist unsere gemeinsame Aufgabe. Einige von uns werden das im Rahmen ihres kirchlichen Berufs tun, andere – und hoffentlich viele – unter uns werden sich ehrenamtlich engagieren und Erfahrungen aus anderen Berufs- und Lebensbereichen einbringen.

Gemeinsam werden wir etwas Neues gestalten – nach besten Kräften und mit Gottes Hilfe.

Leben ist mehr als Überleben

9. November 1997
Drittletzter Sonntag des Kirchenjahres
Gottesdienst zu Beginn des Basars
Johannes 2,1-17

Unser Geld, liebe Gemeinde, wird immer weniger. Im letzten Jahr 40.000 Mark weniger, in diesem Jahr 40.000 Mark weniger, im nächsten Jahr 40.000 Mark weniger. Bisher dachte ich, das Geld kommt vom Kirchenkreisamt – ganz einfach so, wie der Strom aus der Steckdose kommt.

Aber was tun bei Stromausfall? Dann müssen wir ein paar Kerzen anzünden. Auf die Dauer reicht das aber nicht.

Und was tun, wenn die Kirchensteuerzuweisung ausfällt? Dann greifen wir mal in unsere Taschengelddose. Das reicht auf die Dauer aber auch nicht.

Wir haben ein Problem. Wir müssen selbst Geld verdienen als Gemeinde. Wir müssen arbeiten, wir müssen uns drehen und wenden, was anbieten, verkaufen.

Mit Schrecken denke ich an Johannes, Johannes 2, zweiter Teil: Mit der Peitsche stürmte Jesus durch den Tempel und trieb die Händler aus. Das hatte er hoffentlich nur symbolisch gemeint. Ohne Geschäftstätigkeit geht es auch in der Kirche nicht, auch in unserer Gemeinde nicht, nicht mehr jedenfalls. Deswegen ermuntere ich Sie ohne Scham: Betrachten Sie heute den Basar ruhig unter diesem Gesichtspunkt: Die Gemeinde möchte und muss heute Einnahmen erzielen.

Aber natürlich soll das nicht alles sein. Und in diesem Fall denke ich mit Freude und Genugtuung wieder an Johannes, an Johannes 2, erster Teil. Sie kennen die Geschichte.

Jesus ist mit seinen Jüngern und seiner Mutter auf einer Hochzeit. Man hat schon fleißig gefeiert – und da, o Schreck, plötzlich ist kein Wein mehr da. Jesus rettet die Feier. Er lässt ein paar große Krüge mit Wasser füllen. Und als der Speisemeister das Nass in Gläser füllen lässt, siehe da, da ist das Wasser in Wein verwandelt. Die Feier kann fröhlich weitergehen.

Diese Geschichte finde ich genial. Wir sollten uns hier, meine ich, nicht bei dem Alkoholproblem aufhalten. Das ist natürlich ein Problem. Jeder übermäßige Gebrauch ist vom Übel. Wenn es uns zu gut geht, ist das auch vom Übel. Aber gut gehen soll es uns wohl trotzdem.

Die Verwandlung von Wasser in Wein hat eine ganz bedeutsame Aussage.

Wasser – das ist das, was wir zum Leben brauchen. Ohne Wasser kein Leben, ohne Wasser kein Überleben.

Aber Leben ist mehr als Überleben. Leben bedeutet doch nicht nur, dass wir nicht verdursten und nicht verhungern, dass unser Herz schlägt und der Kreislauf funktioniert.

Leben ist mehr, Leben ist mehr als das Nötigste, mehr als das Notwendige, Leben ist mehr als das Praktische, mehr als das Vernünftige, Leben ist auch das Verschwenderische, das Genießen, das „Sich mal was gönnen". Leben ist nicht nur Funktionieren, Leben ist auch Feiern.

Wasser steht für die Grundfunktionen des Lebens, der Wein ist der Inbegriff der Feier. Und auch darum geht es heute – und das ist eigentlich der schönere und wichtigere Teil: Wir feiern heute, wir feiern das Fest des Lebens.

Lassen Sie uns großzügig und verschwenderisch sein, lassen Sie uns ohne Reue genießen.

Als eine Frau in Bethanien Jesus mit kostbarem Öl salbte, machten seine Jünger ihr den Vorwurf: „Wozu diese Vergeudung! Das Öl hätte doch teuer verkauft und das Geld den Armen gegeben werden können!" Ja, sicher. Aber wir können unser Leben nicht nur unter diesem absolut praktischen Gesichtspunkt gestalten. Dann würden wir an Freudlosigkeit zugrunde gehen.

Als ich heute morgen aus dem Fenster schaute, und ein flüchtiger Sonnenstrahl die Birke draußen beschien und für einen Augenblick das herbstliche Gelb der Blätter in glänzendes Gold verwandelte – welche Pracht! Welches Übermaß an Schönheit! Kinder sammeln Blätter und kleben sie auf, weil jedes einzelne Blatt eine Schönheit ist. Und tausende und abertausende Blätter hängen an jener Birke vor unserem Fenster – und ebenso viele an vielen anderen Birken. Wie verschwenderisch ist die Natur mit ihrer Schönheit, wie verschwenderisch ist unser Schöpfer!

Und die Blumen – wie unpraktisch! Sie wachsen heran, sie entfalten ihre wunderschönen Blüten – und sie verblühen. Dahin ist die Schönheit. Manche meinen, die Lösung gefunden zu haben: künstliche Blumen – die bewahren ihre Schönheit. Aber das ist nicht das Leben.

Zum Leben gehört die Vergänglichkeit – die nutzlose, verschwenderische Schönheit, die Millionen und Abermillionen bunter Blumen, die kein Mensch zu betrachten je die Zeit hätte, die blühen und vergehen, ohne dass sie je eines Menschen Herz erfreut hätten.

Manche sehen das negativ. Selbst biblische Autoren verfallen ob der Vergänglichkeit alles Lebendigen fast in Depressionen. Sie fragen: Was soll überhaupt das ganze Leben, wenn es doch so kurz und so schnell vorbei ist?!

Aber das gehört zur Schönheit unseres Daseins wesentlich hinzu: das Vorübergehende, das Momentane, das Einmalige: der einzelne Sonnenstrahl, das flüchtige Lächeln, die zarte Blüte, das eine gute Wort, das feierliche Beisammensein abends am Ende einer anstrengenden Woche.

Es ist wohl wahr, dass das Leben anstrengend ist, dass es viel Kraft kostet, das Überleben zu sichern. Aber unser Überleben zu sichern, ist nicht das eigentliche Ziel, der eigentliche Sinn unseres Lebens. Die Schönheit des Lebens erweist sich dort, wo es über das Notwendige hinausgeht. Solange wir inmitten des Mangels noch die Kraft zur verschwenderischen Feier haben, leben wir im besten Sinne des Wortes.

Gott, unser Schöpfer, ist der größte Verschwender. Er hat das Leben und alles Lebendige als etwas Kurzes und Vergängliches geschaffen, dessen Nutzen immer wieder hinterfragt worden ist. Eine befriedigende Antwort wird wohl niemals gefunden werden.

Aber wer wollte leugnen, dass das Leben dennoch schön ist! Mühsal und mancherlei Not werden uns nicht davon abhalten, uns des Lebens zu freuen, es dankbar anzunehmen und es zu feiern.

Der Mensch lebt nicht vom Wasser allein. Der Sohn Gottes hat Wasser in Wein verwandelt. Wir brauchen den Wein, die Feier des Lebens, die uns spüren lässt, dass Leben weit mehr ist als Überleben.

Wer ist die Gemeinde? Die Gemeinde sind wir!

Juli – September 2000
Gemeindebrief

Eine Gemeinde kann viel geben. Aber sie kann nur viel geben, wenn sie funktionsfähig ist. Und dies ist sie nur, wenn sich viele Menschen für den Erhalt der Gemeinde einsetzen.

In St. Markus gibt es viele Menschen, die diese Gemeinde wichtig finden und die bereit sind, sich zu engagieren. Manchmal sagt mir jemand: „Ich fühle mich hier wohl. Was kann ich tun?"

Kürzlich haben wir die Flure im Gemeindehaus gestrichen. Da haben gut zwei Dutzend derjenigen Hand angelegt, für die das Gemeindehaus „ihr" Gemeindehaus ist, ein Haus der Gemeinde – und die Gemeinde: Das sind wir alle. Herzlichen Dank an dieser Stelle allen, die mitgeholfen haben!

Auch die Kirche ist unser aller Kirche, und der Gottesdienst ist unser aller Gottesdienst. Wir legen darum von nun an das Schmücken des Altars in Ihre Hand. Für die Gottesdienste stehen jeweils zwei Blumensträuße auf dem Altar. Im Gemeindebüro liegt eine Liste aus. Tragen Sie sich bitte für einen Sonntag ein, für den Sie sich um den Blumenschmuck kümmern.

Sie können selbst Blumen mitbringen oder dem Küster DM 30 zur Verfügung stellen, damit er zwei Sträuße besorgt. Wenn es in der Liste mal eine Lücke gibt, wollen wir den Altar ungeschmückt lassen. Wir probieren das mal aus. Die Mitverantwortung für den Blumenschmuck kann uns helfen, ein bewussteres Verhältnis zum Kirchenraum und zum Gottesdienst zu entwickeln.

Bei dieser Gelegenheit möchte ich auch an die Pfennigdosen erinnern. Sie sollten in jedem Haushalt stehen. Die im Portemonnaie oftmals so lästigen Pfennige können über die Pfennigdose für die Gemeinde zum Segen werden. Wo die Dose steht, da ist auch St. Markus gegenwärtig. Und wenn die Dose voll ist und Sie sie im Gemeindehaus abliefern, können wir ein paar

Worte miteinander wechseln. So bleiben wir über einen äußeren Gegenstand in menschlicher Verbindung.

Machen Sie St. Markus zu Ihrer Gemeinde. St. Markus i s t Ihre Gemeinde!

Lebenszelle Gemeinde

12. Januar 2003

1. Sonntag nach Epiphanias

Einführung des neugewählten Kirchenvorstands

Römer 12,3-8

Die Gemeinde ist die Lebenseinheit der Kirche. Kirche besteht aus Gemeinden. Gemeinden sind für die Kirche wie die Lebenszellen des Körpers. Gemeinden sind für die Kirche das, was Familien für die Gesellschaft sind. Die Familie ist die Lebenszelle der Gesellschaft: Vater, Mutter, Kind – das ist die Lebenseinheit. Ich spreche jetzt nicht davon, wie das organisiert sein muss; das wäre ein weiteres Thema. Aber diese Einheit „Vater, Mutter, Kind" oder „Kinder" ist die Lebenseinheit. Nur wenn diese Einheit existiert und als Verantwortungsgemeinschaft besteht, sind das Leben und der Fortbestand des Lebens einer Gesellschaft gewährleistet.

Für das Leben und den Fortbestand von Kirche ist grundlegend, dass Gemeinden existieren und als Verantwortungsgemeinschaft bestehen.

Kirche ist nicht einfach die Summe einzelner Christen. Das Bild vom Körper, wie wir es in der Lesung gehört haben, bringt das ganz gut zum Ausdruck. Der Körper ist auch nicht einfach die Summe einzelner Körperteile. Der Körper ist ein Gemeinschaftswerk. Er kann nur existieren im Zusammenwirken vieler einzelner Körperteile.

So kann auch Gemeinde nur im Zusammenwirken der einzelnen Christen existieren. Dabei geht es nicht – wie beim Körper – um ein biologisches Zusammenwirken, sondern um ein bewusst gestaltetes Miteinander, um eine Verantwortungsgemeinschaft eben. Da, wo Gemeinden als Verantwortungsgemeinschaft existieren, da ist Kirche.

Vielleicht klingt Ihnen das jetzt alles sehr schematisch. Mir geht es um Folgendes: In einer Zeit der Krise und der Veränderung kirchlicher Strukturen zum Zwecke der Überlebenssicherung stellt sich die Frage: Welches ist die Lebenseinheit der Kirche? Welches ist die Keimzelle, aus der heraus sich das Leben der Kirche entfaltet? Wo ist im strukturellen Sinne – ich rede jetzt nicht vom Inhaltlichen, sondern vom Strukturellen – wo ist im strukturellen Sinne die Lebenszelle der Kirche?

Die Lebenszelle ist die Gemeinde, das möchte ich unterstreichen. Die Lebenszelle ist nicht der einzelne Christ. Die Lebenszelle ist auch nicht die Region, die Lebenszelle ist auch nicht der Kirchenkreis, auch nicht die Landeskirche, auch nicht die Evangelische Kirche in Deutschland. Das sind alles eher Organisations- und Verwaltungseinheiten. Lebenszelle ist die Gemeinde als Verantwortungsgemeinschaft der Christen vor Ort.

Was macht nun die Gemeinde zur Lebenseinheit der Kirche? Zum Leben bedarf es materieller Nahrung. Wenn es um mehr als Leben im biologischen Sinne geht, um ein Leben in Verantwortung miteinander zum Beispiel, dann bedarf es auch geistiger Nahrung.

Die Möglichkeit, geistige und geistliche Nahrung aufzunehmen, setzt allerdings voraus, dass ein Körper im biologischen Sinne da ist. Verantwortung füreinander können wir nur wahrnehmen, wenn wir überhaupt – im materiellen, im körperlichen Sinne – existieren. Das klingt vielleicht banal, muss aber trotzdem immer mal wieder deutlich gesagt werden.

Das sagen auch die Fluggesellschaften. Wenn vor dem Start die Passagiere in die Sicherheitsvorkehrungen eingewiesen werden, heißt es zum Beispiel: „Bei Druckabfall in der Kabine halten Sie zuerst sich selbst die Sauerstoffmaske vors Gesicht, dann helfen Sie anderen."

„Wie unchristlich!", ist jedes Mal meine spontane Reaktion. „Zuerst an sich selber denken, gehört sich nicht!" Aber doch, das ist hier unbedingt erforderlich: Christliche Nächstenliebe kann ich nur ausüben, wenn ich selbst überhaupt existiere, wenn ich selbst überhaupt noch am Leben und lebensfähig bin.

Das gilt auch für die Gemeinde. Wenn wir Gottesdienst halten wollen, in Bibelkreisen zusammenkommen wollen, seelsorgerlich tätig werden wollen, Besuche machen wollen, diakonisch handeln wollen, dann müssen wir überhaupt erstmal existieren als Gemeinde. Bevor wir also geistige und geistliche Nahrung aufnehmen können und dann im geistigen und geistlichen Sinne tätig werden können, müssen wir erst einmal die materielle Nahrungszufuhr an uns selbst geregelt haben.

Diese materielle Nahrungszufuhr, nämlich in Form der Kirchensteuer und zunehmend auch kirchensteuerunabhängiger Mittel, ist im Augenblick für Kirchengemeinden keineswegs gesichert. Sie sicherzustellen, ist eine der grundlegenden Aufgaben des Kirchenvorstands als verantwortliches Leitungsgremium der Gemeinde. Wie diese Sicherung stattfinden kann, dafür gibt es unterschiedliche – auch widerstreitende – Konzepte. Diese sind auch unter uns in der Gemeinde und im Kirchenvorstand insbesondere immer wieder diskutiert worden. Und die Diskussion wird weitergehen.

Die grundsätzliche Frage dabei wird immer zu beantworten sein: Welches ist die Lebenseinheit der Kirche? Welche Einheit, welche Größe muss lebensfähig bleiben, damit von dort das Leben der Kirche insgesamt gesichert ist? Diese Lebenseinheit ist für mein Verständnis die Gemeinde.

Gemeinden sind verschieden, so wie Menschen verschieden sind und wie Familien verschieden sind. Wer ist St. Markus? Wer sind wir? Was ist unsere Identität? Diese Frage ist für unsere Gemeinde genauso wichtig wie für jeden einzelnen Menschen. Es ist ein gewisser Prozess, bis man sich als einzelner Mensch selbst erkannt hat, zu sich selbst gefunden hat und mit sich selbst im Einklang sein Leben gestalten kann. Im Verlauf einer Biographie kann es Veränderungen geben. In einer Gemeinde mit einer Vielzahl von Menschen um so mehr. Die Frage der Identität stellt sich von daher immer wieder neu. Sie aber auch immer wieder neu zu beantworten, stärkt die Gemeinde.

Was macht heute die Identität von St. Markus aus? Aus meiner Sicht: Zur Identität von St. Markus heute gehört, dass wir für alle Menschen in der Gemeinde und im Stadtteil da sind, für alle Generationen und für alle Lebenssituationen; dass wir wie eine Familie im erweiterten Sinne sind – über die leibliche Familie hinaus, Gemeinde als Großfamilie, in der jeder seinen Platz finden kann, wo jeder mit seinen Anliegen und Problemen Beachtung finden kann und wo sich jeder mit seinen Gaben einbringen kann.

Wir sind als Gemeinde für das ganze Leben da. Ich sage das ganz bewusst, weil das in Hamburg favorisierte Regionalisierungskonzept vorsieht, dass sich Gemeinden spezialisieren und Arbeitsbereiche und damit Lebensbereiche ausgliedern – im Sinne von: Die eine Gemeinde befasst sich mehr mit den Jugendlichen, die andere mehr mit älteren Menschen, die dritte sorgt für die Kirchenmusik usw. Das ist nach unserem Verständnis von Gemeinde wie eine Amputation.

Zur Identität von St. Markus gehört, dass hier das ganze Leben Berücksichtigung findet und Menschen in all ihren Lebenslagen Beachtung finden. Das ist eine große Aufgabe, ein großes Ziel.

Wir sind eine große Gemeinde mit 5.100 Gemeindegliedern und einer Wohnbevölkerung von über 16.000 Menschen. Das Gemeindekonzept kann nur aufgehen, wenn sich immer mehr Gemeindeglieder und überhaupt Menschen im Stadtteil bewusst sagen: „Ich möchte St. Markus, ich möchte, dass St. Markus Bestand hat und lebt; da kann ich etwas empfangen, da kann ich etwas geben", wenn also jeder im Rahmen seiner Möglichkeiten bewusst mitwirkt. Allein mit hauptamtlich Beschäftigten lässt sich dieses Gemeindekonzept nicht realisieren, sondern nur mit dem Zugehörigkeits- und Verantwortungsbewusstsein vieler Menschen.

Die Frage muss darum für jeden geklärt sein: Was bedeutet mir Kirche, was bedeutet mir die Gemeinde? Will ich, dass St. Markus weiterbesteht und was kann mein Beitrag dazu sein? Gemeinde als Verantwortungsgemeinschaft – und übrigens nicht nur die Gemeinde, sondern der Stadtteil insgesamt. Es tut uns allen gut, wenn wir uns im Stadtteil Hoheluft als Verantwortungsgemeinschaft verstehen.

Also langer Rede kurzer Sinn: Lassen Sie uns alle miteinander diese Lebenseinheit „Gemeinde St. Markus" so gestalten, dass in ihr das Leben blüht und sie das Leben des Stadtteils bereichert und ihre Lebenskraft ausstrahlt – bis nach Tansania und in die weite Welt hinein.

Fortbestand der Gemeinde durch menschliche Nähe
14. Januar 1998
Pastorenkonvent
Römer 12,1

Wir befinden uns, kirchlich gesehen, in einer Zeit des Umbruchs. Die Kirchensteuer wird kontinuierlich weniger. Das zwingt uns dazu, unser Gemeindeverständnis zu überdenken. Dabei erscheint es mir sinnvoll, schon jetzt, wo wir noch ein nennenswertes Kirchensteueraufkommen haben, zu überlegen, wie wir Gemeindearbeit machen können ohne Kirchensteuer oder mit einem minimalen Kirchensteueraufkommen.

Diese Überlegung verbinde ich mit einem Satz aus dem Predigttext des vergangenen Sonntags aus dem Römerbrief, Kap. 12: „Gebt euren Leib hin als ein gottwohlgefälliges Opfer, das sei für euch der wahre Gottesdienst."

In die Gott-Mensch-Beziehung sollen wir uns selbst ganz hineingeben mit unserer ganzen Person, empfiehlt uns Paulus. Nicht nur irgendeine Opfergabe sollen wir geben, irgendein ein isoliertes Ding, sei es auch etwas besonders Wertvolles.

Diese Empfehlung übertrage ich auf das, was mir neben dem liturgischen Gottesdienst auch Gottesdienst ist – das Miteinander in der Gemeinde, die Mensch-zu-Mensch-Beziehung, die ja die andere Seite der Gott-Mensch-Beziehung darstellt.

Also nicht eine isolierte Leistung sollen wir anbieten, sondern uns selbst, so lautet die Empfehlung. Als ganze Menschen sollen wir uns einbringen, nicht bloß unsere einzelnen Dienstleistungen, seien sie im Einzelnen auch noch so gekonnt. Als Gemeinde sollen wir uns anbieten nicht durch einzelne Leistungen, sondern durch Menschen, die sich als jeweils ganze Person in das gemeindliche Miteinander hineingeben.

Von daher wäre dann eine Gemeinde eher einer Familie zu vergleichen als einer Firma. Während die Beziehung der Firma zu ihren Kunden sich darin ausdrückt, dass sie den Kunden bestimmte Produkte und Dienstleistungen anbietet, leben die familiären Beziehungen von der ganzheitlichen Hingabe der Familienmitglieder. Zwar werden da auch Dinge und Dienstleistungen ausgetauscht: Es gibt Taschengeld, es wird gekocht und abgewaschen, der Garten gepflegt usw., aber diese einzelnen Leistungen sind Ausdruck einer ganzheitlichen Beziehung. Wenn die Mutter kocht, (es kann natürlich auch der Vater kochen), hat das einen anderen Stellenwert für das Familienleben, als es die Leistung des Kochs im Restaurant für die Gäste hat.

Und wenn in der Gemeinde nach dem Gottesdienst eine Suppe angeboten wird, hat das in der Beziehung zu den Gemeindegliedern eben auch einen Stellenwert, der eher dem in der Familie entspricht. Es kommt dabei nicht auf die Leistung an sich an, sondern darauf, dass diese Ausdruck einer bereits vorhandenen Beziehung ist.

Ich trete diesen Gedanken etwas breit, um deutlich zu machen, dass Gemeinde Menschen braucht, die als ganze Menschen für die Gemeinde da sind. Natürlich können nicht alle Gemeindeglieder so gemeindebezogen sein. Aber in einigen Personen – einigen wenigen zumindest – müsste doch dieses Konzept verkörpert sein – wenn man dieses Konzept denn für sinnvoll hält –, das darin besteht, ich sag's noch einmal kurz: dass die gemeindliche Beziehung in der Hingabe des ganzen Menschen – wie eben in der Familie – und nicht in einer isolierten Leistung besteht.

Dabei kommt es mir im Augenblick noch gar nicht auf die Realität an, sondern auf das Konzept. Das familiäre Konzept wird auch noch nicht dadurch hinfällig, dass die Familienmitglieder eine mangelhafte Beziehung zueinander haben und z. B. die herangewachsenen Kinder ihr Zuhause ggf. nur noch wie ein Hotel in Anspruch nehmen und es ihnen vielleicht nur noch darum geht, dass das Essen auf dem Tisch steht und ihre Wäsche gewaschen wird.

Es gibt auch in der Familie gute Phasen und schlechte Phasen. Es gibt Zeiten, wo sich alle um ein gutes Familienleben bemühen, und andere Zeiten, wo einer den Geist der Familie hochhält und die anderen dies vielleicht ignorieren oder einfach vor allem nehmen und kaum etwas geben.

Um auf die Finanzlage der Kirche zurückzukommen und das durch sie erzwungene Nachdenken über unser Gemeindekonzept: Ich sehe – in diesem familiären Konzept – eine Zukunft, zumindest für St. Markus. Wir sind uns hier, wenn ich das recht sehe, im Kirchenvorstand und unter den Mitarbeiterinnen und Mitarbeitern, den haupt- und ehrenamtlichen, diesbezüglich auch weitestgehend einig. Mit diesem Konzept ist die Aufgabe verbunden, Menschen dazu einzuladen, sich in der Gemeinde zuhause zu fühlen und sich für den Bestand und die Ausgestaltung dieses Zuhauses mitverantwortlich zu fühlen. Wenn dies in nennenswertem Umfang gelingt, dann können sich nach meiner Einschätzung die wirtschaftlichen Probleme wie von selbst erledigen. Dann kann es am Ende notfalls auch ohne Kirchensteuer gehen.

Ich möchte mit diesem Konzept übrigens nicht von der Volkskirche Abschied nehmen. Ich meine, dass es durchaus gut ist, wenn dieses kirchlich-familiäre Angebot flächendeckend besteht und für jedermann offen ist, auch für die wachsende Zahl der – im kirchensteuerlichen Sinne – Nichtmitglieder. Ein Zuhause braucht jeder Mensch. Und viele – und vielleicht immer mehr – Menschen haben dies in ihrer leiblichen Familie nicht mehr in ausreichendem Maße.

Die menschlichen Beziehungen zu stärken, persönliche Beziehungen zu pflegen, scheint mir für die Gemeindearbeit besonders wichtig zu sein – und vielleicht heute wichtiger denn je, nicht zuletzt auch als Alternative zu einer Beziehung Mensch-Bildschirm.

Wir gehen in St. Markus davon aus, dass die persönliche Ansprache auch die Bereitschaft zur Wahrnehmung persönlicher Mitverantwortung für den Erhalt unserer Kirchengemeinde fördert. Um persönlich arbeiten zu können, brauchen wir Menschen, auch hauptamtlich Tätige. Diese wegzusparen würde dem Bemühen, die Gemeinde zu erhalten und weiter aufzubauen, möglicherweise eher entgegenstehen.

Also versuchen wir es hier weiter mit unserer ganzen Hingabe im Sinne von Paulus: „Gebt euren Leib hin als ein gottwohlgefälliges Opfer, das sei für euch der wahre Gottesdienst."

Urgemeinde und Gemeinde in der Großstadt
9. Oktober 1994
19. Sonntag nach Trinitatis
Jakobus 5,13-16

Wir könnten – etwas grob – fragen: Ist dieser Text für unsere Kirche, für unsere volkskirchliche Situation – oder noch volkskirchliche Situation – überhaupt zu gebrauchen? Oder müssen wir dem Text vielleicht gegensteuern in dem Sinne etwa: So geht es bei uns und für uns und mit uns nicht!?

Jakobus verteilt hier Ermahnungen und gibt Ratschläge für eine christliche Gemeinde, die ganz im Gegensatz zu unserer volkskirchlichen Situation nur aus einem kleinen Kreis bestehen kann, aus einem kleinen Kreis von Frommen, deren Art von Frömmigkeit zudem von den meisten von uns wohl mit einer gewissen Skepsis betrachtet werden wird.

Vielleicht ist es aber bei manchen von uns auch umgekehrt. Vielleicht rührt er in einigen von uns doch auch im positiven Sinne etwas an – in dem Sinne vielleicht: Schön wäre es, wenn es eine solche Gemeinschaft gäbe wie hier beschrieben, in der Freud und Leid geteilt wird, in der einer für den anderen da ist, wo einer auf den anderen achtet und wo jeder auf das Wohl des anderen bedacht ist und jeder dazu beiträgt, dass es dem anderen und allen zusammen gut geht.

„Ist jemand unter euch krank", heißt es hier, „dann rufe er zu sich die Ältesten der Gemeinde, dass sie über ihm beten und ihn salben mit Öl im Namen des Herrn." Das könnte vielleicht in einer kleinen überschaubaren Gemeinde praktiziert werden, in der einer den anderen kennt, in der Urgemeinde damals oder heute in einer kleinen religiösen Gemeinschaft, die aus wenigen Familien besteht, oder, auch das kommt mir dabei in den Sinn: in einem kleinen afrikanischen Dorf, in dem alle Familien irgendwie zusammengehören, wo es einen Ältestenrat gibt, einen Medizinmann, wo die Angelegenheiten des Dorfes gemeinsam beratschlagt werden, wo alle gemeinsam die Feste feiern und eben jeder am Schicksal des anderen teilnimmt. Das hat zum einen gewiss etwas Schönes und Wertvolles an sich. Es steht niemand allein da, es ist niemand alleingelassen mit seinen Problemen. Jeder ist eingebunden in eine menschliche Gemeinschaft – jeder in allen Altersstufen – und kann auf die Anteilnahme und den Beistand der anderen rechnen. Von einer solchen Gemeinschaft kann eine heilende Kraft für die Seele und für den Körper ausgehen.

Allerdings – und das ist doch ein Problem für uns – kann eine solche enge Gemeinschaft auch wie eine Zwangsjacke empfunden werden. Denn das Leben einer solchen Gemeinschaft ist von Regeln und von Traditionen bestimmt, denen sich nicht jeder einfügen möchte. Und die soziale Kontrolle kann auch lästig sein. Wir in unserer jetzigen Gesellschaft bevorzugen im allgemeinen die Freiheit zu tun und zu lassen, was wir möchten. Wir bevorzugen eher eine gewisse Bindungslosigkeit, um stets unseren eigenen Wünschen und Vorstellung folgen zu können. Und dazu ist uns eine gewisse Anonymität ganz recht, damit nicht jeder mitbekommt, was wir gerade tun und lassen, mit wem wir gerade befreundet sind, wohin wir reisen, wo und wie und mit wem wir gerade unsere Freizeit verbringen – und auch: welche Probleme wir gerade haben und an welcher Krankheit wir gerade leiden.

Es gibt in unserer durch Individualismus und Vereinzelung geprägten Gesellschaft auch solche Inseln von Gemeinschaften, wo die Mitglieder aufeinander eingeschworen sind. Manche in unseren volkskirchlichen Gemeinden beneiden die kleinen religiösen Gruppierungen, wo jeder jeden kennt und alles so persönlich zugeht.

Wir in St. Markus sind eine volkskirchliche Gemeinde. Zu uns gehören viele, die uns nur ganz locker verbunden sind, mehr auf dem Papier als durch die Praxis, wo kaum persönliche Kontakte bestehen, wo der Kontakt in der Regel nur punktuell entsteht, z. B. durch eine Amtshandlung. Es sind Tausende in unserer Gemeinde, zu denen eine solche nur sehr lockere Verbindung besteht.

Es gibt aber einige, einige Hundert immerhin, zu denen der

Kontakt intensiver ist, Menschen, die in irgendeiner Form wöchentlich hier zugegen sind. Einige, auch das sind gar nicht so wenige, sind in Kreise eingebunden, die sich regelmäßig treffen, wo tatsächlich jeder jeden kennt und wo in gewissen Maßen auch eine persönliche Anteilnahme da ist am Ergehen des anderen. Ich denke besonders an die Seniorenkreise, aber auch an den Chor; auch unter den Jugendlichen ist das zu finden.

Es gibt dieses persönliche Element auch in unserer Gemeinde. Wenn wir in dieser Hinsicht dem Jakobustext etwas Positives abgewinnen wollen, kann es dies sein: dass er die Richtung angibt – die Richtung auf mehr persönliche Anteilnahme hin. Es sollte tatsächlich Ziel einer christlichen Gemeinde sein, die menschlichen Beziehungen zu pflegen, zumindest das Angebot zu machen, dass man zusammenkommt, dass man aneinander Anteil nimmt, dass man Freude und Sorgen miteinander teilt, dass man zusammen feiert, dass man miteinander redet, dass man einander auch hilft, einander besucht, auch einander Trost spendet, mal einen guten Rat gibt. Wie viele Menschen sitzen zu Hause für sich allein, Menschen in allen Altersstufen und aus den unterschiedlichsten Gründen. Eine Gemeinde kann und sollte die Möglichkeit zur menschlichen Gemeinschaft anbieten und im guten Sinne wie eine erweiterte Familie sein, in der man sich zuhause fühlen kann.

Das andere Thema in unserem Text aus dem Jakobusbrief ist das Gebet: „Wenn jemand unter euch leidet, soll er beten", sagt Jakobus. Ist jemand krank, soll er die anderen, die Ältesten der Gemeinde bitten, für ihn und über ihm zu beten. Jakobus traut dem Gebet viel zu: „Das Gebet des Glaubens wird dem Kranken helfen", sagt er, und: „Des Gerechten Gebet vermag viel, wenn es ernsthaft ist."

Diese Worte können missverstanden werden. Und deshalb sagte ich am Anfang: Manche werden diese Frömmigkeit mit Skepsis betrachten. Jakobus leistet dem Missverständnis selbst Vorschub, wenn er z. B. im weiteren Verlauf seiner Ausführungen noch Beispiele nennt wie das von Elia: Elia betete, dass es nicht regnen sollte. Und es regnete nicht auf Erden drei Jahre und sechs Monate. Dann betete er, es solle regnen. Und der Himmel gab Regen, und die Erde brachte Frucht.

Es wäre ein Missverständnis zu meinen, das Gebet wäre ein Mittel, mit dem sich Dinge erledigen ließen, die auf keine andere Weise mehr erledigt werden könnten. Das Gebet ist kein Instrument zur Lösung von Problemen. Es ist auch nicht so – und es kann auch nicht so sein –, dass, wenn man nur fest genug glaubt, in Erfüllung geht, was man im Gebet erbittet.

Das Gebet ist nicht ein letztes Mittel, meinen eigenen Willen doch noch durchzusetzen. Es ist im Gegenteil Ausdruck der Bereitschaft, es dem freien Willen Gottes zu überlassen, wie es weitergehen soll. „Dein Wille geschehe", das ist Inhalt und Ausdruck des Gebets. Wir legen in die Hand Gottes, was wir selbst nicht mehr vermögen. Wir bringen zwar unsere Wünsche und Hoffnungen zum Ausdruck, aber wir bekennen dabei unsere Grenzen und unsere Bereitschaft anzunehmen, was er uns schenkt und auferlegt.

Das Gebet ist Ausdruck unserer Bescheidenheit und unserer – auch wenn es altmodisch klingt – unserer Demut. Manche sehen im Gebet ein Zeichen der Schwäche und sind geneigt sich lustig zu machen über diejenigen, die beten. Aber der Mensch ist nun einmal – unleugbar – eine schwache Kreatur. Auch die Nationalsozialisten, die den Herrenmenschen verkündigten und die die Christen als Schwächliche verspotteten, waren schwache Kreaturen voller Unzulänglichkeiten und Fehler, voller Irrtümer, voller schrecklicher Irrtümer.

Es ist wichtig für uns selbst, für unser Miteinander, auch für unser gesellschaftliches Miteinander, dass wir uns unserer Grenzen, unserer Schwächen und Fehler bewusst sind und dass wir sie uns auch eingestehen. Es ist wichtig, dass wir uns eingestehen und bekennen, dass wir nicht alles können. Und es ist wichtig, dass wir nicht meinen, alles hinge von uns ab.

Wenn wir beten, legen wir den Lauf der Dinge in die Hand Gottes, nachdem wir das Unsre getan haben: „Gott, vollende du durch deinen Segen, was wir in deinem Namen begonnen haben." Oder wir beten, bevor wir selbst angefangen haben:

„Gott, lass gelingen, was wir in deinem Namen tun wollen.“ Und wenn es nicht gelingt? Dann mögen wir mit unserem Gott zürnen. Wenn es ganz schlimm kommt, werden wir ihn vielleicht anklagen, wie es Hiob in seiner Not getan hat. Wir werden aber dennoch die uns gesetzten Grenzen nicht überspringen können, wir werden über unsere Kreatürlichkeit nicht hinauskönnen. Wir werden Gott Gott sein lassen müssen und werden akzeptieren müssen, dass wir nicht über ihn verfügen können und dass wir ihn auch nicht immer verstehen können. Wir werden in den Ungereimtheiten, in den manchmal schwer erträglichen Ungereimtheiten unseres Daseins, dann nach dem suchen müssen, was uns hält und was uns trägt. Die Spuren der göttlichen Liebe werden wir auch im Dunkeln finden. Dabei hilft uns Jesus Christus als das Licht auf unserem Weg.

Es geht beim Beten allerdings nicht nur darum, dass etwas geschehe. Jakobus sagt: „Ist jemand guten Mutes, der singe Psalmen.“ Es geht auch um das Danken. Auch darin drückt sich die Einsicht in die eigenen Grenzen aus: „Nicht wir haben das Leben geschaffen, nicht wir haben die Früchte des Feldes wachsen lassen, nicht wir haben den Erfolg herbeigeführt, sondern du, Gott, hast unserem Bemühen das Gelingen gegeben. Dafür sei dir Dank.“

Um die heilsame und heilende Gemeinschaft untereinander und um das Beten füreinander geht es Jakobus. Vielleicht hat er damals – auch schon in den ersten Gemeinden – beobachtet, dass es mit beidem nicht so weit her war, dass Menschen – auch Christen – allzu wenig aufeinander achteten, sodass er es für notwendig befand, einmal einige deutliche Ermahnungen auszusprechen. Vielleicht hat er für unseren Geschmack ein wenig überzogen. Martin Luther nannte seinen Brief eine stroherne Epistel. Aber die Richtung, die uns Jakobus aufzeigt, stimmt doch: dass wir aufeinander achten, dass wir – so gut wir können – füreinander da sind, und dass wir das, was wir selbst nicht vermögen, vertrauensvoll in die Hand Gottes legen. Und dass wir Gott danken für all das, was gelungen ist.

Paulus, Baumeister der Gemeinde
9. September 1984
12. Sonntag nach Trinitatis
1. Korinther 3,9-15

Es wird nicht gerade von wenigen geringschätzig und bemitleidend auf den christlichen Gottesdienst geblickt, auf die altertümliche Liturgie, auf unser heiliges Buch, die Bibel mit ihren altertümlichen Geschichten und auch auf die Lieder, die wir im Gottesdienst singen. Ich nehme an, dass wir alle Verständnis dafür aufbringen, dass viele mit all diesen traditionellen Inhalten und Formen nicht nur nichts anzufangen wissen, sondern das sogar sonderbar und absonderlich finden.

Aber es gibt auch eine ganz andere Einstellung zu diesen Dingen, und die finde ich viel sympathischer: das Staunen nämlich darüber, dass hier unter uns noch etwas lebendig ist, dessen Ursprünge Jahrhunderte, ja Jahrtausende hinter uns liegen. Ist das nicht auch erhebend, durch diese bestimmten Formen, in denen wir hier feiern, und durch die Inhalte, deren Bedeutung für unser Leben wir hier zu erkennen versuchen, wir mit Menschen so fern zurückliegender Zeiten verbunden sind? Ich finde das wunderbar – ein Wunder in der Tat, ein göttliches Geschenk. Als Werk von Menschen können wir das allein nicht ansehen. Dass uns die Sache Gottes über diese mehr als dreitausendjährige Spanne und die Sache Christi insbesondere über zweitausend Jahre hinweg auf uns gekommen ist, das dürfen wir wohl getrost mit den Worten des Neuen Testaments als Wirken des Heiligen Geistes beschreiben.

Dass wir als Gemeinde St. Markus existieren, dass wir hier und heute Gottesdienst miteinander feiern, das verdanken wir dem Wirken des Heiligen Geistes. Der gute Geist Gottes, der Geist der Liebe Christi wirkt unter uns und wird auch weiter unter uns lebendig sein.

Der Apostel Paulus war von der Kraft des Heiligen Geistes ebenso überzeugt, obwohl er nicht – wie wir – auf diese jahrtausendelange Tradition zurückblicken konnte. Paulus war allerdings auch davon überzeugt, dass das Vertrauen in die große Kraft des Heiligen Geistes einen nun nicht etwa dazu verführen dürfte, sich bequem zurückzulehnen in dem Sinne etwa: „Der liebe Gott wird seine Sache schon selbst vorantreiben." Im Gegenteil. Paulus wusste sich selbst gerufen, mit seinen menschlichen Kräften an dem Werk Gottes mitzuwirken.

Er hat sich diesbezüglich in einer unübertrefflichen Weise engagiert. Er ist herumgereist, ist viele Hunderte von Kilometern zu Fuß gelaufen und hat Gemeinden gegründet. Das war nicht nur ein frommes Werk, sondern auch eine organisatorische Meisterleistung.

Paulus wäre bestimmt der Letzte, der sich eigener Verdienste rühmen würde. Er wusste wohl, dass ihm seine Gaben und Fähigkeiten gottgegeben waren, aber er war sich auch dessen voll bewusst, dass er als Werkzeug Gottes, als Arbeiter in Gottes Dienst, seine Aufgabe zu erfüllen hatte. Und diese Aufgabe nahm er mit großem Geschick, großer Intelligenz, mit großem Mut und großer Geduld wahr.

Er stellte auch an seine Mitchristen diesen Anspruch, dass sie mit ihren je eigenen Gaben auf ihre Art die Aufgabe wahrnehmen sollten, die Sache Gottes voranzutreiben. Paulus sagt zwar immer wieder, dass wir vor Gott nicht gerecht werden aufgrund unserer Leistungen, sondern allein aus Gnade. Aber die Gnade Gottes ist kein Ruhekissen für bequeme Gemüter. Uns wird auch etwas abverlangt; und auch was wir getan haben, wie wir gelebt haben, wird einer letzten göttlichen Prüfung unterzogen werden. Das macht uns Paulus in dem heutigen Predigtabschnitt klar.

Paulus hatte Gemeinden gegründet. Der Aufbau von Gemeinden und die Sicherung des Fortbestands von Gemeinden waren sein Anliegen und seine Sorge. Das war zum einen eine große theologische Aufgabe, die sein kreatives Denken und seine Intuition als Glaubender aufs Äußerste herausforderte. Paulus hatte schließlich noch kein Neues Testament, das ihm geistliche Anleitung hätte geben können. Das war zum anderen aber auch eine große Aufgabe der Menschenführung, der Überzeugung und Motivierung von Menschen. Er musste nicht nur klarmachen, was das hieß: an Christus glauben. Er musste auch die zahlreichen praktischen Probleme des Gemeindeaufbaus lösen, und das waren eben vor allem menschliche Probleme, Konflikte, die vor allem aufbrachen, sobald er eine Gemeinde verlassen hatte und diese auf sich selbst gestellt war. Es tauchten dann Unsicherheiten über den rechten Glauben und den rechten Weg auf, und Leute machten sich in der Gemeinde stark mit Anschauungen, die denen des Paulus zuwiderliefen.

Auf eine solche Situation nimmt der 1. Brief des Paulus an die Korinther Bezug. Da war ein Apollos in der Gemeinde aufgetreten, der seine eigenen Anhänger um sich geschart hatte. Welche Anschauungen der genau vertrat, wird in dem Brief nicht gesagt. Jedenfalls war die Gemeinde dadurch gespalten und in ihrer Existenz bedroht. Paulus versuchte aus der Ferne, dieses Problems Herr zu werden, eben durch den Brief, dem unser Predigtabschnitt entnommen ist.

Was Paulus sagen will, bringt er mit einem Bild zum Ausdruck. Er vergleicht die Gemeinde mit einem Haus. Er stellt klar: Das Fundament dieses Hauses, welches ist allein Jesus Christus, das hat er, Paulus selbst gelegt. Andere bauen nun auf diesem Fundament und sollten nun auch darauf achten, dass sie es in richtiger Weise täten. Ein Fundament ist nun einmal gelegt, und ein Apollos kann kein anderes Fundament legen. Dessen Aufgabe kann nur sein, weiter mit auf diesem Fundament aufzubauen.

Paulus beansprucht ziemlich energisch – und man möchte fast sagen: unbescheiden, in seiner grundlegenden Rolle respektiert zu werden. Aber das ist wohl kein Mangel an Bescheidenheit, sondern eher eine reine Notwendigkeit. Denn was wusste diese Gemeinde in Griechenland, in Korinth, von Jesus Christus? Doch nur das, was Paulus ihnen dargelegt hatte.

Es gab, wie gesagt, zu der Zeit noch kein Neues Testament, es gab noch keine Evangelien, die waren erst noch im Entstehen begriffen. Was die Korinther von Christus wussten, das wussten sie von Paulus. Paulus war für sie das, was für uns heute das Neue Testament insgesamt ist. Paulus war für sie die Erkenntnisgrundlage ihres Glaubens.

Wenn wir uns fragen: „Wie kam Paulus dazu, die Bedeutung Jesu Christi so autoritativ auszulegen?", dann müssen wir uns daran erinnern, dass er sich zu dieser Aufgabe von Christus selbst berufen wusste. Wir haben vorhin von der Vision des Paulus noch einmal gehört. Woher hätte ein Apollos sein Wissen über Christus nehmen sollen?

Also, es gab keinen anderen grundlegenden Baumeister der Gemeinde als Paulus allein. Und dies stellt Paulus unmissverständlich dar. Fundament der Gemeinde war Jesus Christus, so wie er, Paulus, ihn ausgelegt hatte. Die anderen sollten nun darauf weiterbauen und dabei darauf achten, dass ein anständiges Haus daraus würde. Jeder würde, so sagt Paulus, eines Tages dafür zur Rechenschaft gezogen werden, welchen Einsatz er für den Bau dieses Hauses geleistet hat.

Er benutzt für diese göttliche Überprüfung des Einsatzes eines jeden wiederum ein Bild: Durch das Feuer wird die Wahrheit herauskommen. Wenn das Haus brennen wird, dann wird sich herausstellen, wer mit hitzebeständigem Material gebaut hat und wer nur Stroh und Holz eingebracht hat. Mit anderen Worten: In der Zeit der Krise wird sich zeigen, wo und wer die Schwachstelle in der Gemeinde ist, wo das Ganze der Gemeinde in die Brüche geht, und wo diejenigen in der Gemeinde sind, die die Krise überstehen. Paulus will auf diese Weise jedes einzelne Gemeindeglied auf seine Verantwortung für das Ganze der Gemeinde hinweisen.

Ein Haus besteht aus vielen Bestandteilen: „Ihr seid das Bauwerk", sagt er den Gemeindegliedern. Und welcher Art dieses Gebäude als Ganzes ist, hängt davon ab, wie die einzelnen Teile beschaffen sind und wie sie zusammenpassen.

Also, jedes Gemeindeglied solle auf sich selbst sehen und sich fragen: „Was tauge ich als Teil des Ganzen, welche Rolle spiele ich für den Bau und Erhalt der Gemeinde? Wir merken wohl, dass Paulus mit diesen Ausführungen nicht nur seine Gemeinde in Korinth anspricht, sondern genauso gut jede andere christliche Gemeinde meint, uns eingeschlossen.

Was so bemerkenswert ist an den Ausführungen des Paulus: Bei aller Gnade, die Gott uns zuteil werden lässt in Jesus Christus, sollen wir doch wissen, dass dies kein billiges Geschenk ist, mit dem schon alles erledigt wäre. Es reicht nicht, dass wir die Güte Gottes für uns persönlich in Anspruch nehmen. Vielmehr sollen wir uns dann als solche von Gott in Gnade angenommene Wesen als Teil eines größeren Ganzen bewähren, als Glieder der Gemeinde, der Kirche, als Teile des Leibes Christi. Als solche tragen wir eine Verantwortung, die über unser eigenes Seelenheil hinausgeht, die aber letztlich doch wieder unser eigenes Seelenheil berührt. Denn so, wie eine zerrissene Gemeinde zum Schaden jedes Einzelnen ist, so kann eine gute Gemeinde zum Segen jedes Einzelnen werden.

Der letzte Grund, auf dem wir stehen, ist Gott in Jesus Christus. Er hat über alle menschlichen Unzulänglichkeiten hinweg seine Kirche in den Jahrtausenden gebaut und erhalten. Wir hier sind ein zwar menschlich unvollkommenes, aber doch lebendiges Zeichen für diesen Tatbestand. Paulus hat uns auf unsere Mitverantwortung beim Bauen der Gemeinde Christi hingewiesen. Er ist uns mit dem besten Beispiel vorangegangen. Für beides, sein Beispiel und seine Ermahnung, sei ihm gedankt im Geiste Jesu Christi.

Die christliche Botschaft hält Gemeindestreit aus
22. Juli 1984
5. Sonntag nach Trinitatis
2. Thessalonicher 3,1-5

„Ich will euch zu Menschenfischern machen", hatte Jesus seinen Jüngern gesagt. Und damit meinte er: „Ich werde euch beauftragen, in alle Welt hinauszugehen und die frohe Botschaft von der Gnade Gottes und seiner Liebe zu den Menschen zu verbreiten." Mit Wort und Tat sollten die Jünger anderen Menschen bezeugen, was sie durch Christus erfahren hatten. Durch ihr Zeugnis sollten sie Menschen für den Glauben an die in Christus geschehene Offenbarung Gottes gewinnen, ihr Leben damit bereichern, verändern hin auf ein neues Verhältnis zu Gott, zu sich selbst, zu den Mitmenschen.

Als die Jünger zu Pfingsten für diese Aufgabe zugerüstet wurden, mit dem Heiligen Geist ausgerüstet wurden, wie die Apostelgeschichte es beschreibt, machten sie sich freudig ans Werk. Aber diese Freude, die ja überfall da zu finden ist, wo eine neue Sache angepackt wird, wo Aufbruchsstimmung herrscht, wo die Zukunft noch offen ist, alle Möglichkeiten noch gegeben sind. Diese Freude darf nicht darüber hinwegtäuschen, dass die Jünger sich da auf eine Aufgabe eingelassen hatten, die gelegentlich alles andere als erfreulich war, nämlich hinsichtlich der Schwierigkeiten, die ihre Erfüllung bereiten sollte.

„Der Glaube ist nicht jedermanns Sache", diese frustrierende, diese enttäuschende Erfahrung mussten die Jünger und alle, die sich um eine Verbreitung des Glaubens an Christus bemühten, bald machen. Da taten sich nicht nur äußere Widerstände auf, dass also eine nicht-christliche Umwelt – Juden, Römer, Griechen, Bewohner Kleinasiens – mit dem neuen Glauben nichts zu tun haben wollte oder ihn direkt bekämpfte. Das war zwar auch eine große Schwierigkeit und ein schwerwiegendes Problem. Aber besonders schmerzlich sollte eine andere Erscheinung werden: dass sich nämlich intern, unter den ersten

Christen, unter den Nachfolgern Christi, denen, die sich um Mission bemühten, und unter denen, die als erste Gemeindeglieder gewonnen worden waren – dass also unter denen, die in Christus geeint sein sollten, bald erhebliche Differenzen auftauchten, Streitigkeiten entstanden, z. B. über grundsätzliche Fragen: ob man z. B. Jude sein müsse, um Christ werden zu können, oder ob auch Nicht-Juden ohne Übertritt zum Judentum Christen werden könnten.

Man stritt sich um die rechte Verkündigung, um das, was christliche Lebensführung bedeuten sollte. Wir lesen von Rivalitäten in den Gemeinden und von der ständigen Bedrohung, dass das gerade Aufgebaute wieder in sich zusammenfallen könnte, dass die eben neu entstandene christliche Gemeinde durch die Anfechtungen von außen, aber mehr noch durch die von innen kommenden Spannungen, Konflikte, Unsicherheiten aufgerieben werden und sich auflösen könnte.

Paulus war jedenfalls ständig von dieser Sorge geplagt, dass die von ihm aufgebauten Gemeinden wieder zugrunde gehen könnten. Er zog ja immer weiter, um neue Gemeinden zu gründen. Und so schickte er zu seinen früheren Gemeinden Vertrauensleute, um sich über die jeweilige Lage auf dem Laufenden zu halten, und schickte Briefe an die Gemeinden, um ihnen die geistliche Stärkung und Ermahnung zu geben, die er jeweils für erforderlich hielt, um die Gemeinde wieder zu beleben und ihren Fortbestand zu sichern.

Einen solchen Brief haben wir hier vor uns, den 2. Brief an die Thessalonicher, einer Gemeinde in Griechenland, in Saloniki, wobei gar nicht sicher ist, dass dieser Brief von Paulus selbst stammte oder nur unter Verwendung seines Namens geschrieben wurde. Das spielt für uns jetzt aber keine Rolle.

Wir können diesem Brief jedenfalls den eben geschilderten Tatbestand entnehmen, dass es in einer frühen christlichen Gemeinde, in der Gemeinde von Thessaloniki, solche internen Spannungen gegeben hatte. Es ging da offensichtlich um ein theologisches Problem, das auch seine Auswirkungen auf die Lebensführung einiger Gemeindeglieder hatte. Und zwar hatte

Paulus in einem früheren Brief seine Auffassung dargelegt, dass Christus in Kürze wiedererscheinen würde und damit der Eintritt aller Gläubigen ins himmlische Reich unmittelbar bevorstünde.

Offenbar waren einige Gemeindeglieder angesichts dieser Naherwartung in eine gewisse Schwärmerei geraten und hatten gemeint, dass sie angesichts des baldigen Weltendes ihre alltäglichen Pflichten nicht mehr wahrzunehmen bräuchten. Es mag in der Gemeinde so etwas wie christliche Aussteiger gegeben haben, die ihr ungeregeltes Leben, ihre Weigerung, einer geregelten Arbeit nachzugehen und sich den Lebensunterhalt zu verdienen, damit begründeten, dass sowieso in Kürze das Leben in seiner bisherigen Form ein Ende nehmen und durch Christus in seinem göttlichen Reich alles neu geregelt werden würde. Auf eine solche Haltung antwortet der Brief etwas polemisch mit den Worten: „Wer nicht arbeiten will, soll auch nicht essen."

Aber darüber hinaus bietet der Brief auch einige theologische Überlegungen an, um diesem Schwärmertum Einhalt zu gebieten. Der Brief stellt dar, dass es vor dem Erscheinen Christi noch eine Zwischenzeit geben werde, eine Zeit des großen Kampfes, in der der Widersacher Gottes auftreten werde, der Antichrist, wie er an manchen Stellen des Neuen Testaments genannt wird. Dieser Widersacher Gottes werde von Christus überwunden. Erst wenn diese Zeit der Auseinandersetzungen vorüber ist, werden die Gläubigen in die Herrlichkeit Gottes eingehen. Das jedenfalls werde noch dauern, und etwas anderes sollten sie sich gar nicht einreden lassen. So versucht also der Schreiber unseres Briefes auf die Gemeindeglieder in Thessalonike einzuwirken und sie wieder auf den rechten theologischen Weg zu bringen.

Er macht dies übrigens in der Form sehr geschickt. So macht er z. B. den Adressaten seines Briefes keineswegs den Vorwurf für ihre irrige Einstellung. Er redet sie als diejenigen an, die erst noch in Gefahr stünden, auf solche Abwege zu geraten, und unterscheidet sie von denen, die diese schwärmerischen Auffassungen von dem bevorstehenden Wiederkehren Christi verbreiten, und denen, die sich diese Auffassungen haben einreden lassen. Er solidarisiert sich mit den Adressaten seines Briefes und bezieht sie in seine eigene Arbeit und seine eigenen Probleme in der Missionsarbeit mit ein, indem er sie um ihr Gebet, ihre Fürbitte bittet: „Betet für uns, damit sich die Botschaft schnell überall ausbreite. Betet auch für uns, dass wir vor den Anschlägen böser und schlechter Menschen bewahrt werden."

Es mag für uns wie ein Trost erscheinen zu lesen, wie bereits in den ersten christlichen Gemeinden Spannungen unterschiedlichster Art unter den Gemeindegliedern ausgetragen wurden. Ein Trost insofern, als wir ja auch heute in unserer Kirche, in unseren Gemeinden Konflikte aller Art vorfinden, von theologischen Streitigkeit bis zu menschlichen Reiberein. So ganz anders als sonstwo in der Welt geht es in einer Kirchengemeinde auch nicht zu. Die Kirche, die Versammlung der Christen ist eben noch nicht das himmlische Reich selbst, sondern ein Stück Welt mit all den Übeln, die unserer Welt eigen sind. Mit dem einen bedeutsamen Unterschied vielleicht, dass in der Kirche aufgrund des Wissens von Christus und aufgrund seines Anspruches an uns, diese Mängel deutlicher und unangenehmer ins Bewusstsein dringen und ein stärkeres schlechtes Gewissen bereiten als vielleicht andernorts.

Mit solchen Schwierigkeiten hatten also auch die ersten Gemeinden zu tun, die ersten Christen, die ersten Missionare. Und da mögen wir den Trost auch darin sehen, dass solche Schwierigkeiten den Lauf der christlichen Botschaft durch die ganze Welt und durch die nun fast zweitausendjährige Geschichte nicht haben aufzuhalten vermocht.

„Aber der Herr ist treu" – mit diesem trostvollen und ermutigenden Wort wendet sich schon der Schreiber unseres Briefes an seine Adressaten und will ihnen damit sagen: „In all den Anfechtungen von außen und von innen, in allen Zwistigkeiten, Irrungen und Unsicherheiten gibt es einen, auf den ihr euch verlassen könnt, euren und unseren Herrn Jesus Christus. Er wird euch stark machen und vor dem Bösen beschützen. Er gibt auch uns das Vertrauen zu euch, dass ihr jetzt und in Zukunft nach dem handeln werdet, was wir euch sagen."

Christus ist das Haupt der Gemeinde, nicht als „pars inter pares", als Gleicher unter Gleichen, sondern als der ganz andere, als derjenige, der nicht ein Stück unserer Welt ist, wie wir es sind, sondern der in seiner Person das Göttliche verkörpert, der über all unseren menschlichen Irrungen steht und auch da unveränderlich bleibt, wo unsere menschlichen Ordnungen in die Brüche gehen. Durch die Treue Christi, durch die fortdauernde Gültigkeit seines Wortes, durch die von ihm ausgehende Kraft haben sich Gemeinden und einzelne Christen immer wieder stärken lassen können, haben sie sich aus Niederlagen und Misserfolgen wieder erheben, zerrissene Bindungen neu knüpfen und sich in aussichtslos erscheinenden Situationen neue Hoffnung geben lassen können.

So müssen wir letztlich sagen: Christus selbst hat seine Sache vorangetrieben und Gott durch ihn. Und weil das so ist, braucht uns nicht bange zu sein um die Kirche, um die Gemeinden. Wo es unruhig und manchmal gar nicht christlich zugeht, da wird Christus selbst kein Schade zugefügt; er steht über allem und wird obsiegen. Und in dieser Gewissheit können wir uns immer wieder an ihn wenden, um ihn für uns selbst und unsere Kirche zu bitten. Er vollbringt dieses Werk, das uns manchmal so schwer erscheinen mag: Er lenkt unser Denken und Wollen immer neu hin auf die Liebe zu Gott und die standhafte Treue zu Christus.

Gemeindeaufbau mit Hindernissen
8. Juni 1992
Pfingstmontag
1. Korinther 12,4-11

Vielleicht haben Sie einmal den Bau eines Hauses miterlebt: Maurer, Heizungsmonteure, Klempner, Tischler, Fußbodenleger, Elektriker, Maler machen sich an die Arbeit. Es ist bei solcher Gelegenheit faszinierend zu beobachten, wie der Bau des Hauses im Zusammenspiel der verschiedenen Berufe vorangeht. Ein Arbeitsgang ist auf den anderen abgestimmt. Da muss eine bestimmte Reihenfolge eingehalten werden. Die Handwerker sind voneinander abhängig. Am Ende kommt nur etwas Gutes heraus, wenn jeder seine Aufgabe im Zusammenspiel mit den anderen verantwortungsvoll wahrgenommen hat.

Wir können uns fragen, was dieses Zusammenwirken der verschiedenen Berufe so verhältnismäßig gut funktionieren lässt. Und wir können schlicht und platt antworten: „Jeder bekommt seine Arbeit bezahlt, sofern sie korrekt ausgeführt wird." – „Es ist das Geld, was die Welt im Innersten zusammenhält", sagt der Volksmund. Und das Geld ist sicherlich auch eine Triebkraft, die ein koordiniertes Zusammenwirken beim Bau des Hauses fördert.

Dieses Bild vom Bau des Hauses soll illustrieren, worum es in unserem Predigttext heute geht. Auch die Gemeindeglieder in Korinth sollten bauen. Sie sollten allerdings nicht ein Haus bauen. Sie sollten eine Gemeinde bauen. Und bei ihnen klappte es mit der Zusammenarbeit nicht. Das beklagt Paulus in seinem Brief an die Korinther. Er war es ja gewesen, der den Grundstein dieser Gemeinde gelegt hatte.

Auch für den Bau einer Gemeinde werden im übertragenen Sinne Handwerker benötigt, Menschen, die mit ihren verschiedenen Begabungen die unterschiedlichen Aufgaben zu erledigen haben: die Verkündigung des Evangeliums, die Diakonie, also die praktische soziale Hilfe, außerdem die Seelsorge und nicht zu vergessen auch das Organisatorische, die Verwaltung, wie wir heute sagen würden.

Paulus hatte erfahren, dass unter den Korinthern verschiedene Gruppen miteinander im Streit lagen, dass sie gegeneinander arbeiteten. Für die Uneinigkeit mochte es verschiedene Gründe geben. Ein Grund war sicherlich, dass die Gemeindeglieder aus verschiedenen sozialen Schichten stammten und von daher über vieles ganz unterschiedlich dachten. Vielleicht gab es neben den unterschiedlichen Auffassungen auch persönliche Streitereien.

Paulus fragte sich: „Wie kann ich die Gemeindeglieder wieder zusammenführen und dafür sorgen, dass alle an einem Strang ziehen und gemeinsam an dem einen Haus bauen, also das Leben der Gemeinde im Sinne des Evangeliums fördern, statt es zu zerstören." Der Einsatz finanzieller Mittel, der beim Bau des Hauses ganz hilfreich ist, konnte hier nicht helfen. Paulus konnte nur an das Verständnis und das geistliche Verantwortungsbewusstsein der Gemeindeglieder appellieren. So erinnerte Paulus an den Geist Jesu Christi, an den Heiligen Geist, der als einigende Kraft alle Unterschiede überwinden kann. „Ihr habt doch einen gemeinsamen Herrn, Jesus Christus", erinnert er die Korinther, „und einen gemeinsamen Gott, den Schöpfer und Ursprung aller Dinge."

Es schmerzte Paulus, dass die Gemeinde in Korinth so sehr gespalten war. Ihm machte die Vorstellung Sorge, dass die wesentlichen Inhalte des Glaubens an Jesus Christus nicht mehr wahrgenommen werden könnten und dass das Gemeindeleben nichts mehr von der frohen und befreienden Kraft des Evangeliums widerspiegeln könnte.

Paulus bemühte sich um die Wiederherstellung der Einheit. Und dabei hatte er gegen einen menschlichen Hang zu kämpfen, der uns auch nur zu gut bekannt ist: den Hang, das Eigeninteresse über das Gemeinsame zu stellen und den anderen in seiner Andersartigkeit gering zu achten, die andere Meinung, die andere Sprache, die andere Denkungsart und die andere Lebensart.

Wir haben den Hang, uns gegeneinander abzugrenzen und

uns voneinander zu trennen. Dabei leiden wir auch unter solcher Abgrenzung und Trennung. Denn wir tragen eine geheime Sehnsucht nach Einheit in uns. Im Alten Testament spricht sich in mythologischen Bildern die Ahnung davon aus, dass wir eine ehemals vorhandene Einheit verloren haben, dass wir sie durch menschliche Schuld verspielt haben. Im Paradies lebten Adam und Eva noch in enger Gemeinschaft mit Gott. Als Strafe für ihren Eigensinn wurden sie aus dem Paradies hinausgeworfen. Die brüderliche Gemeinschaft zwischen Kain und Abel zerbrach, als Kain sich dem Abel gegenüber zurückgesetzt fühlte und sich gegen die schicksalhafte Ungerechtigkeit auflehnte. Er musste zur Strafe unruhig in der fremden Welt umherirren. Die Einheit der Gesellschaft zerbrach, als Menschen sich im Größenwahn einen Turm bis an den Himmel zu bauen versuchten. Zur Strafe wurde die Verständigung unter ihnen gestört. Sie begannen verschiedene Sprachen zu sprechen.

Die Geschichte des Menschen ist zunächst, so beschreibt es das Alte Testament, eine Geschichte der Trennungen, der Loslösung, des Verlustes einer einstigen Einheit. Jeder von uns hat diesen Prozess der Trennung, den das Alte Testament in mythologischen Bildern schildert, am eigenen Leibe ganz biologisch durchgemacht. Im Mutterleib war die Einheit noch da. Dann wurden wir hinausgestoßen, die Nabelschnur wurde zerschnitten. Für Jahre noch klammerten wir uns von außen her an den Mutterleib. Doch dann nahmen wir mehr und mehr Abstand. Wir wurden uns unserer selbst bewusst. Wir entwickelten unsere eigenen Fähigkeiten und wurden selbstständig. Was biologisch mit uns geschehen war, vollzogen wir willentlich nach. Wir entdeckten, dass wir anders waren als andere Menschen. Wir suchten unser Selbstbewusstsein darin zu stärken, dass wir die Andersartigkeiten der anderen als Schwächen erklärten.

So sehr wir zum einen unser Ich zu stärken suchen in Abgrenzung gegen den anderen, so sehr empfinden wir den Verlust der Einheit doch auch als belastend und bedrohlich. Wir sehnen uns nach Überwindung alles Trennenden. Wir sehnen uns danach, die Einheit wiederzuerlangen. Wir sehnen uns nach Liebe.

Der Mensch, so sehr er zum einen biologisch auf Trennung hin angelegt ist, so sehr ist er ebenfalls biologisch zum anderen auch auf Einheit hin angelegt. Nur zwei verschiedene Menschen können neues Leben erschaffen: Mann und Frau. Wir sind biologisch aufeinander bezogen. Wir können diese Vorgabe als Hilfestellung verstehen, wieder zueinander zu finden.

Es fällt uns nicht leicht, den Weg aufeinander zu in bewusster Entscheidung zu gehen. Wir haben durchaus Angst davor, uns in dem anderen zu verlieren. Das Evangelium macht uns Mut, den Weg auf die Einheit hin zu beschreiten.

Pfingsten ist das Fest der Einheit. Die babylonische Sprachenverwirrung wird aufgehoben. Kommunikation wird wieder hergestellt. Menschen können wieder miteinander sprechen und einander verstehen. Es ist der Heilige Geist, der Geist Gottes, der Geist Jesu Christi, der Geist der Liebe, der dies in Szene gesetzt hat.

Paulus bittet die Gemeinde in Korinth, sich diesem Geist Gottes zu öffnen und sich durch ihn untereinander über das Trennende hinweg zur gemeinsamen Arbeit an der einen großen Aufgabe führen zu lassen.

Die Probleme dieser Gemeinde in der griechischen Hafenstadt Korinth waren Probleme, die wir in jeder Gemeinde antreffen können. Da gab es zum Beispiel Gemeindeglieder mit unterschiedlichem sozialen Status: Wohlhabende und Arme, einige wenige Gebildete und eine Mehrzahl von solchen, die nicht schreiben und lesen konnten. Es gab hohe Beamte in feinen Kleidern und Hafenarbeiter, denen man ihre körperliche Tätigkeit noch ansah, wenn sie zum Gottesdienst kamen. Es gab Einheimische und welche, die wir heute als Gastarbeiter zu bezeichnen pflegen.

In einer solchen gemischten Zusammensetzung sind die Auffassungen über Gott und die Welt so unterschiedlich, wie die einzelnen Menschen und Gruppen. Das gilt allerdings nicht nur für die damalige Gemeinde in Korinth. Damals befand sich die christliche Theologie noch in ihren Anfängen. Es bildete sich erst langsam ein Verständnis dafür, was der Glaube an Jesus Christus bedeutete und wie er in das Gemeindeleben und die Lebenspraxis umzusetzen sei. Einzelne Gruppen und einzelne Personen versuchten, sich in diesem Prozess gegen andere durchzusetzen.

Wir können im Rückblick für unsere Breitengrade zum Beispiel sagen, dass sich die Universitätstheologie durchgesetzt hat, also das Denken und Reden einer kleiner Gruppe von Menschen, ein hochfliegendes Denken und eine komplizierte Sprache, wie sie von vielen Menschen gar nicht nachvollzogen werden kann. Ähnlich wie in Korinth hat diese Erscheinung auch bei uns damit zu tun, dass bestimmte Begabungen bestimmter Menschen hochgeachtet und die der anderen gering geachtet werden. Paulus mahnt, die Gaben und Ämter aller Gemeindeglieder in gleicher Weise zu respektieren und für den Gemeindeaufbau zu nutzen. Diese Mahnung hat auch für uns an Aktualität nichts eingebüßt.

Der Heilige Geist kann auch uns untereinander verbinden über alle nationalen, sozialen, beruflichen und persönlichen Unterschiede hinweg und kann uns vereinen in der einen weltweiten Kirche. Der Heilige Geist erinnert uns an Jesus Christus, durch den die frohe Botschaft Gottes zu uns gekommen ist. Christus hat die zahllosen Grenzen, die zwischen Menschen aufgerichtet werden, überschritten. Er hat aus Fremden Freunde gemacht. Er hat seine Mitmenschen – gleich welcher Herkunft, welchen Berufes, welchen Ansehens – als sein eigen Fleisch und Blut behandelt.

Für uns, die wir uns nach Einheit sehnen, kommt es auf Folgendes an: dass wir über uns selbst hinweg den anderen sehen, dass wir daran glauben und danach leben, dass wir alle geliebte Kinder des einen göttlichen Vaters sind, und dass wir darauf vertrauen, dass einst zur Einheit vollendet werde, was jetzt noch getrennt ist.

Paulus sagt: „Es sind mancherlei Gaben, aber es ist ein Geist. Und es sind mancherlei Ämter, aber es ist ein Herr. Und es sind mancherlei Kräfte, aber es ist ein Gott, der da wirkt alles in allen."

Ich wünsche uns, dass der Heilige Geist in uns und durch uns sein gutes Werk vollbringen möge.

Wir sind zu vorbildlichem Verhalten berufen
16. Juli 2000
4. Sonntag nach Trinitatis
1. Petrus 3,8-15a(15b-17)

Der heutige Predigttext in 1. Petrus 3 enthält eine Mahnung an die Gemeinde, eine Aufforderung an die Gemeinde, sich so zu verhalten und nicht anders. Wir können diese Mahnung oder Verhaltensempfehlung einmal so verstehen, als wäre sie direkt an uns als Gemeinde St. Markus gerichtet. Bevor ich den Text lese, könnten wir uns aber selbst fragen: „Wie sollten wir als Gemeinde denn sein?" Und mit Gemeinde meine ich jetzt all die Menschen, die sich in irgendeiner Weise St. Markus so verbunden fühlen, dass andere sagen würden: „Der – oder die – gehört zu St. Markus." Das könnten also Mitarbeiter sein, hauptamtliche oder ehrenamtliche, alle, die hier eine kleine oder größere Aufgabe übernommen haben, und alle, die hier mehr oder weniger regelmäßig in den diversen Veranstaltungen der Gemeinde auftauchen, sodass, wie gesagt, Außenstehende meinen, den oder die Betreffende mit der Gemeinde identifizieren zu dürfen.

Machen wir uns mal den Blick von außen zu eigen. Gerade dann wird nämlich schnell deutlich, dass eine Gemeinde eine Ansammlung von Menschen darstellt, von denen zumindest erwartet wird, dass sie sich in einer bestimmten Weise verhalten. An eine Gemeinde werden – und, wie ich finde, zurecht – erhöhte Anforderungen gestellt, was das Verhalten der ihr zugehörigen Menschen anbetrifft.

Wie die Realitäten dann aussehen, ist eine andere Frage. aber dass da zunächst einmal Standards sind – so und so sollten wir sein und so und so sollten wir nicht sein –, das lässt sich nicht leugnen, und das hat auch seine Richtigkeit. Wenn wir uns jetzt mal nach diesen Standards fragen, dann kommen wir, vermute ich, ganz schnell auf dieselben Verhaltensempfehlungen, die uns in unserem Predigttext gegeben werden. Da heißt es nämlich – ich fasse das mal zusammen:

„Seid untereinander einig, seid mitfühlend, seid brüderlich, barmherzig, demütig, vergeltet nicht Böses mit Bösem, sondern segnet vielmehr. Hütet euch davor, dass eure Zunge Böses redet, dass eure Lippen betrügen. Wendet euch vom Bösen ab und tut Gutes, sucht den Frieden, seid gerecht."

So gut können wir gar nicht sein, wie hier von uns erwartet wird, aber mit diesen Standards ist doch ein Ziel angegeben, auf das hin wir uns als Gemeinde bemühen könnten und sollten.

Wir könnten nun die einzelnen Standards diskutieren. „Seid untereinander einig!" Vielleicht würde da der eine oder andere sagen: „Es muss doch auch in einer Gemeinde möglich sein, unterschiedliche Meinungen und Positionen zu vertreten." Ja, sicher! Aber wenn es zu richtigem Streit, zu tiefsitzendem und dauerhaftem Streit kommt, dann wäre das einer Gemeinde gewiss unangemessen. Die Bereitschaft, einen Konflikt zügig und nachhaltig zu lösen, sollte in einer Gemeinde besonders groß sein.

Natürlich sollte sich jeder – auch außerhalb einer Kirchengemeinde – um Friedfertigkeit und Versöhnungsbereitschaft bemühen. Aber gerade uns wird es besonders übel genommen, wenn es bei uns nicht klappt. Als christliche Gemeinde haben wir eine gewisse Vorbildfunktion. Das macht auch einen guten Teil unserer gesellschaftlichen Bedeutung aus. Die Gesellschaft braucht die Kirche, braucht die Kirchengemeinden, in denen sich die dort zugehörigen Menschen in besonderer Weise bemühen, hohe Standards des mitmenschlichen Umgangs zu erfüllen. Unsere Gesellschaft wäre möglicherweise viel unmenschlicher, viel kälter, wenn es die Kirchengemeinden nicht gäbe.

„Seid mitfühlend, barmherzig, brüderlich", sagen wir besser: „geschwisterlich!" Als Christen könnten wir niemals das Recht des Stärkeren gelten lassen. Es ist vom Wesen unseres Glaubens her unser Auftrag, uns mit besonderer Aufmerksamkeit den Schwachen und Benachteiligten zuzuwenden. Wer stark ist, wer besonders begabt oder begütert ist, der soll seine

Vorzüge nicht nur selbst genießen, der ist vielmehr dazu aufgerufen, seine Gaben auch zum Wohle anderer einzusetzen. Der Egoismus steht einem Christen nicht gut zu Gesichte. Der steht natürlich niemandem gut zu Gesichte. Aber wenn wir das in dieser allgemeinen Form so empfinden, dann eben deshalb, weil christliche Standards doch auch heute noch einigermaßen in unserer Gesellschaft verwurzelt sind – als Allgemeingut sozusagen. Das kann aber auch verlorengehen.

Es kann sich in einer Gesellschaft auch der Egoismus als Standard durchsetzen. Das wäre schrecklich. Vielleicht ist das in der Praxis weitgehend sogar schon so. Wir müssen ja auch unterscheiden zwischen dem, was wir – zumindest in der Theorie – noch für gut und richtig halten, und dem, was praktiziert wird, was wir vielleicht selbst praktizieren – nach dem Motto: Mitmenschlichkeit ist mehr was für die Sonntagsrede und Egoismus ist mehr was für das wahre Leben. „Ich bin doch nicht blöd", wird auch als ein Argument für den Egoismus genommen. Theologisch etwas vornehmer formuliert, spricht man von der „Torheit des Kreuzes", was eben so viel heißt wie: Sich für andere einsetzen, für andere gar persönliche Opfer bringen, ist dumm.

Es ist ja auch wahr, dass der mitfühlende, geschwisterliche, barmherzige Einsatz für andere einem nicht unbedingt Vorteile bringt, oftmals nicht einmal Dank und statt dessen nicht selten sogar Nachteile und Enttäuschungen. „Nächstenliebe lohnt sich nicht", möchte manch einer manchmal vielleicht sagen. Aber solche Enttäuschungen dürfen nicht das Leitmotiv unseres Verhaltens werden. Jesus Christus ist gekreuzigt worden. Ihm ist sein Einsatz für den Menschen auch nicht gedankt worden. Dennoch hat er an seiner Liebe zu den Menschen festgehalten. Das macht ja gerade das Schöne und Wunderbare des christlichen Glaubens aus, dieses „Dennoch", dieses liebevolle Dennoch. Wenn wir unser Verhalten nach all den unerfreulichen Erfahrungen des Alltags ausrichten würden, dann würde uns das Leben bald nicht mehr viel Freude bereiten.

Enttäuschte, verbitterte, resignierte, nur noch auf sich selbst bezogene Menschen machen keine gute Gesellschaft. Nein, es ist wichtig, dass wir schöne, hehre, erhabene Ziele vor Augen haben; die dürfen ruhig weit über die Realitäten hinausweisen. Mitmenschlichkeit, Barmherzigkeit, Liebe, Frieden, das sind in gewisser Weise mehr Ziele als Realitäten. Sie geben uns eine Richtung an, in die zu gehen sich lohnt. Es lohnt sich – nicht unbedingt sofort in barer Münze und unmittelbarem Erfolg –, aber doch in dem Sinne, dass unser Leben einen Sinn und eine Würde erhält.

Ich möchte lieber im Bemühen um Nächstenliebe enttäuscht werden, als ein erfolgreicher Egoist sein. Christus ist an der Liebe gescheitert. Aber dass er dennoch an der Liebe festgehalten hat, hat ihn zum Hoffnungsträger der Menschheit gemacht. Das macht das Frohe an der frohen Botschaft des Neuen Testaments aus.

Um nochmal auf unsere Kirchengemeinde zurückzukommen: Von uns wird viel erwartet, und wir selbst sollten auch viel von uns erwarten. Wir sollten unsere Standards hochhalten und unser Bestes geben, sie zu erfüllen. Natürlich werden wir – auch beim besten Willen – immer hinter unseren guten Absichten zurückbleiben und nur unvollkommen das verwirklichen, was wir für gut und richtig erkannt haben. Aber das Versagen, das Scheitern wird uns ja nachgesehen, und wir dürfen immer wieder einen neuen Anfang machen.

Wir werden nachher das Abendmahl feiern. Da stehen wir dann im Kreis als diejenigen, die unvollkommen und fehlerhaft sind und die dennoch geliebt und angenommen sind. Wir stehen dann im Kreis um denjenigen herum, der uns trotz all unserer Unvollkommenheiten für wert befunden hat, sich bis zur Hingabe seines Lebens für uns einzusetzen. Wir nehmen ihn, Jesus Christus, in der Gestalt von Brot und Wein in uns auf, weil er selbst uns mit seiner Kraft stärken möchte aus unserem Inneren heraus.

Manchmal sagen wir, wenn jemand des Öfteren etwas Gemeines sagt oder tut: In dem steckt wohl ein kleines Teufelchen. Der kleine Teufel steckt vielleicht in jedem von uns irgendwo.

Aber von dem dürfen wir uns nicht regieren lassen. Es ist doch besser, wir haben jemand anderen in uns, der unser Verhalten bestimmt. Und eben den nehmen wir zeichenhaft durch das Brot und den Wein des Abendmahls in uns auf.

Es kommen also in einer Kirchengemeinde zwei Dinge zusammen: zum einen ein hoher Anspruch an das Verhalten der ihr zugehörigen Menschen und zum anderen das Vertrauen, sich trotz aller menschlichen Unvollkommenheiten hohe Ziele setzen zu dürfen und zu sollen und bei Versagen immer wieder einen neuen Versuch machen zu dürfen. „Seid allezeit zur Verantwortung bereit", heißt es auch in unserem Predigttext. Jedem sei Dank, der mit guten Zielen und mit Mut und Vertrauen Verantwortung für unsere menschliche Gemeinschaft übernimmt.

Als christliche Gemeinde füreinander da sein
6. August 2000
7. Sonntag nach Trinitatis
Philipper 2,1-4

Wenn wir den Brief des Apostels Paulus an die Gemeinde in Philippi durchlesen, spüren wir, dass er die Menschen in dieser Gemeinde gerngehabt hat. Es war seine erste Gemeindegründung in Europa gewesen, in Griechenland, in der Hafenstadt Philippi, wo besonders viele Römer lebten, die Besatzungsmacht, mehr Römer sogar als einheimische Griechen und sonstige Ausländer, einschließlich Juden, zusammengenommen. Paulus hatte sich wie immer nicht lange mit der Gemeindegründung aufhalten können. Er war bald weitergereist. Und nun saß er irgendwo im Gefängnis, vielleicht in Rom, und schrieb aus der Ferne einen Brief an die Gemeindeglieder von Philippi, nachdem er zwischendurch von ihnen schon mal Nachrichten, gute Nachrichten, erhalten hatte.

Paulus mag die Leute in Philippi, und es liegt ihm viel daran, dass es mit dieser Gemeinde gut weitergeht. Er sieht zwei Gefahren; auf diese nimmt er in seinem Brief Bezug: die Bedrohung von außen – er sitzt ja selbst im Gefängnis, und so könnte es auch ihnen ergehen – und die Bedrohung von innen, nämlich Zerwürfnisse, Streitereien unter den Gemeindegliedern. Solche Probleme unter den Gemeindegliedern hatte er an manchen Stellen schon erleben müssen, offenbar auch in der Gemeinde des Ortes, an dem er gerade einsitzt.

Paulus ruft die Philipper zur Einmütigkeit, zur Eintracht auf. Da kann der Hinweis auf die äußere Bedrohung eine Hilfe sein. Die Bedrohung durch einen gemeinsamen Feind kann zusammenschweißen. Das war übrigens, um einmal für einen Augenblick in die jüngere Vergangenheit zurückzugehen, ein „Vorteil" – ich sage das in Anführungszeichen –, ein „Vorteil" der christlichen Gemeinden in der damaligen DDR: Sie waren durch die nicht-christliche und zeitweise ja durchaus feindselige Umgebung viel stärker als wir im Westen herausgefordert, sich zusammenzuschließen, Position zu beziehen, um sich behaupten zu können. In unserer toleranten, aber religiös und kirchlich eher gleichgültigen Umgebung fehlte – und fehlt heute sowohl im Osten wie im Westen – diese Herausforderung eines Feindes und damit eben ein Anreiz, sich als jeweilige Gemeinde auf die gemeinsame Sache, den gemeinsamen Glauben zu besinnen und ihn geeint kraftvoll zu vertreten und sich gegenseitig darin zu bestärken. Es mag paradox klingen, aber die Verfolgungssituation mag für die entstehenden christlichen Gemeinden damals zur Zeit des Paulus ein eher stärkendes geschichtliches Element gewesen sein.

Wir können uns natürlich keine Verfolgungssituation wünschen. Wir können uns überhaupt keinerlei Anfeindungen wünschen. Gemeindeaufbau muss auch ohne äußere Bedrohung möglich sein. Die innere Bedrohung – nämlich die auseinanderlaufenden und gegeneinander gerichteten Kräfte in der Gemeinde – stellt sich dann aber als ein umso schwieriger zu lösendes Problem dar. Ob in der Gemeinde von Philippi diesbezüglich konkret Probleme vorhanden waren, muss dahingestellt bleiben. Paulus war mit dieser Gemeinde an sich sehr zufrieden. Aber am Ort seines Gefängnisses in Rom beobachtet er, wie einige Leute Christus aus Neid und Streitsucht verkündigen, andere aus edler Gesinnung. Paulus ruft angesichts dieser Erfahrung die Philipper vorsorglich zu Einmütigkeit und Eintracht auf: „Seid eines Sinnes und habt dieselbe Liebe."

Wir können an dieser Stelle einmal innehalten und uns fragen, wie dieser Aufruf zur Gleichgesinntheit genau zu verstehen ist. Gemeint sein kann ja nicht, dass alle immer gleicher Meinung sein sollen. Dies ist gar nicht möglich, auch nicht unter Christen, auch nicht in Glaubensdingen. Das wird von manchen sehr bedauert. Die Meinungsvielfalt kann ja auch verunsichern: Woran soll man sich halten? Was gilt in der Kirche? Was gilt verbindlich? Manche blicken da etwas neidvoll auf die katholische Kirche, wo schon eher von oben her für eine Einheitlichkeit in Glaubensdingen gesorgt wird.

Was die Sache so schwierig macht – das hat Paulus erkannt

und ausgesprochen –, ist, dass Unterschiede in Auslegung und Verkündigung sich vermischen können mit unterschiedlichen und widerstreitenden persönlichen Interessen. Auch die christliche Verkündigung kann aus Eitelkeit, Neid und Streitsucht geschehen. So sollte es aber nicht sein. Unterschiedliche Auffassungen ja, aber nicht gegenseitige Verletzungen. So müssen wir Paulus wohl verstehen.

Es muss in diesem Zusammenhang noch ein Wort gesagt werden zu einem wesentlichen Merkmal unserer demokratischen Gepflogenheiten. Zu unserer Gesellschaftsordnung gehört nicht nur die Anerkennung der Meinungsvielfalt, sondern auch die Anerkennung unterschiedlicher persönlicher Interessen. Es ist legitim, seine eigenen persönlichen Interessen zu verfolgen; es ist auch legitim zu versuchen, sie gegen andere Interessen durchzusetzen. In diesem Kampf ist lediglich die Wahl der Mittel begrenzt. Die Anerkennung der Interessen, auch der egoistischen Interessen, ist ein – ziemlich wertneutraler – pragmatischer Weg, Frieden in der Gesellschaft zu halten und gleichzeitig das Allgemeinwohl zu fördern. Man geht davon aus, dass erstens da, wo Menschen sich für ihre eigenen Interessen einsetzen können, sie etwas zu leisten imstande sind – und davon können dann letztlich alle profitieren –, und dass zweitens der Appell an eine gemeinsame Ausrichtung der Interessen, an Einmütigkeit und Eintracht ohnehin nur wenig Gehör fände. Der Appell wäre nur entweder durch gehörigen Druck oder gar Gewalt durchzusetzen oder durch eine intensive Moralisierung und Ideologisierung, die zu Intoleranz und Heuchelei führen würde.

Diesen offenen – bewussten und gewollten – Kampf der Einzel- und Gruppeninteressen in unserer Gesellschaft spreche ich an, um die Frage zu stellen, ob dies eventuell auch ein Weg für die christliche Gemeinde sein könnte: also statt moralischer Appelle zur Eintracht und Einmütigkeit die Aufforderung zum offenen Einsatz für die eigenen Interessen.

Ich werde diese Frage nicht bejahen. Aber es könnte ja einer den Standpunkt vertreten, dass auf diese Weise auch die christlichen Gemeinden dem Tatbestand Rechnung tragen würden, dass der Mensch ein sehr ichbezogenes Wesen ist und er am leistungsfähigsten ist, wenn er für seine eigenen Belange eintreten kann. Es wäre also ein Zugeständnis an unser Menschsein – so wie wir nun einmal sind. Vielleicht würde es dadurch gar nicht einmal mehr Unfrieden geben. Und die Gefahr des – letztlich ja unangenehmen – Moralisierens wäre vermieden.

Da möchte ich nun aber kritisch gegenfragen, ob sich eine christliche Gemeinde wirklich damit begnügen könnte, nützliche pragmatische Verfahren des Zusammenlebens und Zusammenwirkens zu finden und zu verwirklichen, oder ob sie sich nicht auch noch einem anderen Anspruch stellen muss, der über das pragmatisch möglich Erscheinende hinausweist. Können wir uns damit begnügen, dem Sosein des Menschen und der menschlichen Gemeinschaft Rechnung zu tragen, oder müssen wir nicht auch zu einem Anderssein aufrufen, auf einen Weg weisen zu einem Menschsein – ich sage das jetzt einmal ganz theologisch – zu einem Menschsein, das unserer göttlichen Bestimmung entspricht? Wir tragen ja eine Ahnung davon in uns, wie wir wohl sein sollten, und tragen auch eine Sehnsucht in uns, so zu sein, wie wir nicht sind – und offensichtlich nicht zu sein vermögen.

Indem ich diese Frage stelle, habe ich sie schon positiv beantwortet: Wir sollen als christliche Gemeinde über uns hinausweisen. Wir sollen über den gegenwärtigen Zustand unseres Soseins hinausweisen. Dazu sind wir durch Christus berufen. Er stellt in seiner Person dieses Anderssein dar. Er ist unser Ziel. Und unser Auftrag ist es, uns auf den Weg zu machen – hin zu diesem Ziel. Darum sagt Paulus: „Seid untereinander so gesinnt, wie es der Gemeinschaft mit Jesus Christus entspricht." Er ist zugleich aber auch unsere Kraft. Denn er fordert ja nicht in erster Linie von uns, sondern er schenkt uns seine Vergebung, seine Zuwendung, seine Liebe.

Zugegebenermaßen sind wir als christliche Gemeinden immer in der Gefahr, ins Moralisieren abzurutschen. Aber wir sind zu dieser schwierigen Aufgabe berufen und sollen nicht vor ihr ausweichen: sowohl den Sünder anzunehmen, als auch ihn zur Umkehr zu rufen. Auf die Gemeinde bezogen: Wir sind dazu berufen, den sündhaften Menschen mit seinen Schwächen und Fehlern zu lieben und ihn dennoch auf den Weg zu bringen, der Gemeinschaft entgegen, die Christus entspricht.

Wir feiern in diesem Gottesdienst das Heilige Abendmahl. Das Abendmahl bildet diese Gemeinschaft ab, die noch nicht Wirklichkeit ist. In der Abendmahlsgemeinschaft ist Christus in unserer Mitte und eint uns über alle unsere menschlichen Interessen und Streitigkeiten hinweg. Indem wir am Abendmahl teilnehmen, bekennen wir uns zu diesem Auftrag: dass wir zu mehr berufen sind als zu dem, was gegenwärtig Wirklichkeit ist.

„Dienst" in der Gemeinde
16. Januar 1994
2. Sonntag nach Epiphanias
Verabschiedung von Pastor Otfried Reinke
Römer 12,11

Nachdem der letzte Gemeindebrief herausgekommen war, traf ich ein alteingesessenes Gemeindeglied auf der Straße. Der betreffende Herr, schon längst im Ruhestand, sprach mich an: „Darf ich Ihnen was sagen, Herr Pastor, zu Ihrem Artikel über Pastor Reinke – aber bitte nicht böse sein?!" – „Nur zu", erwiderte ich. „Mit einer Sache in Ihrem Artikel bin ich nicht einverstanden", sagte der Betreffende, „Sie haben geschrieben: ,Pastor Reinke beendet seine Arbeit in St. Markus.' Aber das war doch keine Arbeit, das war doch ein Dienst."

Ich war etwas verblüfft über diesen unerwarteten Einwand und habe dann zunächst noch ein bisschen hin und her argumentiert, dass es vielleicht doch Arbeit war, und zwar sogar eine ganze Menge Arbeit. Aber mir ist dann doch klar geworden, dass ich einen Aspekt gar nicht im Bewusstsein gehabt hatte, als ich den Artikel schrieb: nämlich den Wandel der Sprache, der sich inzwischen in der Kirche und unter uns Pastoren und Pastorinnen, und in mir selbst, vollzogen hat. Was ich ausgeführt hatte, war, dass Sie, lieber Herr Reinke, von uns drei Kollegen hier in St. Markus, die Tradition verkörpert haben. Und das schließt auch die traditionelle Sprache ein. Allerdings sind Sie dabei sehr offen und beweglich und tolerant gewesen. So ist daraus niemals ein Problem entstanden, wofür ich Ihnen sehr dankbar bin.

Ich vermute, dass, um noch ein weiteres Beispiel für den sprachlichen Wandel zu nennen, dass mancher hier im Raum etwas geschluckt hat, als ich Sie mit „Herr" Reinke statt mit „Bruder" Reinke angesprochen habe, und dass ich gerade von uns drei Pastoren als von drei „Kollegen" sprach, als ob wir hier in irgendeinem Betrieb angestellt wären.

Aber – und das können wir ganz nüchtern feststellen: Die

herkömmlichen Sprachregelungen sind von der mittleren Pastorengeneration nur noch unvollständig und von der jüngeren Pastorengeneration kaum noch übernommen worden.

Manch einer argwöhnt, durch eine andere Sprache könnten die Inhalte verloren gehen. Diese Sorge haben Sie, wenn ich es richtig sehe, nicht gehabt. Natürlich sind wir Brüder und Schwestern im geistlichen Sinne, nicht nur unter uns Pastorinnen und Pastoren, sondern von Christ zu Christ und von Mensch zu Mensch. Und dieser Gedanke ist mir persönlich auch außerordentlich wichtig. Es ist aber eine andere Sache, ob das auch so ausgesprochen werden muss in einer Sprachregelung, die für manche zur Formel erstarrt zu sein scheint. Jede Generation muss doch das Recht haben, sich in der ihr gemäßen Sprache auszudrücken. Das gilt auch für jeden Einzelnen. Es ist auch um der Glaubwürdigkeit willen wichtig, dass wir uns nicht eine uns fremde Sprachform aufsetzen lassen, sondern uns so ausdrücken, wie es unserer ganzen Person, unserem Denken und Fühlen, entspricht.

Sie haben, und ich wiederhole noch einmal: „Dafür bin ich Ihnen sehr dankbar!", die Unterschiede unter uns Pastoren hier an St. Markus im guten Sinne akzeptiert. Jeder von uns konnte stets so sein, wie er ist. Damit haben wir zusammen unseren Gemeindegliedern, die ja auch sehr verschieden sind, wohl den besten Dienst erwiesen.

Und damit komme ich noch einmal auf den Begriff „Dienst" zu sprechen. Wenn ich an diesen Aspekt nur rechtzeitig gedacht hätte, dann hätte ich schon im Gemeindebrief Ihr Wirken an St. Markus im Sinne unseres heutigen Epistelttextes – Römer 12,11: „Dient dem Herrn!" – ausdrücklich als Dienst bezeichnet. Denn Sie haben Ihren Beruf ja nicht als Job zum Geldverdienen verstanden, wenn auch wir alle in unserem Berufsstand nicht gern auf einen angemessenen Lohn verzichten wollen. Aber es ist doch so, dass uns – ich schließe uns jetzt mal alle mit ein – dass uns die Sache und die Menschen, um die es geht, vorrangig wichtig sind. Wir engagieren uns nicht in eigener Sache, wir wissen uns im Dienste Gottes, im Dienste Jesu Christi, wir fühlen uns berufen zum Dienst an den Mitmenschen und den Mitgeschöpfen und an der ganzen Schöpfung Gottes.

Ihr Dienst an St. Markus ist mit Ablauf des vergangenen Jahres offiziell beendet. Sie werden Ihre Konfirmandinnen und Konfirmanden noch weiter betreuen und konfirmieren. Und Sie werden noch eine Zeit lang den Pastorendienst in der Nachbargemeinde, der Bethlehemgemeinde, versehen. Aber offiziell und formell ergreifen wir heute die Gelegenheit, Ihnen, lieber Bruder Reinke, für Ihren Dienst an St. Markus auf das herzlichste, zu danken. Danke!

Wie verbindlich sind Formen?
18. Oktober 1992
18. Sonntag nach Trinitatis
Römer 14,17-19

Es ist schon etwas länger her, da fragte ein Pastor einen jungen Mann aus der Gemeinde: „Bist du bereit, am Sonntag das Abendmahl mit auszuteilen?" Denn er erwartete eine Menge Gottesdienstbesucher. Der junge Mann war bereit. Er war oft im Gottesdienst, er fühlte sich der Gemeinde verbunden, und wo immer mal eine Hand gebraucht wurde, war er gern zur Stelle.

Am Sonntag kam der junge Mann rechtzeitig. Der Pastor, bereits im Talar, empfing den jungen Mann am Kircheneingang. „Du wolltest doch heute das Abendmahl mit austeilen", sagte er zu dem jungen Mann und sah ihn von oben bis unten an. „Das möchte ich gerne", antwortete dieser. „In diesem Aufzug kannst du mir nicht helfen. Zu einem festlichen Tag gehört eine festliche Kleidung."

Der junge Mann brauchte einen Augenblick, um zu begreifen, dass er für die ihm angetragene Aufgabe einen Anzug hätte anziehen sollen, um den Erwartungen des Pastors zu entsprechen. Der Pastor war enttäuscht, der junge Mann war enttäuscht. Die Kleiderordnung hatte sie entzweit. Der junge Mann nahm sich vor, bei Gelegenheit das Thema noch einmal anzusprechen: Es müsste doch geklärt werden, wie wichtig das mit der Kleidung ist, wie wichtig überhaupt gewisse Äußerlichkeiten sind. Kommt es nicht mehr auf den Inhalt an als auf die Formen?

Gerade dies ist die Frage, die Paulus in unserem heutigen Predigtabschnitt aufwirft und die auch in der Evangelienlesung enthalten war. „Kommt es mehr auf den Inhalt oder mehr auf die Formen an? Wie verhält sich beides zueinander?" Dies ist eine ganz grundlegende Frage, die schon die ersten Christen bewegt und auch entzweit hat, eine Frage, die immer wieder neu gestellt und beantwortet werden muss, um Streit zu vermeiden, um Streit zu schlichten und Frieden untereinander zu halten.

Paulus hatte nicht mit dem Problem der Kleiderordnung zu tun, sondern mit der Frage: „Was darf ein Christ essen. Darf ein Christ Fleisch essen? Und wenn ja, welches Fleisch?" Also nicht die Kleiderordnung sondern die Speisevorschriften waren sein Thema. Denn Christen mit jüdischem Hintergrund waren es gewohnt, nur koscheres Fleisch zu essen, andere Gemeindeglieder mit nichtjüdischem Hintergrund aßen dagegen zum Beispiel sogar Fleisch, das für die Opferrituale im römischen Tempel verwendet worden war. Solches Fleisch aus heidnischem Gebrauch war für die Judenchristen ein Gräuel. Sie hielten es für unrein und eines Christen für unwürdig.

Die Frage also lautet: Wie bedeutsam sind Speisevorschriften, wie bedeutsam ist die Kleiderordnung, wie bedeutsam sind sonstige Formen der religiösen und kirchlichen Praxis? Kann man auch ein guter Christ sein in – sagen wir – zerschlissener und schmutziger Kleidung? Kann der Fleischesser genauso ein guter Christ sein wie der Vegetarier? Nach welchen Maßstäben sollen wir diese Fragen überhaupt beantworten? Was ist denn das eigentlich Wichtige, worauf es für unser Christsein ankommt?

Im heutigen Abschnitt aus dem Markusevangelium wird Jesus gefragt: „Welches ist das höchste Gebot von allen?" Und Jesus antwortet: „Du sollst den Herrn, deinen Gott, lieben von ganzem Herzen, von ganzer Seele, von ganzem Gemüt und von allen deinen Kräften. Das andere ist dies: Du sollst deinen Nächsten lieben wie dich selbst. Es ist kein anderes Gebot größer als diese."

Und Paulus sagt in unserem heutigen Predigtabschnitt aus dem Römerbrief: „Das Reich Gottes ist nicht Essen und Trinken, sondern Gerechtigkeit und Friede und Freude in dem Heiligen Geist. Wer darin Christus dient, der ist Gott wohlgefällig und bei den Menschen geachtet."

Die Liebe zu Gott und den Menschen, Gerechtigkeit, Friede, Freude – diese Stichworte benennen die Merkmale, an denen unser Christsein zu messen ist. Handelt es sich hierbei um Inhalte oder um Formen? Es handelt sich um Inhalte. Sie können in unterschiedlichen Formen Ausdruck finden.

Können wir jemandem, der in Alltagskleidung in den Gottesdienst kommt, unterstellen, er fehle ihm an der Liebe zu Gott? Das können und dürfen wir nicht. Gäbe es in unserer Gesellschaft noch eine Kleiderordnung – sie ist aber weitgehend aufgehoben –, dann würde der Anzug möglicherweise um der Ordnung willen getragen, unabhängig von der inneren Einstellung. Da es aber eine allgemein verbindliche Kleiderordnung nicht mehr gibt und sich statt dessen jeder nach Lust und Laune anzieht, können wir gar nicht mehr erschließen, ob und was der Einzelne mit seiner jeweiligen Kleidung gerade sagen will.

Wir tun also gut daran, uns gegenseitig die Freiheit zu lassen, unser Christsein in den Formen zum Ausdruck zu bringen, die wir selbst für angemessen halten. Worum es uns allen gemeinsam gehen sollte, das haben wir aus den Worten Jesu und aus den Worten des Apostels Paulus gehört: um die Liebe zu Gott und den Menschen, um Gerechtigkeit, Friede und Freude. Aber wie wir im Sinne dieser Worte unser Leben, unsere Lebensformen konkret gestalten, darin sollten wir uns gegenseitig die größtmögliche Freiheit zubilligen.

Die Ausdrucksformen des christlichen Glaubens sind ohnehin immer zeitbedingt gewesen. Sie waren immer abhängig von den jeweiligen Vorstellungen der Zeit, der Kultur der jeweiligen Gesellschaft, auch von den sozialen, wirtschaftlichen, politischen Umständen. Und sie sind auch – besonders heute – abhängig vom persönlichen Geschmack.

Es ist natürlich schön, wenn es gemeinsame Formen gibt. Wir feiern unseren Gottesdienst nach einer gemeinsamen, uns überlieferten Form. Das hat etwas sehr Verbindendes. Wir können und sollen zum einen jeder für sich zu Hause, in der Familie, am Arbeitsplatz, in der Freizeit und wo auch immer unserem Glauben ganz individuell Ausdruck geben. Es ist aber auch schön, dass wir eine Form haben, in der wir dies gemeinsam tun können. Wichtig ist, dass wir diese eine Form nicht als die allein richtige ansehen und dass wir andere Formen nicht gering achten.

Das eigentlich Wichtige sind die Inhalte: die Liebe zu Gott und den Menschen, Gerechtigkeit, Friede, Freude. Um dieser Inhalte willen kann es sich als erforderlich erweisen, bestimmte Formen zu wählen und auch bestimmte Formen zu verwerfen oder zu verändern. Das wird immer von dem jeweiligen Zusammenhang abhängen. Denn die Inhalte, um die es geht, haben alle einen Gemeinschaftsbezug. Die Liebe zu Gott ist das Oberthema. Sie hat ihren konkreten Ausdruck in unserem Verhältnis zum Mitmenschen, in unserer Liebe zum Mitmenschen, in dem Eintreten für Gerechtigkeit, in einem friedfertigen Verhalten und einer Vermehrung der Lebensfreude.

Wenn der anfangs erwähnte junge Mann vorhergesehen hätte, wie wichtig dem Pastor der Anzug sein würde, hätte er mit Rücksicht auf die Empfindungen des Pastors ausnahmsweise vielleicht mal einen Anzug anziehen können, sofern er überhaupt einen gehabt hat. Umgekehrt hätte der Pastor mit Rücksicht auf die Empfindungen des jungen Mann auch dessen Kleidung akzeptieren können.

Das wäre dann der angemessene Umgang mit den Formen gewesen: wenn die Formen eingesetzt werden, um die Inhalte, um die es letztlich geht, zu verwirklichen.

In allem, was wir tun und wie wir es tun, lasst uns, um mit Paulus zu reden, dem nachstreben, was dem Frieden dient, der Gerechtigkeit und der Freude, der Erbauung untereinander aus Liebe zum Menschen und zur Ehre Gottes.

Wohnort Gottes
12. August 2007
10. Sonntag nach Trinitatis
Johannes 4,19-26

Dieser Text hört sich vielleicht nicht sehr verständlich an. Er ist ja auch aus einem Zusammenhang herausgenommen. Er hat, um das vorweg zu sagen, im weitesten Sinne mit einer Frage zu tun, die sich auch viele Menschen unter uns stellen, nämlich: „Muss ich in die Kirche gehen, um zu Gott beten zu können?" Wie würden Sie auf diese Frage antworten? Als Pastor sage ich „Nein, aber." Man muss nicht in eine Kirche gehen, um beten zu können, das kann man überall tun. Denn Gott ist überall. Aber es ist gut und wichtig, dass es Kirchen gibt und dass wir besondere Orte haben, an denen wir uns zum Gottesdienst versammeln.

In unserem Predigtabschnitt geht es um zwei Orte der Anbetung. Der eine ist ein ganz großer, noch heute bekannter, die Stadt Jerusalem nämlich, die Stadt, in der sich die heiligste Stätte des Judentums befindet, die Klagemauer. Sie ist der Überrest einer Tempelanlage aus dem 6. Jahrhundert vor Christus, des sog. 2. Tempels. Dieser war zur Zeit Jesu durch Herodes prachtvoll ausgebaut und im Jahr 70 nach Christus von den Römern zerstört worden. Jerusalem war zur zentralen Kultstätte der Israeliten geworden, als der König Salomo vor fast dreitausend Jahren erstmals einen Tempel auf dem Berg gebaut hatte, der uns heute als Tempelberg bekannt ist.

Als es noch keinen Tempel gab, waren die israelitischen Stämme mit der sogenannten Lade umhergezogen, der Bundeslade, einem mobilen Heiligtum, einem Holzkasten, der an zwei langen Stangen transportiert wurde wie eine Sänfte. In diesem Kasten befanden sich die zwei Steintafeln mit den 10 Geboten. Der Kasten bestand aus vergoldetem Akazienholz und war verziert mit zwei Engeln. Dieser transportable Kasten war – in Anführungszeichen – das „Gotteshaus" der Nomaden – oder vielleicht könnten wir auch sagen – in Anführungszeichen –: das

„Wohnmobil Gottes". Die zwölf Stämme Israels waren anfangs Nomaden gewesen. Sie waren mit ihren Herden umhergezogen, immer auf der Suche nach Gras für ihre Tiere. Da war so eine mobile Kultstätte ganz praktisch.

Aber es kam die Zeit, dass die israelitischen Stämme sesshaft wurden und dass sie einen gemeinsamen König und eine feste Kultstätte haben wollten. Mit Saul fing das Königtum der Israeliten an, dann kam König David, der ein großes Reich aufbaute. Und nach ihm Salomo, der, wie gesagt, in Jerusalem einen Tempel bauen ließ. Wo ein Tempel ist, da gibt es auch Priester und einen Kult mit vielen Riten und Regeln.

Salomo konnte sein großes Reich nicht auf Dauer halten. Es zerbrach bald an inneren und äußeren Auseinandersetzungen. Das Reich zerfiel in einen Nordstaat und einen Südstaat. Der Südstaat behielt Jerusalem als Hauptstadt. Hauptstadt des Nordreiches wurde Samaria. Das Nordreich schuf sich später auch eine eigene zentrale Kultstätte – und zwar auf dem Berg Garizim. Damit fing das Problem an, um das es viele Jahrhunderte später immer noch ging und das sich in unserem heutigen Predigtabschnitt niedergeschlagen hat.

Der Name Samaria hat für uns durch den barmherzigen Samariter einen sympathischen Klang. Aber zwischen den Samaritern oder den Samaritanern, wie sie auch genannt wurden, im Nordreich und der judäischen Bevölkerung im Südreich um Jerusalem herum gab es seit der Spaltung des Reiches Probleme. Aus Sicht der Juden waren die Samariter Abtrünnige – auch in religiöser Hinsicht.

Die Juden beanspruchten, über das wahre Heiligtum und den wahren Kult in Jerusalem und über den wahren Glauben zu verfügen. Die Samariter konnten das natürlich nicht akzeptieren. Sie nahmen ihrerseits in Anspruch, in der Tradition der israelitischen Religion zu stehen und den rechten Glauben zu wahren. Auch sie warteten z. B. auf einen Messias.

Die Frau in unserem Predigttext ist eine Samariterin. Jesus kommt mit ihr ins Gespräch. Er war nämlich über die Grenze gegangen, ein Stück nach Samarien hinein. Dort hatte er die

Frau an einem Brunnen getroffen. Er hatte sie um Wasser gebeten.

Im Laufe des Gesprächs merkt die Frau, dass es sich bei Jesus um einen besonderen Menschen handelt. Sie sagt zu ihm: „Ich sehe, du bist ein Prophet." Als sie vom Messiasglauben der Samariter spricht, gibt er sich zu erkennen und sagt: „Ich bin es, auf den ihr wartet."

Die beiden hatten sich zuvor über die Frage unterhalten, wo denn die richtige Stätte zur Anbetung Gottes sei. Die Juden sagten: Auf dem Berg in Jerusalem. Die Samariter aber sagten: Auf dem Berg Garizim.

Jesus sagt nun zur Frau: Es kommt die Zeit, da werdet ihr weder auf diesem Berg noch in Jerusalem Gott anbeten. Denn Gott ist Geist, und die ihn anbeten, müssen ihn im Geist und in der Wahrheit anbeten.

Was will Jesus damit zum Ausdruck bringen? Gott ist Geist und der Geist, wie Paulus einmal sagte, der Geist weht, wo er will. Gott lässt sich nicht an einen Ort festbinden. Gott ist überall, in der ganzen Schöpfung, er begegnet uns in jedem Menschen und er wohnt in unserer aller Herzen. Wir können immer und überall Zwiesprache mit ihm halten.

Mit dem, was Jesus der Frau sagt, will er nicht die besondere Bedeutung einer festen Kultstätte in Abrede stellen. Aber wenn die Vertreter einer bestimmten Glaubensrichtung oder Volksgruppe behaupten, nur bei ihnen, an ihrem Ort, in ihrem Gotteshaus ließe sich Gott in Wahrheit anbeten, dann muss eine solche Behauptung zurückgewiesen werden. Denn diese wäre eine unzulässige und unangemessene Vereinnahmung Gottes, vielleicht mit dem Bedürfnis, eine exklusive Verfügung über die religiösen Dinge zu erlangen. Bei den beiden Kultstätten ging es in der Tat auch um Politik und Religionspolitik.

Martin Luther hat sich eineinhalb Jahrtausende nach dem Auftreten Jesu gegen ähnliche Exklusivitätsbestrebungen der römisch-katholischen Kirche zur Wehr gesetzt und hat dafür gekämpft, dem Geist der Bibel den Vorrang einzuräumen.

Gott ist Geist. In Jesus Christus ist der Geist Gottes Mensch geworden. Als Jesus Christus gen Himmel fuhr, hat er uns seinen Geist hinterlassen.

Aus dem Geist Gottes ist, so sagen manche enttäuscht, die Institution Kirche geworden. Manche Erscheinungsformen von Kirche sind im Laufe der Geschichte auch wirklich sehr enttäuschend gewesen. Man kann auch heute manches an der Institution Kirche kritisieren.

Trotzdem ist gut, dass es die Institution gibt, dass es Kirchen gibt, dass es besondere Orte gibt, an denen gemeinschaftlich Gottesdienst gehalten wird, sofern dies alles nicht mit dem Anspruch der Exklusivität getan wird und mit einem Machtanspruch verbunden ist.

Jesus sagte an anderer Stelle: „Wo zwei oder drei in meinem Namen versammelt sind, da bin ich mitten unter ihnen." Auch damit brachte er deutlich zum Ausdruck, dass Gott und das Gebet zu Gott nicht an einen festen Ort gebunden sind, sondern dass Gott uns im Geiste und im Glauben nahe ist.

Zu dieser Einsicht sind in gewisser Weise auch die Juden gelangt. Denn ihnen ist im Laufe ihrer Geschichte zweimal das zentrale Heiligtum in Jerusalem zerstört worden. Die heutige Klagemauer ist ja, wie gesagt, auch der Rest einer früheren Tempelanlage. Für die Juden ist die Tora, also ihre heilige Schrift, quasi zur Wohnstätte Gottes geworden. Diese kann man überall mit hinnehmen.

Allerdings erleben wir bis in die Gegenwart hinein, wie wichtig den Juden Jerusalem als heilige Stadt geblieben ist, und nicht nur den Juden. Heilige Orte haben eben doch eine ganz große Bedeutung. Aber die Bedeutung von Orten muss auch ihre Grenzen haben. Das will Jesus sagen. Denn Gott ist Geist. Als solcher ist er überall gegenwärtig und will im Geist und der Wahrheit an jedem Ort der Welt angebetet werden.

Dieser Hinweis Jesu wird manchmal herangezogen, um über die Schließung von Kirchen hinwegzutrösten.

Wo Kirchen geschlossen werden, da ist Trost vonnöten. Denn mit den Kirchen verbinden Menschen Erinnerungen an eigene Lebensstationen, Gefühle von Heimat und Zugehörig-keit. Es ist, müssen wir jetzt umgekehrt sagen, zwar so, dass Gott überall ist und überall angebetet werden kann. Trotzdem sind Orte wichtig, so wie auch Rituale und Feste und Formen wichtig sind. So ganz würden wir mit den religiösen Dingen wohl nicht zurechtkommen, wenn alles nur Geist wäre und bliebe. Wir brauchen auch das Konkrete, das Anschaubare, An-fassbare, Erlebbare, auch das Lokalisierbare.

Gott ist ja auch nicht nur Geist geblieben. Er ist sehr konkret geworden, er ist Mensch geworden in Jesus von Nazareth. Wenn uns Jesus nach seiner Himmelfahrt den Geist hinterlassen hat, dann ist es in gewissem Maß hilfreich und vonnöten, dass der Geist wiederum konkrete Formen annimmt – in Menschen, die vom Geist erfüllt sind, in Institutionen der Nächstenliebe und auch in Häusern, in denen wir uns im Geiste Gottes ver-sammeln können, in Kirchen eben.

Wir können also froh und dankbar sein, dass wir unsere Kir-che haben, dass wir St. Markus haben. Abwegig wäre es aller-dings, wenn wir unsere Kirche zum alleinigen Ort der wahren Anbetung Gottes erklären würden. Die Gefahr solcher Anma-ßung besteht in unserem Fall wohl nicht. Wir sollten es aber auch nicht gering schätzen, wenn Menschen sagen: „Ich kann zu Gott überall beten." Ja, das können sie.

Das Haus der Kirche, unsere Kirche, ist ein Angebot, ein Angebot zur gemeinschaftlichen gottesdienstlichen Feier mit einer besonders gestalteten Form in einem ganz besonderen Raum. Wir sind froh und dankbar, dass es hier in der Kirche nun auch wieder schöner aussieht, nachdem renoviert worden ist.

Mögen das Äußere und das Innere, Geist und Form, stets im Einklang miteinander stehen und zusammen Gott die Ehre ge-ben.

20 Jahre Uyole – St. Markus
15. Juni 2008
4. Sonntag nach Trinitatis
Gäste aus Uyole
Epheser 4,5

Das gemeindliche Leben in unserer tansanischen Partnergemeinde Uyole verläuft in vielfacher Hinsicht anders als bei uns. Wenn wir jetzt auf einem Bildschirm verfolgen könnten, was sich im Augenblick in Uyole abspielt, dann wäre das sehr augenfällig: Die Kirche dort ist in diesem Moment bis zum Bersten gefüllt – mit 600 Menschen. Und es ist bereits der zweite Gottesdienst an diesem Morgen. Denn der erste begann um 7.30 Uhr, dauerte bis gegen 10 Uhr und war von ebenso vielen Menschen besucht. Aber nicht nur das. Parallel zum Gottesdienst in der Kirche sind in diesem Augenblick mehrere hundert Kinder in der Veranstaltungshalle neben der Kirche in etlichen Gruppen versammelt und erleben dort ihren Kindergottesdienst.

Es werden in den Gottesdiensten heute Vormittag in Uyole fast alle Gemeindeglieder versammelt sein. Überhaupt, so haben wir gerade gelernt, zählen als Gemeindeglieder nur diejenigen, die regelmäßig – und das heißt jede Woche – am Gottesdienst teilnehmen. Der Gottesdienstbesuch ist der Nachweis der Gemeindezugehörigkeit. Bei uns ist es die formelle Kirchenmitgliedschaft in Gestalt einer Registrierung im kirchlichen Meldeamt, die dann auch zur Abführung der Kirchensteuer führt.

Eine Kirchensteuer gibt es in Uyole nicht. Die Einnahmen, die die Gemeinde dort für ihre Arbeit erzielt, bestehen im Wesentlichen aus den Gaben, die die Gemeindeglieder zum Gottesdienst mitbringen – in Form von Bargeld oder auch in Form von Naturalien, die dann im Anschluss an den Gottesdienst versteigert werden.

Über den Gottesdienstbesuch und die abgelieferten Kollekten wird übrigens sorgfältig Buch geführt. Jedes Gemeindeglied hat bei seinem Eintritt in die Gemeinde einen festen Briefumschlag bekommen – mit einer personenbezogenen Nummer. Diesen Briefumschlag liefert das Gemeindeglied mit der Kollekte im Gottesdienst ab. Hinterher wird gezählt. Die Beträge werden in ein großes Buch eingetragen, in dem jedes Gemeindeglied namentlich aufgeführt ist.

Für diese festen Kollektenumschläge mit der Nummer drauf gibt es im Gottesdienstraum Fächer, in denen sie aufbewahrt werden und aus denen das einzelne Gemeindeglied zu Beginn des Gottesdienstes seinen Umschlag herausnehmen kann.

Wenn ein Gemeindeglied unter der Woche den Pastor wegen irgendeines Problems aufsucht, könnte der Pastor in das große Buch schauen und feststellen, wann der Betreffende im Gottesdienst war und wieviel er jeweils in die Kollekte gegeben hat.

Das ist also doch alles etwas anders als bei uns.

Anders ist übrigens auch eine Regelung, die mit dem kirchenjahreszeitlichen Thema unseres Gottesdienstes heute zu tun hat. In der Epistel- und der Evangelienlesung ging es um das persönliche Verhalten des Einzelnen und die Frage, wieweit einem das Recht zusteht, das Verhalten anderer zu kritisieren, über andere zu richten – und inwieweit wir uns an die, wie der Volksmund sagt, die eigene Nase fassen und das Urteil über andere Gott selbst überlassen sollten.

Über dieses Thema habe ich mit dem Pastor aus Uyole in Vorbereitung auf diesen Gottesdienst ausführlich gesprochen. Es ist in Uyole so: Wenn sich jemand ungebührlich verhalten hat oder sich etwas hat zuschulden kommen lassen und dies nicht öffentlich bekannt ist, kann er zum Pastor gehen, beichten, sein Fehlverhalten bereuen und sich die Sündenvergebung – unbeobachtet von der Außenwelt – zusprechen lassen.

Wird sein Fehlverhalten bekannt, kann er aus der Gemeinde auf Beschluss des Kirchenvorstands ausgeschlossen werden. Oder der Pastor erwirkt im Einvernehmen mit dem Kirchenvorstand die öffentliche Lossprechung von den Sünden im Gottesdienst. In dem Fall würden die betreffenden Personen beim

Gottesdienst in der ersten Reihe sitzen. An der entsprechenden Stelle im Gottesdienst würden sie nach vorn treten, der Pastor würde ihnen durch Handauflegung die Sündenvergebung zusprechen und die Gemeinde würde durch dreimaliges – trinitarisches – Klatschen der Vergebung zustimmen und die reuigen Sünder wieder in ihre Reihen aufnehmen.

Das ist ein durchaus biblisches Verfahren. Es wirkt auf uns vielleicht etwas moralistisch und scheint auch im Widerspruch zu den biblischen Texten des heutigen Gottesdienstes zu stehen, die ja davon warnen, über den anderen zu richten – im Sinne von: Du bist doch auch nicht besser.

In unseren Gottesdiensten unterlassen wir es, irgend jemanden persönlich wegen seiner Verfehlungen vorzuführen. Für den Rechtsbruch haben wir die Gerichte. Und alles, was unterhalb des Rechtsbruchs liegt, verweisen wir in den privaten Bereich.

Wir haben wohl alle den biblischen Satz im Ohr: „Wer unter euch ohne Sünde ist, werfe den ersten Stein." Auch ein Satz aus den heutigen Lesungen hält uns von allzu schnellen öffentlichen Verurteilungen ab, der Satz: „Was siehst den Splitter in deines Bruders Auge und ziehst nicht den Balken aus deinem eigenen Auge heraus?!"

Wir sind uns dessen allzu sehr bewusst, dass wir selbst nicht die moralischen Qualitäten besitzen, um uns über andere zu erheben, wenn es sicherlich unter uns graduelle Unterschiede geben wird, aber eben graduelle, nicht so sehr grundsätzliche Unterschiede. Wir können fast von einer Gnade sprechen, wenn wir bisher durchs Leben gegangen sein sollten, ohne uns größerer Vergehen schuldig gemacht zu haben.

Es muss aber auch das andere hinzugefügt werden: dass wir nämlich eine Verantwortung zur Kritik und zur Verurteilung von Fehlverhalten haben, auch wenn wir uns selbst nicht immer einwandfrei verhalten. Gerichte sind notwendig, Erziehung ist notwendig und Predigten sind notwendig – und auch ansonsten ist es notwendig, dass wir die Werte hochhalten, auch wenn wir selbst immer wieder an ihnen versagen.

Das Vorgehen der Gemeinde in Uyole hat von daher seine Berechtigung. Es ist letztlich eine Stilfrage oder eine Frage der Tradition oder der kulturellen Eigenheit, wie der Umgang mit Schuld gehandhabt wird. Wichtig ist, dass die Selbstkritik immer dabei ist – und dass wir bei aller Verurteilung von Fehlverhalten die Achtung vor der Würde des Menschen nicht verlieren. Für das letzte Urteil haben wir alle noch einen höheren Richter über uns.

Um auf Uyole zurückzukommen: Die Gemeinde Uyole ist noch sehr jung. Als wir die Partnerschaft vor 20 Jahren begannen, war die Gemeinde gerade wenige Jahre zuvor gegründet worden. Die Gemeinde ist seitdem gewachsen. Die Kirche von 1988, die Sie auf dem Papier mit dem Ablauf des Gottesdienstes links sehen, musste abgerissen und durch die größere – rechts unten – ersetzt werden.

Ich habe Pastor Mwakasege gefragt: Wie kommt es, dass die Gemeinde wächst? Und ich habe festgestellt, dass sich die Gemeinde Uyole nicht nur auf das Wirken das Heiligen Geistes verlässt. Die Gemeinde bemüht sich aktiv um gute, attraktive Gemeindearbeit. Dazu gehört nicht unwesentlich die musikalische Arbeit in Uyole. „Wir brauchen gute Musik im Gottesdienst, dann kommen die Menschen gern." Mit guter Musik meinte der Pastor gute Chöre und gute instrumentale Begleitung. Eine Orgel gibt es in der Kirche von Uyole nicht. Es gibt Gitarren, elektrisch verstärkt, und es gibt Trommeln. Es gibt Chöre der verschiedenen Altersstufen. In jedem Gottesdienst treten von den vier Chören in Uyole zwei Chöre auf.

Damit ist jeder Gottesdienst musikalisch attraktiv ausgestattet und eine gute Besucherzahl gewährleistet. Die Musik trägt allerdings auch zur Verlängerung der Gottesdienste auf zwei bis zweieinhalb Stunden bei.

Wir in St. Markus wissen auch, wie wichtig die musikalische Arbeit ist. Wir haben allerdings die Gepflogenheit, neben den Gottesdiensten in der Kirche gesondert Konzerte anzubieten, wie wir das ja auch heute tun. Das hat den Vorteil, dass sich jeder Einzelne überlegen kann, ob er das eine oder das andere oder beides besuchen will. Die Gemeinde Uyole mutet dem Musikinteressierten zu, sich neben dem musikalischen Angebot gleichzeitig dem gottesdienstlichen auszusetzen.

Es tragen aber noch andere Aspekte zum guten Gottesdienstbesuch – und damit ja auch zur Gemeindezugehörigkeit – bei. Der Pastor hat mir dargelegt, wie wichtig für viele die Gemeinde als erweiterter Familienverband ist.

Die Großfamilie mit allen Generationen, mit den Geschwistern, Onkel und Tanten ... dient u. a. der sozialen Absicherung – in Ermangelung eines ausgebauten staatlichen Sozialwesens. Wer als Zugereister, aus beruflichen Gründen z. B., in Uyole allein ist, findet in der Gemeinde den sozialen Rückhalt. Oder wer z. B. infolge von Krankheit, infolge von Aids beispielsweise, seine Familie verloren hat, findet menschlichen und sozialen Beistand in der Kirchengemeinde. Die Kirchengemeinde Uyole kümmert sich z. B. – ganz im biblischen Sinne – um Witwen und Waisen. Eva Nyato, die gerade hier war, ist Leiterin der Frauengruppe in Uyole, die sich der Witwen annimmt. Zu den Hilfsmaßnahmen gehört u. a. ein Schweineprojekt. Über die Frauengruppe erhalten Witwen Jungtiere, durch deren Aufzucht und Verkauf sie zusätzliche Einnahmen für ihren Lebensunterhalt erzielen können.

Auch der Pastor übrigens bessert sein mageres Gehalt durch Tierhaltung auf. Zwischen Kirche und Pastorenwohnung hält er zwei Kühe, durch deren täglichen Milchverkauf er die Schulbildung seiner Kinder finanziert.

Sie sehen, in Uyole ist manches anders. Es ist eine aktive Gemeinde, die sich dreht und wendet, um das zu erreichen, wozu sie da ist: die christliche Botschaft von der Liebe Gottes zu verkünden und den Menschen in den vielfältigen Nöten des Lebens beizustehen.

Neben den Gottesdiensten führt die Gemeinde auch Evangelisationsveranstaltungen auf öffentlichen Plätzen durch, um auf ihr Anliegen aufmerksam zu machen und Menschen für den christlichen Glauben und die Gemeinde Uyole zu werben. Und sie denkt sich immer wieder neue Projekte aus, um über die

Kollekten hinaus die finanziellen Einnahmen zu erzielen, die erforderlich sind, um die Gemeinde mit ihren vielfältigen Aufgaben zu finanzieren. Ein aktuelles Projekt ist eine Reisschälmaschine, zu der auch St. Markus schon einiges beigetragen hat.

Es ist sehr schön, dass wir gerade Uyole als Partnergemeinde haben. Uyole passt zu uns, obwohl die Gemeinde in vielfacher Hinsicht so ganz anders ist. In tiefster Hinsicht sind wir mit Uyole über die Grenzen der Kultur hinweg durch das verbunden, was auf der kleinen Messingplatte eingraviert ist, die draußen im Schaukasten hängt und von der wir auch ein Exemplar mit nach Uyole geschickt haben. Ein Bibelwort aus Epheser 4,5 bringt das Verbindende zum Ausdruck: „Ein Herr, ein Glaube, eine Taufe."

Wir danken Gott für 20 Jahre guter Partnerschaft und bitten ihn um seinen Segen für die Zukunft.

„Ihr seid das Salz der Erde"
5. Juli 2009
4. Sonntag nach Trinitatis
Matthäus 5,13

„Ihr seid das Salz der Erde." Salz war in früheren Jahrhunderten – und ganz bestimmt auch zur Zeit Jesu – ein kostbares Gut. Und so kostbar sind Sie uns, liebe Gemeinde, liebe Ehrenamtliche. Salz ist sogar als weißes Gold bezeichnet worden. Das können wir bezogen auf Sie als Ehrenamtliche fast wörtlich nehmen: Sie sind auch, verzeihen Sie, eine Menge Geld wert. Das ist zwar nicht das Wichtigste. Wichtig sind vor allem das Menschliche und das Geistliche. Aber manche sehen das Ehrenamt zunächst und vor allem unter wirtschaftlichen Gesichtspunkten. Es gibt sogar mancherorts die kirchenpolitische Tendenz: „Hauptamtliche streichen, Ehrenamtliche einsetzen. Das spart Geld." Dieser Tendenz sind wir in St. Markus nicht gefolgt. Der Stellenumfang in unserer Gemeinde entspricht immer noch dem von vor 15 Jahren – abgesehen von den Pastorenstellen, über die nicht wir als Gemeinde, sondern der Kirchenkreis mit der Synode entscheidet. Wir haben vor ein paar Jahren sogar noch einen Zivildienstleistenden hinzugenommen, der uns ja auch Geld kostet. Von seinem Stellenumfang her betrachtet gleicht er das Viertel aus, das die Gemeinde seit kurzem bei den Hausmeistertätigkeiten einspart.

Sie sind als Ehrenamtliche für St. Markus nicht etwa deshalb Geld wert, weil sie Hauptamtliche ersetzen könnten. Sie haben vielmehr durch Ihr ehrenamtliches Engagement zu einem guten Teil das Geld mit erwirtschaftet, ohne das wir als selbstständige Gemeinde mit einem gleichbleibenden Stellenbestand vermutlich gar nicht mehr existieren würden und ohne das wir unseren Auftrag als Gemeinde gar nicht mehr erfüllen könnten. Wir könnten in diesem Zusammenhang fast an die konservierende Kraft des Salzes denken.

An den Basaren z. B. haben sich viele von Ihnen beteiligt. Die Basare erbringen jährlich einen Netto-Überschuss von ca.

227

5.000-6.000 Euro. Wenn wir das einmal hochrechnen auf die letzten zehn Jahre! Diesen Betrag haben wir überwiegend Ihnen als Ehrenamtlichen zu verdanken. Und z. B. die Flohmärkte und Bücherflohmärkte, die ganz überwiegend ehrenamtlich organisiert werden, haben in den letzten zehn Jahren gut 25.000 Euro erzielt. Hinzu kommen die Kinderflohmärkte zweimal jährlich.

Das sind nur Bespiele dafür, dass Sie als Ehrenamtliche auch in wirtschaftlicher Hinsicht so wertvoll für die Gemeinde sind wie damals das Salz, als es mit dem Gold verglichen wurde.

Aber Geld ist ja längst nicht alles und, wie gesagt, auch nicht das Wichtigste, vorausgesetzt das Existenzminimum ist gesichert.

Wir existieren aber zum Glück – nicht zuletzt auch dank Ihres ehrenamtlichen Engagements – nicht am Rande des Existenzminimums. St. Markus ist keine Gemeinde, in der die Gemeindeglieder nur mit dem Nötigsten versorgt werden. Wir sind keine Versorgungskirche oder Versorgungsgemeinde oder Funktionsgemeinde. In St. Markus spielt sich vielmehr – etwas pathetisch formuliert – die Fülle des Lebens ab. Von der Wiege bis zur Bahre – für alle Lebensphasen und Lebenssituationen und Generationen ist hier etwas dabei. Und das ist nur dank Ihres vielfältigen ehrenamtlichen Engagements möglich.

Kaffeetrinken nach dem Gottesdienst, Beköstigung und Deko bei Veranstaltungen und Festen, Biblisches Kochen, Kinderbetreuung während des Gottesdienstes, Mithilfe bei der Kinderkirche und der offenen Eltern-Kind-Arbeit, Jugendteamer, Filme und Open-air-Kino, Pflege der Partnerschaftsbeziehungen mit der Gemeinde Uyole in Tansania, eine Gemeindeveranstaltung wie z. B. zum Thema „Gesund bleiben im Alter", der Kirchenvorstand mit seinen vielen Aufgaben und Ausschüssen, Gemeindebriefredaktion, Verteilung des Gemeindebriefes, seelsorgerliche und diakonische Betreuung, Vor- und Nachbereitung der Seniorentreffen, die kirchenmusikalischen Veranstaltungen und musikalischen Bereicherungen der Gottesdienste, die Unterstützung der hausmeisterlichen Tätigkeiten,

Küstervertretung, Elternvertreter im Kindertagesheim, Blumenschmuck hier in der Kirche, Taizégottesdienste, Cents in Gläsern sammeln und sie zählen, überhaupt Spenden – vielleicht mangels Zeit zur aktiven Betätigung –, Spielen im Gemeindehaus – Flohmärkte und Basare hatte ich schon erwähnt ... Da steckt überall ganz viel ehrenamtliches Engagement und engagiertes Wohlwollen drin. Das macht unser Gemeindeleben bunt und lebendig und reich. Wir können hier alle miteinander etwas geben und empfangen.

Warum engagieren Sie sich? St. Markus als Kirchengemeinde ist es Ihnen offensichtlich wert. Und vielleicht ist es Ihnen auch wichtig, dass Kirche überhaupt weiterbesteht, während mancherorts die Bedeutung von Kirche in Frage gestellt wird und manche Kirchen sogar geschlossen werden. Und vielleicht sind Ihnen die einzelnen Aufgaben von Kirche so wichtig, dass Sie gern selbst Ihren aktiven Beitrag leisten möchten: die Weitergabe der biblischen Botschaft an den Einzelnen und in die Gesellschaft hinein, der Dienst am Nächsten, das gemeinschaftliche Miteinander: dass niemand allein zu sein braucht, Freude zu teilen, Anteil zu nehmen am Ergehen des anderen, Lasten gemeinsam zu tragen ...

Vielleicht sind Sie auch einfach dankbar für das, was Ihnen an Gaben mitgegeben ist, und möchten gern weitergeben von dem, was Sie haben und können. Vielleicht haben Sie aber auch einfach Freude am Mitgestalten, am Mitdenken, Mitentscheiden und daran, mit Verantwortung zu übernehmen.

Wie immer dem auch sei: St. Markus wäre ohne Ihr Engagement wie eine, um im Bild zu bleiben, wie eine Suppe ohne Salz, eine fade Gemeinde.

Wir sind Ihnen für Ihr Engagement sehr dankbar und wünschen uns ein weiterhin gutes Miteinander zum Wohl der Gemeinde und der Kirche.

Gottesdienst

Der Wert des Gottesdienstes
14. Juni 1997
Außentagung des Kirchenvorstands
Psalm 100

Der Gottesdienstausschuss hat sich bei seinen letzten Treffen über alternative Gestaltungen des Gottesdienstes Gedanken gemacht. Die Absicht war und ist, die Grundstruktur zwar im Wesentlichen beizubehalten, die immer wiederkehrenden musikalischen Elemente, wie z. B. das Kyrie und das Gloria, aber durch andere Musikstücke zu ersetzen.

Die kleine Andacht heute morgen nehmen wir zum Anlass, einige dieser alternativen Musikstücke miteinander zu singen. Das wird Frau Ubbelohde gleich mit uns machen.

Der Gottesdienst ist nach meiner Auffassung das Herzstück des Gemeindelebens. Der Gottesdienst ist für mich vor allem Feier, die Feier des Lebens, die Feier des Lebens in all seinen Ausprägungen, den schönen und den weniger schönen. Klage und Lobpreis kommen in dieser Feier zusammen, Besinnung auf die Tradition und auf das, was uns im Augenblick bewegt, der Rückblick auf die Geschichte des Lebens, auf die Geschichte des Menschen, der Blick auf die Gegenwart und der Blick in die Zukunft. Die Feier des Gottesdienstes ist von einem positiven Grundzug durchzogen, vom Ja zum Leben, vom Ja zum Menschen, vom Ja zu demjenigen, der als unergründliches Geheimnis Anfang und Ende allen Lebens ist.

Zum Gottesdienst gehört das Danken in der Einsicht, dass alles, was wir haben, nicht unser eigenes Verdienst ist. Zum Gottesdienst gehört das Bitten in der Einsicht, dass wir uns vieles nicht selbst geben können.

Und zum Gottesdienst gehört die Hoffnung in der Einsicht, dass auch das nicht Machbare, das Unglaubliche und Undenkbare Wirklichkeit werden kann.

Der Gottesdienst weist somit immer weit über uns hinaus; er ist eine Feier des Himmels auf der Erde.

Noch pathetischer will ich jetzt nicht werden. Was ich sagen möchte, ist dies: Im Gottesdienst ist immer mehr gegenwärtig als wir selbst und als die alltägliche Wirklichkeit unseres Lebens.

Den Gottesdienst schön und seinem Sinne angemessen und immer auch zeitgemäß zu gestalten, halte ich für eine wichtige Aufgabe – auch des Kirchenvorstands.

Gottesdienst – Feier des Lebens
24. August 1997
13. Sonntag nach Trinitatis
Lukas 10,25-37

Das Leben besteht nicht nur aus Arbeiten. Das Leben besteht auch nicht nur aus der täglichen Anstrengung, das Überleben zu sichern. Das Leben kann auch nicht nur aus dem Alltäglichen bestehen, aus dem ewigen Einerlei: dass morgens der Wecker klingelt und wir abends vor dem Fernseher einschlafen.

Wir brauchen ab und zu eine Auszeit – und die nehmen wir uns. Wir machen es uns gemütlich: Wir zünden eine Kerze an, wir decken den Tisch besonders schön und essen etwas Besonderes und trinken ein Gläschen Wein – und unterhalten uns über dies und das und jenes und lassen uns einfach mal in eine andere Stimmung fallen, die sich irgendwie heraushebt aus dem, was sonst am Tag und in der Woche gewesen ist.

Wir gestalten uns eine solche Auszeit zu Hause, oder wir gehen ins Restaurant oder vielleicht auch in die Gemeinde: Jedenfalls brauchen wir dies hin und wieder und eigentlich regelmäßig: dass wir feiern. Feiern – das ist es. Das ist das Wesen dieser Auszeit. Feiern – das ist der Versuch, die andere Dimension des Lebens in unserem Leben zur Geltung zu bringen, zu gestalten und zu genießen.

Unser Leben ist eben mehr als Arbeiten, mehr als Überleben und mehr als das Alltägliche. Manchmal reicht es uns auch nicht, dass wir schön zusammen essen und uns nett und entspannt unterhalten. Manchmal brauchen wir noch ein wenig mehr. Manchmal brauchen wir auch das Besinnliche, die ernsthafte und grundsätzliche und feierliche Besinnung auf die Größe und Tiefe und Schönheit unseres Daseins.

Eine solche Art „Feier des Lebens" ist der Gottesdienst. Da kommt das Leben in seiner Ganzheit zur Sprache, das heißt, nicht nur zur Sprache. Da wird ja nicht nur geredet und gelesen, da wird auch gesungen, da erklingen Instrumente, da wird auch mal geschwiegen. Jedenfalls geht es im Gottesdienst um das

Ganze unseres Lebens, um das Ganze des Daseins überhaupt, um die Schöpfung, um den Menschen, um uns – mit all unseren Freuden und Sorgen und Ängsten und Belastungen und unseren Sehnsüchten und Hoffnungen.

Der Gottesdienst ist unsere wöchentliche Auszeit. Für diese feierliche Besinnung haben wir eine Form, die uns aus der langen Tradition der Kirche überkommen ist, die gelegentlich reformiert worden ist und die natürlich immer mal wieder neu so gestaltet werden muss, dass sie unserem Anliegen und unserem Empfinden entspricht.

Heute sind wir gerade dabei, die regelmäßige Gestalt unseres Gottesdienstes ein klein wenig zu verändern. Es sind wirklich nur kleine Veränderungen, aber immerhin sind sie der Versuch, unsere gottesdienstliche Feier aufzufrischen mit einigen schönen liturgischen Melodien und mit Liedertexten, die uns verständlicher sagen, was gemeint ist.

Auch eine Feier kann ja ihren Zweck verfehlen und ihren Sinn verlieren, wenn sie nicht so gestaltet ist, dass sie uns das gibt, was wir suchen. Das ist eben das vieldiskutierte Problem des Gottesdienstes: dass diese im Grunde so wichtige Feier des Lebens über die Jahre immer weniger in Anspruch genommen wird, weil sie nicht mehr das zu geben vermag, was, wie ich annehme, immer noch von ihr erwartet wird.

Der Gottesdienst ist eine Feier aller, die daran teilnehmen, und wir sollen uns alle darin wohl und aufgehoben fühlen.

Man kann das sicherlich auch anders sehen. Die orthodoxe Kirche hat ein anderes Gottesdienstverständnis. Da kommt es weniger auf den Gottesdienstbesucher an. Wesentlicher ist da die Liturgie selbst als die irdische Vorwegnahme des Himmlischen.

Und es hat auch – in der katholischen Kirche – Zeiten gegeben, in denen der Gottesdienstbesucher mit seinen Erwartungen, seinen Gefühlen, seinen Bedürfnissen in der Gestaltung des Gottesdienstes wenig vorkam. Es gab Zeiten, in denen z. B. für die Textteile des Gottesdienstes die lateinische Sprache verwendet wurde, die kaum jemand verstand. Die Zeiten sind vorbei. Dazu hat Martin Luther ganz wesentlich beigetragen. Er hat überhaupt mitgeholfen, dem einzelnen Menschen das Mitfeiern in jeder Hinsicht zu erleichtern. In dieser reformatorischen Tradition bewegen auch wir uns mit unseren Bemühungen um eine zeitgemäße und menschennahe Gestaltung des Gottesdienstes.

Das Alte muss dabei nicht aufgegeben werden. Zur Feier des Lebens gehört ja auch die Grundeinsicht, dass wir nicht aus uns selbst heraus leben, dass wir vielmehr das, was wir sind und haben und können und denken und tun, in vielfacher Weise anderen vor uns verdanken. Unsere ganze Kultur ist das aktuelle Ergebnis einer Menschheitsentwicklung und im Besonderen das Ergebnis der jüdisch-christlichen Kultur, die natürlich auch wieder ihre weitverzweigten Wurzeln hat. In der gottesdienstlichen Feier ist Jahrtausende altes Kulturgut erhalten. Das muss nicht jedes Mal wieder im Einzelnen ins Bewusstsein gehoben werden.

Aber wenn die gottesdienstliche Feier in ihrer Gesamtgestaltung dies zum Ausdruck bringt, dass wir in einer solchen langen Tradition stehen, dann ist diese Aussage ebenso bedeutsam wie die andere: dass wir in vielfacher Hinsicht zugleich originale Produkte der Neuzeit sind und unsere ganz aktuellen Gedanken und Bedürfnisse und Sorgen haben.

Wesentliche Inhalte unseres Gottesdienstes sind 2000 Jahre alt, die biblischen Texte eben. Man merkt das den Texten an, weil sie Merkmale einer alten Kultur weitertragen. Aber die Texte enthalten auch das allgemein Menschliche, die ewig gleichen Probleme, Erfahrungen, Fragen, die uns alle immer wieder bewegen. Heute haben wir z. B. aus dem Lukasevangelium das Gleichnis vom barmherzigen Samariter gehört. Wer ist unser Nächster? Ja nicht nur unser Freund, unsere Freundin. Unsere Nächsten sind nicht nur diejenigen, die uns blutsverwandt sind. Zum Nächsten kann uns jeder werden, der unsere Hilfe braucht.

Hier geht es doch um eine Grundfrage unseres Lebens, um die Frage nach unserem Verhältnis zum Mitmenschen. Dieser zweitausend Jahre alte Text ermuntert uns dazu, unseren Mitmenschen ohne Ansehen der Person ebenso liebevoll zu behandeln, wie wir selbst ja auch gern liebevoll von anderen behandelt werden möchten.

Das ist doch eine wunderbare Geschichte und ein wertvolles Kulturgut und eine echte Lebenshilfe. Da macht es doch nichts, dass diese Geschichte 2000 Jahre alt ist.

Es ist hier noch etwas ausgesagt, was ich für ganz bedeutsam halte: dass Liebe eben nichts Theoretisches ist, etwas nur „Platonisches", wie wir mit Rückgriff auf die griechische Philosophie sagen. Zur Liebe gehört das liebevolle Verhalten. Der Evangelist Johannes hat das mit Blick auf die Liebe Gottes und Jesus Christus formuliert, indem er sagte: „Das Wort wurde Fleisch." Damit wollte er sagen: Die Liebe Gottes ist nicht nur Theorie. Davon wird nicht nur geredet, sondern sie ist ganz konkret geworden in dem Menschen Jesus Christus, in dem, was dieser Gutes an seinen Mitmenschen getan hat. Und dies soll auch der Leitfaden für unser Verhalten, für unsere Beziehung zum Mitmenschen sein, für unser persönliches individuelle Verhalten und auch für unser Miteinander in der Gemeinde.

„Das Wort wurde Fleisch" – bei diesem Satz mag der bibelunkundige Hörer vielleicht ans Mittagessen denken. Auch das können wir heute gelten lassen, wo es ja auch um die Renovierung der Küche unseres Gemeindesaales geht. Denn, wie der Volksmund sagt: „Liebe geht durch den Magen." Auch das ist die Konkretion einer liebevollen Beziehung. Nicht jeder kann sich auf diese Weise zum Ausdruck bringen. Aber die drei, die heute für uns gekocht haben, können das.

Leib und Seele gehören zusammen. Beides soll zu seinem Recht kommen.

Wir möchten, dass Sie gern zum Gottesdienst kommen. Und wir möchten auch, dass Sie gern ins Gemeindehaus und überhaupt in die Gemeinde kommen. Wir möchten das Unsre dazu tun, dass Sie hier ein wenig aus dem Alltäglichen heraustreten und etwas von der anderen Dimension des Lebens erfahren können. Unser christlicher Glaube hat mit dem ganzen Menschen zu tun. Das Leben in seiner Ganzheit als eine wunderbare Gabe unseres Schöpfer und als eine Aufgabe, die in Verantwortung wahrgenommen sein will, das ist es, worum es im Gottesdienst und im Leben unserer Gemeinde geht.

Gott gebe unserem gemeinsamen Anliegen seinen Segen.

Zeichen gegen die Ohnmacht

12. September 2004
14. Sonntag nach Trinitatis
Gedenken der Menschen in Beslan
Themengottesdienst „Liturgie, Rituale, Symbole"
Klagelieder 3,22-24.26.31.32

Auf dem Altar haben wir heute noch eine Kerze aufgestellt. Sie ist ein Zeichen unseres Gedenkens der Menschen in Beslan in Russland, der Kinder und der Erwachsenen. Die Kerze ist ein stummes Zeichen unserer Anteilnahme, unseres Mitgefühls, unserer Trauer. Die Kerze ist ein Zeichen unserer Sprachlosigkeit angesichts eines Schreckens, der sich mit Worten nicht mehr angemessen beschreiben lässt. Die Kerze ist ein Zeichen unseres Wunsches, dass es mit der Gewalt einmal ein Ende habe möge und alle Menschen in Frieden miteinander leben.

Diese kleine Kerze – was ist alles in ihr enthalten?! Sie ist ein Zeichen, ein Symbol. Sie verbindet die geschundenen Menschen in Russland mit unseren Gefühlen. Sie enthält das ganze Elend dieser Welt und erwärmt zugleich unsere Herzen mit einer Hoffnung, die in jenem Menschen ihren Ursprung hat, der vor 2000 Jahren sagte: „Ich bin das Licht der Welt."

Wir haben diese kleine Kerze angezündet als zeichenhafte Handlung, als Ausdruck unserer Ohnmacht angesichts des Unfriedens, der die ganze Menschheitsgeschichte durchzieht und in einem kleinen Ort in Russland wieder Grausiges angerichtet hat. Die Kerze ist Zeichen unserer Ohnmacht und zugleich unseres Wunsches, doch etwas zu tun gegen den Unfrieden, gegen die Gewalt, gegen das Unrecht und für den Frieden, für die leidenden Menschen, für eine schöne, friedvolle Welt. Was können wir tun in unserer Ohnmacht? Wir haben zeichenhaft diese Kerze angezündet.

Wir spüren wohl, dass noch mehr erforderlich wäre. Wir spüren die Frage in unserem Herzen: Tust du genug für den Frieden? Wir spüren den stechenden Schmerz, die Frage der Schuld, der Mitschuld, unserer Schuld: Sind wir nicht Teil des

Unfriedens in dieser Welt, Teil der Ungerechtigkeit, des Elends um uns herum und in der weiten Welt? Auch diese Gefühle der Schuld geben wir in die Kerze hinein – und zugleich unseren Wunsch nach Vergebung: dass wir uns bessern dürfen.

Diese kleine Kerze haben wir am Anfang des Gottesdienstes entzündet – heute im Gedenken der Menschen in Beslan.

Wir müssten diese Kerze täglich anzünden. Denn wir haben täglich vieler Leidender zu gedenken. Die Not nimmt kein Ende, unser Klagen bleibt, unsere Sorgen und Ängste – unsere Wünsche und Hoffnungen und Sehnsüchte bleiben.

Darum feiern wir regelmäßig Gottesdienst. Der Gottesdienst ist voller Zeichen, um dem Unaussprechlichen Gestalt zu geben. Wir haben im Gottesdienst auch eine Predigt. Aber Worte allein können nicht zum Ausdruck bringen, was in dieser Welt geschieht und geschehen ist und was unsere Herzen bewegt. Die Musik kann manches ausdrücken, was nicht in Worte zu fassen ist. Darüber hinaus bleiben uns Zeichen – Symbole, Rituale.

Am Anfang unserer Gottesdienste bitten wir Gott um sein Erbarmen. Wir kommen als Bittende, als Menschen, die zunächst darauf angewiesen sind zu empfangen. Wir haben uns das Leben nicht selbst gegeben. Und wir waren zunächst einfach auf andere angewiesen, bevor wir zu einem selbstständigen Leben in der Lage waren. Und auch in unserer Selbstständigkeit haben wir unser Leben nicht wirklich selbst in unserer Hand. Wir bleiben angewiesen auf Hilfe, auf Rat und Wegweisung, auf Anerkennung, auf liebevolle Zuwendung, auf Trost, auf Nachsicht, auf Vergebung – vieles mehr wäre zu nennen.

Diese unsere erste Grundbefindlichkeit der Angewiesenheit gestalten wir in einem gottesdienstlichen Ritual, indem wir regelmäßig zu Beginn Gott, den Vater und Sohn, anrufen und um sein Erbarmen bitten: Kyrie eleison, Christe eleison, Herr, erbarme dich, Christe, erbarme dich!

Wir sind aber nicht nur darauf angewiesen zu empfangen, wir empfangen auch tatsächlich. Vieles und immer und immer wieder und haben ja schon viel empfangen. Wir haben also auch reichlich Grund zur Freude und zur Dankbarkeit. Darum loben und preisen wir Gott im Gloria – im Anschluss an das „Herr erbarme dich".

Das „Herr, erbarme dich" und der Lobpreis Gottes, das Kyrie und das Gloria sind rituelle Elemente unseres Gottesdienstes. Vielleicht sind wir gar nicht immer in der Stimmung zu dem einen oder dem anderen, vielleicht möchten wir manchmal einfach nur klagen – und ein anderes Mal ist uns das Herz so voll, dass wir nur jubeln möchten. Es ist aber gut, wenn diese Rituale immer da sind wie ein inneres Gerüst, das uns hält und an dem wir uns bei Bedarf festhalten können.

Gegen Ende des Gottesdienstes haben wir die Fürbitten. Auch sie sind fester Bestandteil des gottesdienstlichen Rituals. Mit unserer Fürbitte bringen wir zum Ausdruck, dass wir zwar vieles tun können und wir uns für vieles verantwortlich wissen, dass wir uns aber auch unserer Begrenzungen bewusst sind. Was unser Können, unsere Einflussmöglichkeiten, unser Vermögen übersteigt, legen wir in die Hand Gottes. Indem wir das tun, bringen wir nicht nur unsere Begrenzungen zum Ausdruck, sondern auch unser Vertrauen, dass unsere Wünsche und Hoffnungen und Sehnsüchte Wirklichkeit werden können, auch wenn wir selbst nicht mehr weiterwissen. Die Fürbitten sind Ausdruck unseres Gottvertrauens.

Wenn wir die Fürbitten nicht hätten, an wen sollten wir uns wenden?! Wenn wir an die Menschen in Beslan denken und an das, was sich dort Schreckliches ereignet hat – an wen sollen wir uns wenden? An die russische Regierung, an Politiker hier und dort, an die Polizeikräfte vor Ort, an die Terroristen, an die internationale Weltgemeinschaft? Ja, an sie alle könnten wir uns wenden. Das hätte auch alles seinen Sinn und sein Recht. Aber da würde immer ein ganz großer Rest an Not, an Problemen bleiben. Mit diesem großen Rest wollen wir uns nicht einfach achselzuckend abfinden. Nein, wir legen das für uns Unverfügbare in die Hand desjenigen, der die Macht hat, die Sonne scheinen zu lassen, die Blumen erblühen zu lassen und neues Leben zu schenken. Er kann auch harte Herzen erweichen,

Fäuste öffnen und Trauer in neue Freude verwandeln.

Am Ende des Gottesdienstes empfangen wir den Segen Gottes. Das ist ein ganz wunderbares Ritual: wohlwollende Worte und eine behütende Geste für uns alle, die wir ja alle letztlich seelisch und körperlich schwache, verletzliche, schutzbedürftige Wesen sind und ziemliche Mühe haben, den vielfältigen Anforderungen des Lebens standzuhalten.

Der Segen ist eine liebevolle Geste voller göttlicher Kraft. Darin ist ein ganzes Menschen- und Gottes- und Weltbild enthalten, unendlich viel mehr, als die begleitenden Worte es jemals ausdrücken könnten.

Das Leben ist ein großes Geheimnis, ein schönes und manchmal erschreckendes Geheimnis. Gott, der Urgrund allen Seins, ist und bleibt ein Geheimnis. Unsere Sprache vermag das Geheimnis nicht in Worte zu fassen. Wir nehmen Musik hinzu und Zeichen, Symbole, Rituale – und feiern so Gottesdienst – als Feier des Lebens, als Quelle der Kraft und Wegweisung und Hoffnung.

Gottesdienst: Medizin für Leib und Seele
17. Oktober 1993
19. Sonntag nach Trinitatis
Markus 1,32-39

Gestern habe ich mal in einem medizinischen Handbuch geblättert. Da habe ich z. B. über Magenbeschwerden gelesen: Bis zu 50 % aller Magenbeschwerden liegen psychisch-vegetative Störungen und keine organischen Ursachen zugrunde. Unter dem Stichwort „Krebs" wurde die Frage aufgeworfen: Gibt es eine Krebspersönlichkeit? Es folgte als Antwort die Theorie eines amerikanischen Forschers, der zu dem Schluss gekommen ist, Krebsgeschwüre seien oftmals das Endergebnis psycho-biologischer Prozesse, die in die frühe Kindheit zurückreichen. Die Kindheit Krebskranker sei von Konflikten und Tragödien, z. B. von der Scheidung der Eltern, Eifersucht, und/oder vom Verlust eines geliebten Elternteils überschattet. Im Erwachsenenalter führe psycho-sozialer Stress, in erster Linie wieder der Verlust eines geliebten Menschen, zu Verzweiflung und Hoffnungslosigkeit und schließlich zu Krebs.

Im Kapitel Kopfschmerzen habe ich gelesen: Etwa 10 % der Bevölkerung sind wegen schwerer Kopfschmerzen in ärztlicher Behandlung. Bis heute ist es nicht gelungen, die Ursachen und die Entstehung dieser Kopfschmerzen aufzudecken. Sicher spielen die Psyche bzw. das vegetative Nervensystem eine große Rolle.

Bei den Ursachen des Herzinfarkts wird in dem Handbuch zunächst auf das übermäßige Rauchen, auf die Fettstoffwechselstörungen, den Bluthochdruck und einiges mehr hingewiesen, und dann heißt es: Der gemeinsame Nenner dieser Risikofaktoren scheint psycho-sozialer Stress zu sein, der hier nur als Risikofaktor zweiter Ordnung gesetzt ist, weil seine Rolle noch nicht genau erforscht ist. Jedenfalls versetzt psycho-sozialer Stress das vegetative Nervensystem in Dauer-Alarmbereitschaft, was die Entstehung der Risikofaktoren Bluthochdruck und Fettstoffwechselstörungen zu begünstigen scheint. Außerdem fördert er unmäßiges Rauchen.

Ich habe dann schließlich das Kapitel „Psycho-somatische Erkrankungen" aufgeschlagen. Da war das dann noch einmal alles zusammengefasst und ergänzt. Da stand auch: „Selbst die Anfälligkeit gegen Viren und Bakterien wird von unserem seelischen Zustand mitbestimmt."

Ich will Sie jetzt nicht weiter mit medizinischen Fremdwörtern strapazieren. Worauf ich hinauswollte, haben Sie ja gemerkt: Viele unserer Krankheiten haben nicht nur körperliche, sondern auch und oftmals eben zunächst und vor allem seelische Ursachen.

Ich bin kein Mediziner. Aber wir brauchen nicht Mediziner zu sein, um diese Aussage aus unserer eigenen Erfahrung bestätigen zu können. Wir erleben ja an uns selbst, wie uns der Ärger auf den Magen schlägt, wie uns die Sorgen Kopfschmerzen bereiten, wie unser Alleinsein die Zahl der Arztbesuche erhöht, wie der Stress den Enddarm reizt, wie die Hektik den Blutkreislauf zum Rasen bringt, und wie wir bei einer Überbeanspruchung hingestreckt werden durch eine Infektion oder was auch immer, und durch eine Krankheit ins Bett gezwungen werden, weil der Körper sich selbst die Ruhepause holt, die wir ihm nicht meinten gönnen zu können.

Wir wissen dies alles aus eigener Erfahrung, aus dem Erleben an uns selbst und aus der Beobachtung unserer Mitmenschen: Körper und Seele lassen sich nicht trennen. Das gilt im Negativen wie im Positiven. Wir machen ja auch die positiven Erfahrungen. Uns geht es körperlich wieder gut, wenn ein belastendes Problem gelöst ist.

Psycho-soziale Ursachen – das heißt mit Blick auf unser Thema „Krankheiten" – sind nicht nur ein körperliches Problem und nicht nur ein Problem des einzelnen Kranken. Sie sind ein Problem der Gesellschaft, des sozialen Umfeldes, der Gemeinschaft, der zwischenmenschlichen Beziehungen.

Krank sind wir nicht nur in uns selbst und aus uns selbst

heraus. Krank sind wir auch als Teil der menschlichen Gemeinschaft. Ich möchte das am Bild unseres Körpers deutlich zu machen versuchen: Es kann sein, dass jemand, ein Tischler z. B., einen Finger verliert, weil der in die Säge geraten ist. Es kann aber auch jemand einen Finger verlieren, weil der Körper unterernährt ist und an schlechter Hygiene leidet und der Körper dadurch von Bazillen befallen wird, die die Nerven schädigen und damit die Versorgung des Fingers mit notwendigen Stoffen verhindern, wodurch dieser schließlich abstirbt. Das Problem hat dann also seine Ursache außerhalb des Fingers in der Erkrankung anderer Körperteile und einer Schwächung des Gesamtorganismus. Durch die Verbundenheit mit dem Gesamtkörper und das Angewiesensein auf die anderen Körperteile erleidet der Finger die Folgen von Problemen, die anderswo im Körper ihre Ursache haben.

Unsere menschliche Gemeinschaft ist dem Körper zu vergleichen. Und wir als Einzelne entsprechen den einzelnen Körperteilen. Wenn in der menschlichen Gemeinschaft Probleme auftreten, dann haben darunter einzelne Menschen zu leiden. Wenn die Wirtschaft so und so läuft, dann werden einige Menschen arbeitslos und von den Arbeitslosen werden soundso viele wegen der seelischen Belastung durch die Arbeitslosigkeit krank.

So kann die Krankheit des Einzelnen ihre Ursache in einem Problem der Gesellschaft haben. Aber wir brauchen nicht die große menschliche Gemeinschaft zu nehmen. Wir können eine direkte menschliche Beziehung nehmen, eine Zweierbeziehung, ein Ehepaar. Er wird untreu und seine Ehefrau wird infolge dieser Beziehungsstörung krank. Wir können einander krank machen durch die Weise unseres Miteinanders. Und umgekehrt können wir auch einander heilen durch die Art unserer Beziehung zueinander.

Ich möchte Ihnen hier keinen medizinischen Vortrag halten, das kann ich nicht, das steht mir auch nicht zu. Aber das menschliche Miteinander und die Konsequenzen daraus – das ist zurecht unser Thema. Da Körper und Seele eine Einheit bilden, können wir den Körper nicht allein den Medizinern überlassen. Ebenso können die Mediziner die Seele nicht nur den Seelsorgern überlassen.

Wenn wir hier Gottesdienst miteinander feiern, dann soll uns das guttun – an Leib und Seele, dann soll uns nicht nur das Heil gepredigt werden als etwas, was der Verstand zur Kenntnis nimmt. Dann sollen wir auch heil werden, heil im körperlichen Sinne. Wir bilden doch miteinander den Leib, in dem wir als Teile des Ganzen untereinander verbunden sind. So wie wir einander krank machen können, so können wir auch einander heilen, und das soll auch im Gottesdienst geschehen. Vielleicht sind wir uns darüber noch nicht klar genug. Vielleicht denken wir, das können wir nicht. Ich meine, wir können es. Wenn die Ärzte es können, dann können wir es auch, in anderer Weise freilich. Wir können es beide jeweils nur in den Grenzen unseres eigenen Vermögens.

Dass ein Mensch gesund wird, kann auch ein Arzt nicht garantieren. Der Arzt kann einige Maßnahmen ergreifen, Mittel verabreichen, Verhaltensweisen anraten. Ob daraus ein gesunder Patient wird, bleibt für ihn unverfügbar. Auch der Arzt kann letztlich nur den Schöpfer und Herrn allen Lebens bitten: „Gott, gib, dass alles, was ich an dem Patienten tue und ihm anrate, zum Erfolg führen möge."

So können auch wir das uns Mögliche zur Gesundung der Kranken tun. Die Gesundheit schenken, kann Gott allein, aber wir können das Unsre tun, dass wir unsere Beziehungen so gestalten, dass sie der Gesundheit zuträglich sind, dass wir also einander Mut machen, Zuversicht schenken, einander nicht allein lassen, einander Probleme nicht aufhalsen, sondern abnehmen. Dass wir immer wieder überprüfen, was wir einander zumuten können, wo wir uns ändern können, dass wir einander Zeichen der Zuneigung geben, dass wir aufeinander zugehen und füreinander da sind.

Wie gesagt, das Gelingen kann nur Gott allein geben. Die Heilung an Leib und Seele bleibt immer ein Geschenk, sie bleibt ein Wunder. An manche Wunder haben wir uns gewöhnt. Und an manche Wunder vermögen wir nicht zu glauben.

Von Jesus berichten die neutestamentlichen Texte zahlreiche Heilungswunder. Manche Einzelheiten mögen uns sonderbar erscheinen. Es ist aber ganz offensichtlich, dass er sich dem Menschen in seiner Ganzheit zugewandt hat, dass der Mensch für ihn Leib und Seele zugleich war, und dass der Mensch nicht nur Einzelner, sondern Teil der größeren menschlichen Gemeinschaft war. Jesus half den Menschen mit ihren ganz konkreten körperlichen Gebrechen. Er trieb die bösen Geister aus, d. h. doch: Er entlastete die Menschen von dem, was ihre Seelen belastete, er vergab ihre Schuld. Und er predigte, er wandte sich an die menschliche Gemeinschaft und verkündete, wie wir denn nach Gottes Willen miteinander leben sollen. Um den Leib und um die Seele, um den Einzelnen und um die menschliche Gemeinschaft hat sich Jesus gekümmert. Er hat Heilung und Heil als Gaben Gottes verkündet und geschenkt.

Der Gottesdienst hat diesen Zweck: nachzuvollziehen, was durch Jesus Christus geschehen ist, und weiterzugeben, was uns durch ihn geschenkt ist. Die Feier des Gottesdienstes soll uns gesund machen. Wir haben den Gottesdienst als Angebot der Heilung nötig. Wir haben es nötig, dass unsere Gottesdienste Heilungsgottesdienst sind.

Das Abendmahl ist Stärkung und Medizin zugleich, damit wir an Leib und Seele gesund werden.

Herz und Hirn

31. Oktober 2008
Reformationstag
Römer 3,21-28

Der Mensch besteht aus Kopf und Herz, aus Verstand und Seele, aus Denken und Empfinden – oder wie immer man die beiden Bereiche des menschlichen Wesens bezeichnen möchte, die auf so unterschiedliche Weise die Lebenswirklichkeit wahrnehmen und verarbeiten.

Luther war ein großer analytischer und systematischer Denker. Er war aber auch ein Gefühlsmensch, der noch viel mehr und anderes wahrnahm, als was sein Verstand ihm zu geben und aufzubereiten vermochte.

Wenn Luther z. B. den Teufel an der Wand sah und mit dem Tintenfass nach ihm warf, wie erzählt wird, dann war das weniger das Ergebnis seines Denkens, sondern mehr seines gefühlsmäßigen Erlebens.

Auch dass er anfangs meinte, als unverbesserlicher Sünder vor Gott keinen Bestand zu haben, war nicht eine gedankliche Schlussfolgerung seines Hirns. Die Einsicht in seine Sündhaftigkeit steckte vielmehr in seiner ganzen Gefühlswelt, die sich gebildet hatte durch das, was ihm seine Eltern, sein Umfeld, die Kirche und die allgemeine gesellschaftliche Gemütslage vermittelt hatten.

Luther war zwischen Kopf und Herz hin- und hergerissen. In dieses Chaos von Gedanken und Gefühlen versuchte er Ordnung zu bringen.

Am Ende kam dabei heraus, dass er dem Verstand, und zwar dem eigenständigen Denken, mehr Recht einräumte, als es bis dahin im Bereich der Kirche üblich gewesen war. Es ist darum bis auf den heutigen Tag so, dass in einem lutherischen Gottesdienst z. B. der Predigt eine größere Bedeutung zukommt als dem rituellen Anteil des Gottesdienstes.

Wenn wir in einen katholischen Gottesdienst gehen, fällt auf, dass sich da einiges mehr von dem vollzieht, was sich mehr an das Gefühl als an den Verstand richtet. Das fängt schon bei den Kerzen an, die im katholischen Gottesdienst eine umfänglichere Rolle spielen. Weihwasser gibt es, es wird Weihrauch benutzt und es klingelt mal hier und da. Oder denken wir an die Ausstattung der Kirche, die Heiligenbilder, die Marienbilder, die Reliquien ...

Luther war das etwas zu viel. Er hat auf eine Konzentration auf das Wort hingewirkt. Das Wort ist mehr etwas für das Hirn. Es wird dem lutherischen Gottesdienst oftmals vorgehalten, dass er zu kopflastig sei. Da ist etwas dran.

Mit Wort meinte Luther die Bibel. Dass er die Bibel und die Bibelauslegung so sehr betonte, hatte seinen Grund darin, dass er mit den theologischen Positionen des Papstes und seiner Bibelauslegungen und den Schlussfolgerungen daraus nicht einverstanden war. Nicht das Wort des Papstes sollte gelten, sondern das Bibelwort.

Damals war das Problem, dass das Bibelwort für die wenigsten Menschen zugänglich war. Die Bibel lag in lateinischer Sprache vor. Wer konnte schon Latein? Das waren die wenigen Gelehrten und Gebildeten. Wer konnte überhaupt lesen? Die Analphabetenquote war hoch.

Luther hatte es sich deshalb zur Aufgabe gemacht, die Bibel ins Deutsche zu übersetzen. Das war ein emanzipatorischer Schritt. Denn dadurch konnte endlich ein Großteil der Bevölkerung die Bibel selbst lesen und andere, die nicht selbst lesen konnten, konnten sich den Text in deutscher Sprache vorlesen lassen. Da zu der Zeit auch gerade die Buchdruckerkunst erfunden war, konnten die Bibeltexte auch so sehr verbreitet werden, dass viele Menschen Zugang zu den Texten bekamen.

Den Bibeltext in verständlicher Sprache lesen und hören und sich dann selbst darüber Gedanken machen können, das war das Neue. Der Kopf hatte nun eine Menge Material zu verarbeiten. Das muss faszinierend gewesen sein für alle, denen sich so zum ersten Mal die Tür zur selbstständigen Beschäftigung mit dem Bibeltext öffnete.

Aber, wie wir wissen, ist der Bibeltext zwar sehr hilfreich, aber in weiten Teilen nicht so ganz einfach. Die Bibeltexte sind nicht immer leicht zu verstehen. Und sie allein geben einem vielleicht auch noch nicht all das, was wir uns wünschen, wenn wir uns der Bibel und der Kirche zuwenden.

Manche wichtige Botschaft erreicht uns über den Text allein noch nicht. Denn mit dem Kopf und dem Denken allein erfassen wir nur einen Teil der Wirklichkeit.

Es reicht zum Beispiel nicht, dass es schöne Geschichten über die Liebe gibt und wir klug über die Liebe reden. Wir wollen auch einfach mal in den Arm genommen werden, um leibhaftig zu spüren, dass wir geliebt werden. Es reicht auch nicht, dass die Notlage von Menschen präzisiere analysiert und die Notwendigkeit barmherziger Hilfe wortreich begründet wird. Es muss sich auch einfach mal jemand zu dem Verletzten hinabbeugen, ihm die Wunden verbinden, ihm ein Glas Wasser reichen und Sorge tragen, dass die weiteren erforderlichen Hilfsmaßnahmen ergriffen werden.

Und es reicht ganz offensichtlich auch nicht, dass wir darüber predigen, dass Gott uns liebt und verzeiht, wir wollen das auch irgendwie mit allen unseren Sinnen erleben. Darum feiern wir z. B. einen Taufgottesdienst, in dem neben dem erklärenden Wort das Wasser als sichtbares Zeichen anschaulich macht, wie hier – sogar bereits im Vorwege – etwas abgewaschen wird, was uns in unserem Inneren verunreinigt.

Unser Hirn ist das eine. Wir wollen verstehen. Aber wir wollen auch erleben – mit all unseren Sinnen. Die vielfältigen sinnhaften Botschaften geben unserem Herzen die Nahrung, die mit dem Kopf allein nicht verdaut werden kann, die wir aber zur Stärkung unserer Lebenskraft doch dringlich brauchen.

Solche Nahrung bietet der katholische Gottesdienst in umfänglicherer Weise als der lutherische Gottesdienst. Luther hat die Bedeutung der Herzensnahrung nicht unterschätzt. Aber was diesbezüglich die Kirche damals anzubieten hatte, war ihm zu viel, und es war ihm nicht nur zu viel, manches erschien ihm auch unbekömmlich.

Über das Herz ist der Mensch auch manipulierbar – und da

erschien es Luther wichtig, dem Menschen eine Kontrollmöglichkeit an die Hand zu geben. Denn er spürte, dass – gerade im Zusammenhang mit dem Ablass – in der Kirche seiner Zeit die Ängste und Hoffnungen der Menschen für wirtschaftliche Zwecke missbraucht wurden.

Der Petersdom in Rom sollte gebaut werden. Das war ein teures Vorhaben. Der Ablass erschien als geeignetes Mittel, die erforderlichen Gelder einzutreiben. Die Angst vor dem Fegefeuer und das Angebot, sich von der Sündenstrafe freikaufen zu können, sollte die Menschen dazu bewegen, ihren Geldbeutel zu öffnen. Die Rechnung ging zunächst auf. Aber für Luther wurde der Ablass zum Anlass für heftigen Protest – und zwar zum Protest über das Hirn. Er verfasste eine gelehrte Schrift in 95 Thesen und nahm darin Bezug auf den Bibeltext und legte dar, dass die Gnade Gottes nicht käuflich ist, dass sie vielmehr ein Geschenk Gottes ist und dass es Gott nicht auf Geld ankomme, sondern auf ein ehrliches Bekenntnis der Schuld und ein ernsthaftes Bemühen um Besserung.

Luther hat im weiteren Verlauf immer wieder die Bedeutung des Bibeltextes als der eigentlichen Erkenntnisgrundlage des Glaubens betont und hat versucht, der breiten Bevölkerung zu helfen, sich gegen die Manipulation des Herzens durch die kirchliche Hierarchie zur Wehr zu setzen. Er übersetzte den Bibeltext, ließ ihn drucken und machte ihn damit vielen Menschen zugänglich. So ermöglichte er ihnen, sich selbst Gedanken über die Glaubensgrundlage zu machen.

Das war ein enormer Beitrag zur Emanzipation des Menschen.

Für uns heute kommt es nun darauf an, dass wir stets beides im Blick haben und ins rechte Verhältnis zu setzen versuchen: Herz und Hirn des Menschen. Was wir als Kirche zu geben haben – die frohe Botschaft, das Evangelium von der Liebe Gottes zu allen Menschen, von seiner Barmherzigkeit und Vergebung, wie sie in Christus anschaulich wird –, das ist für den Menschen in seiner Ganzheit und in seiner Mündigkeit bestimmt. Das Evangelium richtet sich an das Herz, aber es möchte auch im

Hirn verstanden werden. Und es richtet sich an den Verstand, aber es möchte auch im Herzen bewegt und aus dem Herzen heraus gelebt werden.

Luther sei Dank für seinen Beitrag zur Mündigkeit des Christen. Und Gott sei Dank für Luther.

Anhang
Gemeindekonzept: Fortbestand als Einzelgemeinde

St. Markus hat eine Zukunft
Weniger Kirchensteuer – trotzdem gedeiht die Gemeinde

Der Fortbestand einer Gemeinde ist heute keine Selbstverständlichkeit mehr. Die Gemeinden bekommen für ihre Arbeit vom Kirchenkreis von Jahr zu Jahr weniger Kirchensteuer zugewiesen. Das bedroht die wirtschaftliche Existenz der Gemeinden. Auch St. Markus ist von dieser Entwicklung betroffen. Wie gehen wir mit diesem Problem um?

Zunächst einmal akzeptieren wir den Tatbestand, dass wir an den Rahmenbedingungen des Kirchensteueraufkommens als Gemeinde – zumindest auf die Schnelle – nichts ändern können. Zu den Rahmenbedingungen gehören folgende Konstellationen:

– Die Kirchensteuer ist an die Lohn- und Einkommenssteuer gekoppelt. In Hamburg z. B. beträgt die zu zahlende Kirchensteuer 8 % von der Lohn- bzw. Einkommenssteuer. D. h. Veränderungen der staatlichen Steuerpolitik wirken sich unmittelbar auch auf das Kirchensteueraufkommen aus.

– Aus dieser Regelung ergibt sich z. B., dass Arbeitslose keine Kirchensteuer zahlen. Die hohe Zahl von Arbeitslosen in unserem Land führt zu hohen Kirchensteuerausfällen.

– Viele Menschen möchten ihr Geld nicht an eine große, ihnen anonym erscheinende Einrichtung zahlen. Sie haben zur Kirche kein persönliches Verhältnis (mehr) und wissen mit ihr nichts (mehr) anzufangen. Sie treten aus.

Auf diese großen Rahmenbedingungen können wir als Gemeinde, wie gesagt, nicht direkt und schnell einwirken. Unsere unmittelbaren Einflussmöglichkeiten beziehen sich auf die Gestaltung unserer Gemeindearbeit vor Ort. Diese Möglichkeiten nutzen wir. Dabei ist unser Ziel, das Verhältnis zwischen unseren Gemeindegliedern und der Gemeinde wieder persönlicher zu gestalten, damit sich jeder Einzelne überhaupt dessen bewusst wird: „Ich gehöre zu St. Markus. Das ist meine Gemeinde. Dort gibt es etwas Wichtiges für mich. Da werde ich gebraucht."

Unser Ziel ist es aber nicht nur, die Beziehung zu den eingeschriebenen Gemeindegliedern persönlicher zu gestalten. Wir möchten eine Beziehung auch zu den Menschen in unserem Stadtteil aufbauen und wiederherstellen, die formell gar nicht – oder nicht mehr – zur Kirche gehören.

„Beziehungen persönlicher gestalten" – dieses Ziel meinen wir innerhalb unserer Gemeinde- und Stadtteilgrenzen erreichen zu können. Wenn uns dies gelingt, werden wir uns um die Zukunft von St. Markus keine Sorgen zu machen brauchen.

Regionalisierung oder Fortbestand als Einzelgemeinde?

Mit dem beschriebenen Ziel vor Augen haben wir uns für den Fortbestand von St. Markus als Einzelgemeinde und gegen das Regionalisierungskonzept entschieden. Was besagt das Stichwort „Regionalisierung"?

1993 erging an uns die Einladung, gemeinsam mit den vier Eimsbütteler Gemeinden an einem Regionalisierungsgespräch teilzunehmen. Überlegt werden sollte, wie die Gemeinden gemeinschaftlich Kosten einsparen könnten. Die gedanklichen Modelle bewegten sich zwischen lockerer Kooperation und einer Zusammenlegung der Gemeinden zu einer Großgemeinde. Dabei wurde oftmals auf Vorgänge in der Wirtschaft verwiesen, wo durch Rationalisierung sowie durch Zusammenlegung von Firmen Spar- und Synergieeffekte erzielt werden.

St. Markus gab die Teilnahme an den Regionalisierungsgesprächen schon nach wenigen Treffen auf. Durch die Zusammenlegung von Gemeinden, so befürchteten wir, würde sich das Problem der unpersönlichen Beziehung zwischen den Menschen des Stadtteils und der Gemeinde noch verschärfen. Unser Kirchenvorstand beschloss, einen anderen Lösungsweg zu versuchen und an St. Markus als Einzelgemeinde festzuhalten.

Mit guten Mitarbeiterinnen und Mitarbeitern gute Arbeit leisten

Um dem Ziel der intensiveren Pflege der Beziehung zwischen den Menschen in Hoheluft und der Gemeinde näherzukommen, bedarf es engagierter Mitarbeiterinnen und Mitarbeiter – und zwar sowohl hauptamtlicher wie ehrenamtlicher. Die gemeindliche Arbeit kann von ihrem Wesen her nicht durch Maschinen erledigt werden. Es geht in der Gemeinde wesentlich um die Begegnung von Mensch zu Mensch. Auch die Entwicklung einer Gottesbeziehung vollzieht sich nach unserem christlichen Verständnis wesentlich über die menschliche Begegnung.

Von daher sind wir zu der Überzeugung gelangt, dass es wichtig ist, die vorhandenen Arbeitsplätze in der Gemeinde zu sichern, ggf. auch neue zu schaffen, und im übrigen weitere ehrenamtliche Mitarbeiterinnen und Mitarbeiter hinzuzugewinnen.

Stellen zu streichen und die Existenzsicherung der Gemeinde zunehmend Ehrenamtlichen aufzubürden, erschien uns von vornherein kein guter Weg. Das ehrenamtliche Engagement sollte jederzeit in freier Entscheidung eingegangen und beendet werden können, ohne den Druck übermäßiger Verantwortung.

Kostenbewusstsein und kirchensteuerunabhängige Einnahmen

Um die Gemeindearbeit im bisherigen Umfang fortsetzen oder gar intensivieren und die vorhandenen Mitarbeiterstellen sichern zu können, mussten wir – angesichts abnehmender Kirchensteuerzuweisungen – lernen, die wirtschaftlichen Vorgänge unserer Gemeindearbeit bewusst in den Blick zu nehmen und kontinuierlich zu beobachten und mit wachsender Eigenverantwortung selbst in die Hand zu nehmen.

Zum einen mussten wir ein Kostenbewusstsein entwickeln und unnötige Ausgaben vermeiden. Durch die Sparmaßnahmen sollte die Gemeindearbeit allerdings nicht eingeschränkt werden. Zum anderen mussten wir Wege finden, kirchensteuerunabhängige Einnahmen zu erzielen.

Eine der Sparmaßnahmen war z. B. die Kündigung eines überaus unvorteilhaften Vertrages mit einer Reinigungsfirma. Gemeindehaus und Kirche wurden künftig von zwei Damen gereinigt, die direkt über den Gemeindehaushalt finanziert wurden.

Das Raumnutzungskonzept

Um zusätzliche Einnahmen zu erzielen, nahmen wir unsere Gebäude in den Blick, insbesondere das Gemeindehaus. Wir überlegten, ob wir die Teilnehmerinnen und Teilnehmer unserer gemeindlichen Veranstaltungen bitten könnten, ein Raumnutzungsentgelt zu zahlen. Das schien uns für die meisten Aktivitäten nicht möglich, da sich bei unseren Gemeindegliedern sogleich die Frage stellen würde, wozu sie denn Kirchensteuer zahlen.

Bei einer Kinderspielgruppe, die zweimal wöchentlich vormittags mit 20 Kindern den Gemeindesaal nutzte, schien uns die geplante Neuerung vertretbar, da hier ohnehin schon Geld an die Gemeinde gezahlt wurde. Die monatlichen Beiträge hatten bis dahin gerade ausgereicht, die Personalkosten der beiden Mitarbeiterinnen zu decken. Nun rechneten wir in die Elternbeiträge einen Aufschlag ein, der es der Spielgruppe ermöglichen würde, pro Vormittag ein Raumnutzungsentgelt von DM 50 an die Gemeinde zu zahlen. Die Erhöhung der Elternbeiträge nutzten wir zugleich, um gestaffelte Tarife für Mitglieder, Nichtmitglieder und Halbmitglieder einzuführen.

Da der Gemeindesaal bis dahin nur an zwei Vormittagen genutzt wurde, leiteten wir den Aufbau einer zusätzlichen Kinderspielgruppe an zwei weiteren Vormittagen in die Wege. Wir fanden für diese Aufgabe eine Dame, die bereit war, die Spielgruppe als Selbstständige aufzubauen und zu betreuen und für die Nutzung des Gemeindesaales ein Entgelt von ebenfalls DM

50 pro Vormittag zu zahlen.

Durch diese Neuerung im Spielgruppenbereich erzielten wir pro Monat eine zusätzliche Einnahme von DM 800 (4x50x4), bei 10 Nutzungsmonaten jährlich immerhin DM 8.000. Außerdem hatten wir unser gemeindliches Angebot ausgeweitet, ohne den Haushalt mit zusätzlichen Kosten zu belasten. Und wir hatten einen kleinen neuen Arbeitsplatz geschaffen.

Die offen geführte Diskussion über eine verbesserte Nutzung der Gemeinderäume führte zu Raumnutzungsanfragen. Wir beschlossen, solche Nutzungen zuzulassen, die im weitesten Sinne als „Fortsetzung der Gemeindearbeit mit anderen Mitteln" verstanden werden könnten. „Mit anderen Mitteln" bedeutet: Wir führen die Veranstaltungen nicht mit eigenem Personal durch, das durch die bisherige Arbeit ohnehin ausgelastet ist, sondern lassen zu, dass andere Personen als Selbstständige ihre Initiativen in unseren Räumen entfalten, dabei ihre Arbeit selbst finanzieren und an die Gemeinde ein Raumnutzungsentgelt abführen.

So griffen wir Anfragen auf, die sich auf traditionelle gemeindliche Aufgaben bezogen: Arbeit mit Kindern, Aktivitäten im musikalischen Bereich, Selbsthilfeinitiativen, Maßnahmen der Freizeitgestaltung, der Fortbildung und Entfaltung der persönlichen Fähigkeiten, der körperlich-geistigen Bildung, der künstlerischen Betätigung, der Kontaktpflege zu Gemeindegliedern, der Beziehungspflege im Stadtteil, Feiern von Geburtstagen, Amtshandlungen, Jubiläen u. ä. Gelegentlich gab es Diskussionen darüber, ob eine bestimmte Veranstaltung dem Wesen der traditionellen Gemeindearbeit entsprechen würde.

Mit diesen Aktivitäten füllten wir Schritt für Schritt die Leerzeiten unserer gemeindlichen Raumnutzung. Die Verantwortlichen dieser Veranstaltungen luden wir ein, um ihnen zu offenbaren, dass wir ihre Aktivitäten als „Fortsetzung unserer Gemeindearbeit mit anderen Mitteln" verstünden, damit sie selbst entscheiden könnten, ob sie ihre Aktivitäten auf dem Hintergrund dieses Konzeptes in unseren Gemeinderäumen durchführen wollten. Die „Offenbarung unseres Konzeptes" führte zu

256

keinerlei Unstimmigkeiten.

Die Gespräche mit Raumnutzungsinteressenten wurden in der Regel von mir als Pastor geführt. Dies ermöglichte mir den Aufbau und die Pflege vieler Kontakte. Oft führten die Gespräche über das Raumnutzungsthema hinaus und berührten allgemeine Themen der Kirche, der Gemeindearbeit und des Lebens, sodass diese Gespräche als echte pastorale, seelsorgerliche, diakonische und dem Gemeindeaufbau dienende Gemeindearbeit verstanden werden können.

In der Festsetzung der Höhe des Raumnutzungsentgeltes sind wir bis heute flexibel geblieben. Die Höhe des Nutzungsentgeltes ist stets den Möglichkeiten der Nutzer angepasst. Die Nutzer sollen den Betrag gerne zahlen. Sie sollen einerseits innerlich der Notwendigkeit zustimmen, dass eine Kirchengemeinde in der heutigen Zeit ein Entgelt erbitten muss. Sie sollen andererseits spüren, dass wir als Kirchengemeinde – anders als ein wirtschaftlicher Betrieb – nicht das Maximum an Entgelt fordern. Und sie sollen wegen der mäßigen Höhe des Entgeltes motiviert sein, die Räume nach Benutzung durch eigenen Einsatz in etwa so wieder herzustellen, wie sie sie vorgefunden haben.

Die Raumvergabe hat die Zahl und Intensität der menschlichen Begegnungen in unseren gemeindlichen Räumen erheblich erhöht. Dies war für unsere Mitarbeiterinnen und Mitarbeiter mit neuen Erfahrungen und Anforderungen verbunden.

Es hielten sich nun Menschen im Gemeindehaus auf, die weder die bisherigen Gepflogenheiten der Raumnutzung im Gemeindehaus, noch die Besonderheiten einer christlichen Gemeinde, noch die Mitarbeiter kannten.

Es gibt auch jetzt eine ganze Reihe Menschen im Gemeindehaus, die, wenn sie mir dort auf dem Flur begegnen, keineswegs wissen, dass sie einen Pastor vor sich haben.

Die Anpassung an die neuen Gegebenheiten war mit einem Lernprozess für die Mitarbeiterinnen und Mitarbeiter verbunden. Gemeinsam haben wir gelernt, unser Gemeindehaus als ein Haus der Gemeinde im weitesten Sinne zu verstehen, nicht als

Haus von uns gemeindlichen Mitarbeitern. Als gemeindliche Mitarbeiter und Verantwortliche geben wir zwar das Raumnutzungskonzept vor und legen wir die Rahmenbedingungen fest. Dies tun wir nun aber, um den Menschen unserer Gemeinde und unseres Stadtteils die Möglichkeit zu geben, das Gemeindehaus als „ihr" Gemeindehaus in Anspruch zu nehmen. Als Mitarbeiter haben wir lernen müssen, den in der Nutzung der gemeindlichen Räume noch ungeübten Gästen besonders zuvorkommend, freundlich, höflich, hilfsbereit und nachsichtig zu begegnen.

Die intensive Nutzung der Gemeinderäume führte auch zu einer Lärmbelästigung – auch und insbesondere am Wochenende. Die Familie des Küsters und Hausmeisters ist darum aus dem Gemeindehaus ausgezogen. Die Dienstwohnung wurde entwidmet und in das Raumnutzungskonzept einbezogen.

Auch die Nachbarschaft fühlte sich durch die zunehmenden Aktivitäten im Gemeindehaus und auf dem zugehörigen Gelände belästigt. Laute Feiern und das Spielen der Kinder führten zu vereinzelten Klagen der Anwohner. Dieses Problem hat sich durch Gespräche mit den Nachbarn und durch einige gezielte Maßnahmen (Ruhezeit nachmittags, keine Bobbycars ...) im Wesentlichen erledigt.

Die stundenweise Vergabe der Räume hat zu einem jährlichen Einnahmeplus von ca. DM 40.000 geführt. Hinzu kommen Einnahmen durch die längerfristige Vergabe einiger Kellerräume. Über den finanziellen Zugewinn hinaus ermöglicht unser Raumnutzungskonzept den Menschen in unserem Stadtteil einen niedrigschwelligen Zugang in unsere gemeindlichen Räume. Nicht wenige Menschen sind über die Raumnutzung erstmals wieder mit Kirche in Berührung gekommen.

Im Ergebnis können wir wohl sagen, dass unser Raumnutzungskonzept nicht nur zur Sicherung, sondern sogar zur Intensivierung der Gemeindearbeit beigetragen hat.

Eine zweite Kollekte zugunsten der Gemeinde

Um weitere zusätzliche Einnahmen zu erzielen, haben wir eine zweite regelmäßige Kollekte im Gottesdienst eingeführt. Dies hat den Kollekten für überregionale Zwecke keinen Schaden zugefügt. Was die Kollekten anbetrifft, gehen wir im übrigen davon aus, dass eine persönlicher gestaltete Gemeindearbeit langfristig zu einem besseren Gottesdienstbesuch und damit auch zu einem höheren Kollektenaufkommen führen wird.

Spenden – die Großspende und der Pfennig

Bezüglich der Spenden hoffen wir, durch gute und persönliche Gemeindearbeit die Menschen dazu motivieren zu können, sich für den Fortbestand und die Weiterentwicklung der Gemeinde – auch finanziell – ggf. auch über die bereits gezahlte Kirchensteuer hinaus – mitverantwortlich zu machen. (Analog zu dem biblischen Wort: „Trachtet zuerst nach dem Reich Gottes, dann wird euch alles andere wie von selbst zufallen.")

Gelegentlich entschließen sich einzelne Gemeindeglieder – oder auch interessierte Nichtmitglieder – zu einer einzelnen größeren Spende. Mit einer solchen Spende haben wir z.B. ein behindertengerechtes WC im Erdgeschoß unseres Gemeindehauses einrichten können. Andere Menschen spenden regelmäßig oder projektbezogen größere Beträge. Auf diesem Wege haben wir z. B. die Vergrößerung und Modernisierung der Saalküche im Gemeindehaus finanzieren können.

Es können aber auch kleine und kleinste Spenden für den Erhalt unserer Gemeinde bedeutsam sein. Auch wer nur ein geringes – oder gar kein eigenes – Einkommen hat, kann unsere Gemeinde fördern, wenn er bzw. sie es denn für wichtig hält. Der einfache und schmerzlose Weg ist die Pfennigdose, eine geniale Idee unserer Diakonin Hilte Rosenboom-Mavrias. „Wenn Sie etwas für uns übrig haben," steht auf der Banderole, mit der leere Getränkedosen umklebt werden. Eine solche Dose, die im übrigen noch die Aufschrift St. Markus und als Symbol den geflügelten Löwen trägt, sollte in jedem Haushalt stehen und dem Sammeln von Pfennigen dienen. 8 bis 10 DM passen in Pfennigen in die Dose hinein. Jeder kann sich selbst ausrechnen, welche Summe zusammenkommt, wenn allein jedes der derzeitigen 5.500 Gemeindeglieder pro Jahr im Durchschnitt nur eine Dose füllen würde.

Die Sicherung der Gemeinde ist kein Selbstzweck

Wir sind überzeugt davon, dass Kirche wichtig ist, dass St. Markus wichtig ist und dass die Menschen in Hoheluft unsere Gemeinde brauchen. Wenn es uns gelingt, dies wieder deutlich zu machen, dann, so meinen wir, werden Menschen sich auch ganz persönlich und direkt – mit ihren Ideen, ihrem Engagement und ihren finanziellen Möglichkeiten für den Fortbestand von St. Markus einsetzen.

Wolfgang Nein

(Auszug aus der Festschrift
„100 Jahre St. Markus – St. Markus im 100. Jahr", 1999)

Bibelstellen

Ebenfalls bei Books on Demand (BoD) erschienen:

Das Ja zum Leben und zum Menschen

Band 18, Predigten 1972-1974
2019 Paperback 172 Seiten, € 8,90, ebook 5,49, ISBN 978-3-7494-6649-8
Band 17, Predigten 1975-1976
2019 Paperback 196 Seiten, € 8,90, ebook 5,49, ISBN 978-3-7494-4788-6
Band 16, Predigten 1976-1977
2019 Paperback 236 Seiten, € 8,90, ebook 5,49, ISBN 978-3-7412-3835-2
Band 15, Predigten 1978
2018 Paperback 152 Seiten, € 8,90, ebook 5,49, ISBN 978-3-7481-4684-1
Band 14, Predigten 1979-1980
2018 Paperback 232 Seiten, € 8,90, ebook 5,49, ISBN 978-3-7481-0931-0
Band 13, Predigten 1980-1982
2018 Paperback 280 Seiten, € 8,90, ebook 5,49, ISBN 978-3-7528-3117-7
Band 12, Predigten 1983-1984
2018 Paperback 196 Seiten, € 8,90, ebook 5,49, ISBN 978-3-7528-1175-9
Band 11, Predigten 1985-1986
2017 Paperback 216 Seiten, € 8,90, ebook 5,49, ISBN 978-3-7460-3015-9
Band 10, Predigten 1987-1989
2017 Paperback 252 Seiten, € 8,90, ebook 5,49, ISBN 978-3-7448-9893-5
Band 9, Predigten 1990-1992
2017, Paperback 236 Seiten, € 8,90, ebook 5,49, ISBN 978-3-7448-2210-7

Band 8, Predigten 1993-1995
2017, Paperback 268 Seiten, € 8,90, ebook 5,49, ISBN 978-3-7431-7639-3
Band 7, Predigten 1996-1997
2017, Paperback 224 Seiten, € 8,90, ebook 5,49, ISBN 978-3-7431-5951-8
Band 6, Predigten 1998-2000
2017, Paperback 252 Seiten, € 8,90, ebook 5,49, ISBN 978-3-7431-9248-5
Band 5, Predigten 2001-2002
2016, Paperback 232 Seiten, € 8,90, ebook 5,49, ISBN 978-3-7431-1908-6
Band 4, Predigten 2003-2004
2016, Paperback 272 Seiten, € 8,90, ebook 5,49, ISBN 978-3-7412-6358-3
Band 3, Predigten 2005-2006
2016, Paperback 264 Seiten, € 8,90, ebook 5,49, ISBN 978-3-7412-5616-5
Band 2, Predigten 2007-2008
2016, Paperback 284 Seiten, € 8,90, ebook 5,49, ISBN 978-3-7412-2527-7
Predigten 2009-2012
2013, Paperback 252 S., € 14,90, ebook 11,99, ISBN 978-3-8482-4463-8

Häppchen für Herz und Hirn
Gedanken zu den Wochensprüchen des Kirchenjahres
2015, Hardcover 376 Seiten, € 18,50, ebook € 7,99
ISBN 978-3-7392-0867-1

Neujahrsansprachen
Hamburg-Hoheluft, 1998-2010
2019, Paperback 128 Seiten, € 12,90, ebook € 5,49
ISBN 978-3-7494-5149-4

Märchen theologisch interpretiert
Hamburg-Hoheluft, 2014-2016
2019, Paperback 140 Seiten, € 8,90, ebook € 5,49
ISBN 978-3-7504-1203-3

Mit Predigten durch das Kirchenjahr
Einleitung zum theologischen Hintergrund
2021, Paperback 280 Seiten, € 8,90, ebook € 5,49
ISBN 978-3-7534-9092-2

Predigten – Krieg, Terror, Frieden
„Friede auf Erden allen Menschen!"
2021, Paperback 264 Seiten, € 8,90, ebook € 5,49
ISBN 978-3-7543-0245-3

Titelbild und Fotos: Wolfgang Nein